CHRISTIAN ESSER / ASTRID RANDERATH
Schwarzbuch Deutsche Bahn

Buch

Verfassungsmäßige Aufgabe des dem Allgemeinwohl verpflichteten Staatskonzerns DB AG ist es, seine Eigentümer – die deutschen Steuerzahler – pünktlich, sicher, umweltschonend und preiswert in große, kleinere und kleinste Orte der Republik zu transportieren. Eine Aufgabe, der die Deutsche Bahn immer weniger gewachsen zu sein scheint, und an der sie ganz offensichtlich nur noch wenig Interesse hat. Das Schwarzbuch Deutsche Bahn ist ein schonungsloser Bericht über das Innenleben des Staatskonzerns. Christian Esser und Astrid Randerath haben mit Lokführern gesprochen, die vor Erschöpfung im Führerstand einschlafen, mit Wartungsingenieuren, die den jahrelangen Pfusch bei den Sicherheitskontrollen belegen, mit Zugbegleitern, die von ausgeschalteten Bremsen und von alltäglichen Übergriffen berichten, und mit Fahrdienstleitern, die aufdecken, warum die Bahn so oft zu spät kommt. Bahnkunden berichten zudem über ihre Erfahrungen mit dem Tarifdschungel und von absurden Odysseen und langen Stunden auf zugigen Bahnsteigen.
Das Fazit der beiden Reporter: Es gibt viele Dinge, die Sie wissen sollten, bevor Sie das nächste Mal in einen Zug steigen.

Autoren

Christian Esser arbeitet seit 2003 als Redakteur und Reporter beim ZDF-Magazin Frontal21 zu rechercheintensiven Politik- und Wirtschaftsthemen. Seine Schwerpunkte: Deutsche Bahn, Pharmaindustrie, Korruption und Lobbyismus. 2008 war Christian Esser für die Auszeichnung »CNN Journalist of the Year« nominiert.

Astrid Randerath ist seit zwölf Jahren Redakteurin und Reporterin beim ZDF-Magazin Frontal, zunächst mit Hauser und Kienzle, später bei Frontal21. Ihre Spezialthemen sind Pharmaindustrie, Gesundheit, Deutsche Bahn und Politik. Astrid Randerath erhielt 1999 das NRW-Förderstipendium der Heinz-Kühn-Stiftung für eine investigative Berichterstattung über die Arbeitsbedingungen in der Textilindustrie in Honduras und 2001 den Journalistenpreis der Deutschen Lungenstiftung für den Film »Bergarbeiter kämpfen um ihre Berufskrankheitenrente«.

Astrid Randerath und Christian Esser wurden 2009 mit dem Hanns-Joachim-Friedrichs-Förderpreis für ihre ZDF-Dokumentation »Das Pharmakartell« ausgezeichnet. 2010 wurden sie als »Wirtschaftsjournalisten des Jahres 2009« in der Sparte TV/Radio geehrt.

Christian Esser
Astrid Randerath

Schwarzbuch
Deutsche Bahn

Mit Karikaturen
von Klaus Stuttmann

GOLDMANN

Verlagsgruppe Random House FSC-DEU-0100
Das FSC®-zertifizierte Papier *Lux Cream* für dieses Buch
liefert Stora Enso, Finnland.

1. Auflage
Taschenbuchausgabe Juni 2011
Wilhelm Goldmann Verlag, München,
in der Verlagsgruppe Random House GmbH
Copyright © 2010 der Originalausgabe
by C. Bertelsmann Verlag, München,
in der Verlagsgruppe Random House GmbH
Umschlaggestaltung: UNO Werbeagentur, München
in Anlehnung an die Gestaltung der Hardcover-Ausgabe
(R.M.E. Roland Eschelbeck und Rosemarie Kreuzer)
KF · Herstellung: Str.
Druck und Bindung: GGP Media GmbH, Pößneck
Printed in Germany
ISBN: 978-3-442-15674-0

www.goldmann-verlag.de

INHALT

Aktualisiertes Vorwort zur Taschenbuchausgabe:

DIE BAHN UND WIR 7
Warum kann die DB AG eigentlich machen, was sie will?

DIE BAHN UND IHRE KUNDEN 15
Was der Konzern unter Service versteht · Der Kampf um die Fahrkarte ·
Wie die Bahn ihre Kunden zu Schwarzfahrern macht · Was die Bahn unter
Kulanz versteht · Pünktlich, freundlich, zuverlässig? Das Servicechaos bei
der Bahn · Radler, Mütter, Behinderte: Wie die Bahn Kunden mit speziel-
len Bedürfnissen behandelt

DIE BAHN UND DER SCHÖNE SCHEIN 61
Wie der Konzern seine glitzernde Fassade pflegt · Schicker, schneller, teurer
– wie der Geschwindigkeitswahn der Bahn das Streckennetz zerstört · Der
sterbende Intercity · Wie die Karlsruher Straßenbahn den ICE überholt ·
Deutschlandtakt: Warum die Bahn immer schneller fährt und wir trotzdem
später ankommen · Zu erfolgreich für die Bahn? Wie der Konzern den
InterRegio kaltstellte · Betonkrebs auf der Prestigestrecke – Gratis-Donuts
für die Fahrgäste · Shoppingwelt mit Gleisanschluss: Was der Bahn ihre
Bahnhöfe wert sind – und was nicht · Wie die Bahn mit ihrer Nazi-Vergan-
genheit Kasse machte · Stuttgart 21 – Deutschlands modernstes Milliarden-
grab · Das große Geld – wie ein Sanierungsfall seine Bilanzen schönt

DIE BAHN UND IHRE MITARBEITER 107
Wie der Konzern seine Mannschaft verheizt · Immer auf Achse: Wie die
Arbeitsbedingungen bei der Bahn die Mitarbeiter zermürben · Arbeiten in
der Gefahrenzone: Wie Bahnmitarbeiter misshandelt und von der DB AG
im Stich gelassen werden · Besser als die Stasi: Wie die Bahn ihre Mitarbeiter ausspähte

DIE BAHN UND IHRE GEWERKSCHAFT 163
Wen die Mitarbeitervertretung wirklich vertritt · Nur für Mitglieder: Wie
die Bahn die Transnet bevorzugte · Genossen, hört die Signale! Die Transnet
und die Börse · Gewerkschaft am Boden: Was wird aus der Transnet?

DIE BAHN UND DIE SICHERHEIT 173

Was Sie wissen sollten, bevor Sie das nächste Mal Zug fahren · Warum in Köln ein zweites Eschede drohte · Ausgepresst wie eine Zitrone: Wie die S-Bahn für die DB AG Geld verdienen muss – zulasten der Sicherheit · Der Tunnelcrash von Fulda – ein Beispiel für katastrophales Krisenmanagement · Die vergessenen Unfälle · Ausgebremst! Wie die Bahn ihre Pünktlichkeitsstatistik manipuliert – auf Kosten der Sicherheit · Lokführer allein an Bord: Wie der Personalabbau auf Regionalstrecken die Sicherheit der Fahrgäste gefährdet

DIE BAHN UND IHRE GEGNER 211

Wie der Konzern Kritiker und Konkurrenten kaltstellte · Feindbeobachtung: Wie die Bahn mit Kritikern kurzen Prozess machte · Gute Presse – selbst gemacht! · Keine Chance der Konkurrenz · Der zahnlose Tiger Bundesnetzagentur

DIE BAHN UND DIE UMWELT 237

Die grüne Lüge der DB AG · Krachmacher Bahn – warum der Konzern nur halbherzig in Lärmschutz investiert · Mit Brücken und Tunnels durch den Thüringer Wald · Mit Braunkohle unter Strom · Loks auch in Zukunft ohne Rußpartikelfilter? · Wie die Bahn Umweltexperten zensiert

DIE BAHN UND DIE POLITIK 249

Die geheimen Netzwerke der DB AG · Die mächtige Lobby – wie sich die Bahn Politiker gefügig machte · Wie die Bahn die Politik erpresste

DIE BAHN UND DIE ZUKUNFT 263

Wohin geht die Reise der DB AG? · Der Börsengang kommt – auch wenn ihn eigentlich niemand will · Welche Visionen hat die Politik? · Mehdorns Erbe – Grubes Aufgaben

ANHANG

Dank 279

Anmerkungen 281

Literaturverzeichnis 285

Personenregister. 287

Sachregister 291

Aktualisiertes Vorwort zur Taschenbuchausgabe

DIE BAHN UND WIR

Warum kann die DB AG eigentlich machen, was sie will?

Stellen Sie sich vor, Sie seien Inhaber eines kleinen Eiscafés in der Fußgängerzone Ihrer Stadt. Sie stellen einen Geschäftsführer ein, denn Sie wollen mit dem operativen Geschäft möglichst wenig zu tun haben. Sie kaufen täglich eine Kugel Erdbeereis und wundern sich, dass das Eis immer teurer wird, obwohl die Kugeln ständig kleiner werden und das Eis immer weniger nach Erdbeere schmeckt. Ihr Geschäftsführer sagt, da könne er nichts machen, die Zeiten seien hart, und er bittet Sie um Geld. Denn nur wenn der Eisladen auch ins Frittengeschäft einsteige, könne das Unternehmen wirtschaftlich arbeiten.

Ihr Geschäftsführer kauft nach und nach alle Frittenbuden der Stadt auf. Jetzt sind Sie hoch verschuldet, und zu allem Übel kommt das Frittengeschäft nicht so recht in Gang. Ihr Geschäftsführer sagt, da müsse man wohl am Personal sparen. Und die Eismaschinen seltener reinigen, das spare Wasser und Strom. Und das Angebot reduzieren. Von jetzt an werde nur noch Schokolade und Vanille verkauft, alle anderen Sorten seien überflüssig. Sie fragen, was denn die Leute, die gern Erdbeere und Zitrone essen, in Zukunft bei Ihnen kaufen sollen. »Die werden sich schon dran gewöhnen«, sagt Ihr Geschäftsführer. Im Übrigen habe er Kameras installiert, um das Treiben der Kellnerin besser kontrollieren zu können. Die unterhalte sich verdächtig häufig mit dem Herrn von der Lokalzeitung. Nicht, dass morgen das geheime Rezept fürs Schokoladeneis in der Zeitung steht.

Es kommen immer weniger Kunden, die Frittenbuden machen keinen Gewinn, Sie haben Schulden, und ständig geht die Eismaschine kaputt. Doch Ihr Geschäftsführer sagt, es laufe alles blendend, und bittet um eine ordentliche Gehaltserhöhung.

Und was hat das alles mit der Deutschen Bahn zu tun? Viel. Denn auch wenn Sie kein Eiscafé besitzen – Sie sind Miteigentümer der Deutschen Bahn AG. Wir alle sind es. Die DB AG gehört uns, den Steuerzahlern. Sie ist das letzte große Unternehmen im Besitz des Staates. Und so wie wir das oben beschriebene Szenario wohl kaum dulden würden, so sollten wir uns dringend ein paar Gedanken machen, wie wir mit dem großen Schatz Eisenbahn in unserem Land umgehen wollen. Einem Vermögen, das schätzungsweise 150 Milliarden Euro wert ist, aufgebaut von mehr als fünf Generationen. Eine Infrastruktur, die dem Allgemeinwohl dienen und allen Bewohnern dieses Landes günstige und zuverlässige Mobilität ermöglichen soll. So jedenfalls steht es im Grundgesetz.

Wie diese Mobilität aussieht, haben Bahnkunden im vergangenen Jahr so leidvoll erfahren müssen, wie vielleicht noch nie in der Geschichte der DB.

Im Sommer 2010 fielen in den hochmodernen ICE reihenweise die Klimaanlagen aus, kollabierte Fahrgäste mussten aus Saunazügen gerettet werden, in denen teilweise Temperaturen von über 60 Grad herrschten. Mindestens 2,7 Millionen Euro Entschädigung zahlte die Bahn daraufhin an insgesamt 23 000 Kunden. Im Winter sorgte Schneefall fast für einen Kollaps der Bahninfrastruktur: Vereiste Weichen und Oberleitungen sowie zugewehte Strecken führten zu stundenlangen Verspätungen und Zugausfällen – Reservezüge gab es keine. Vor Weihnachten riet die Bahn ihren Kunden sogar, von Reisen mit der Bahn nach Möglichkeit abzusehen. »Im Moment habe ich noch keine Information, wann es weitergeht, wie es weitergeht und wann wir wo ankommen«, informierte der Zugchef des ICE 942 zwischen Berlin und Hannover seine Fahrgäste an Heiligabend, nachdem der Zug schon seit Stunden auf freier Strecke stand – wegen einer vereisten Oberleitung.

Weihnachten im Zug verbringen zu müssen ist misslich – ein Zugunglück mit 10 Toten eine echte Katastrophe. Im Januar 2011 stieß im sachsen-anhaltinischen Hordorf ein Personenzug frontal mit einem Güterzug zusammen. Ein Unfall, der unseren Recherchen zufolge offenbar hätte vermieden werden können. Auf der eingleisigen Strecke fehlte ein automatisches Bremssystem – das hatte die Deutsche Bahn als Betreiber des Schienennetzes dort auch 20 Jahre nach der Wende noch nicht installiert. Unfassbar, wenn man bedenkt, dass dieses lebensrettende Sicherungssystem seit den 30er Jahren existiert und noch vor dem zweiten Weltkrieg an vielen wichtigen Stellen eingebaut wurde. Und trotzdem fehlt es auf mindestens 700 Kilometern Hauptstrecke und diversen Nebenstrecken bis heute.

Als das »Schwarzbuch Deutsche Bahn« im Januar 2010 erstmalig erschien, versuchte der Konzern noch zu beschwichtigen. Die Berichte über Sicherheitsmängel, marode Infrastruktur, Fehlinvestitionen und die Missachtung von Kundeninteressen seien nichts als »Berichte aus einer alten Welt«. Die Bahn sei längst auf einem neuen, anderen, besseren Weg.

Ist sie das wirklich? Allein 3,5 Milliarden zahlt der Staat jedes Jahr für Erhalt und Ausbau von Gleisen, Weichen, Brücken und Bahnhöfen. Und trotzdem wird man das Gefühl nicht los, dass wir für unser Geld immer weniger bekommen. Mal abgesehen von den neuen Bahnhofspalästen in Berlin, Leipzig und demnächst Stuttgart 21 rotten viele Bahnhöfe und Stationen vor sich hin. Viele erleiden das Schicksal, dass nach und nach immer weniger Züge an ihnen halten, bis sie irgendwann ganz stillgelegt werden. Ganze Regionen sind inzwischen vom Schienennetz abgehängt. Einen Fahrkartenschalter mit einem leibhaftigen Bahnmitarbeiter findet man in der Provinz nur noch selten, in vielen Regionalzügen gibt es nicht einmal mehr einen Schaffner.

Wer dagegen in einer Großstadt wie Berlin oder Frankfurt lebt, kann im ICE mit der Startgeschwindigkeit eines Flugzeugs durchs Land brausen – was seltsamerweise nicht immer dazu führt, dass man auch schneller ankommt. Stattdessen vertrödelt man viel Zeit beim Umsteigen, weil einem der Anschlusszug gerade vor der Nase weggefahren ist. Oder weil der Hochgeschwindigkeitszug in Schrittgeschwindigkeit mehrere Baustellen passieren muss. Oder aus welchen Gründen auch immer einfach auf freier Strecke stehen bleibt. Und spätestens seit bekannt ist, dass die Achsen vieler ICE deutlich weniger belastbar sind als angenommen, steigt man nicht mehr ganz so gern in eins dieser 300 Stundenkilometer schnellen Geschosse.

Wenn wir also für immer mehr Geld immer weniger Bahn bekommen, wohin fließt das Geld dann? Kann es sein, dass Deutschlands Bahnkunden auf der Prioritätenliste des Bahnchefs gar nicht an erster Stelle stehen?

Eigentlich sollte für uns Kunden doch alles besser werden. Nicht ohne Grund gab es im Jahr 1994 eine umfassende Bahnreform. Aus der verschnarchten Beamten-Bundesbahn und der maroden DDR-Reichsbahn sollte ein wirtschaftliches, modernes Unternehmen werden, eine staatseigene Aktiengesellschaft. Vor allem drei Ziele verfolgten Verkehrspolitiker damals mit ihrer Reform: deutlich mehr Verkehr auf die Schiene bringen, den Haushalt entlasten, fairen Wettbewerb im Schienenverkehr ermöglichen. Nichts davon ist bislang eingetreten. Stattdessen haben wir eine Bahn, die nach wie vor Milliarden an Steuergeldern verschlingt, mit ihrer Monopolstellung fairen Wettbewerb unmöglich macht und deren Fernverkehrszüge immer weniger Menschen nutzen. Ein mit Steuergeldern subventionierter Konzern, der inzwischen eines der größten weltweiten Logistikunternehmen geworden ist, Güter per Zug, LKW, Schiff und Flugzeug durch ganz Europa, Asien und Amerika transportiert, Bahnhöfe in China und Trassen in der Mongolei baut und auch noch im vergangenen Jahr für über zwei Milliarden Euro den britischen Verkehrskonzern Arriva kaufte.

Als Rüdiger Grube im Frühjahr 2009 das Amt des Bahnchefs übernahm, wehte ein Hauch von Glasnost durch den Bahnkosmos. Nach dem Abgang des poltrigen Hartmut Mehdorn, der den Titel »Bahnchef« wie einen zweiten Vornamen trug, schien sein ehemaliger Vorstandsassistent deutlich gewillter zu sein, die Sorgen und Nöte von Kunden und Mitarbeitern ernst zu nehmen, Argumenten eine Chance zu geben, eine neue Unternehmenskultur einzuführen. Der Mann hat derzeit viel zu tun. Er hat sich auf die Fahnen geschrieben, das »Brot und Buttergeschäft« des Staatskonzerns endlich in Ordnung zu bringen, denn es liegt eine Menge im Argen bei der Deutschen Bahn AG. Als da wären: ein geplanter Börsengang, dessen Notwendigkeit kaum jemandem so richtig einleuchten will. Ein beispielloser Datenskandal, der das Vertrauen der Eisenbahner in ihre Unternehmensführung stark beschädigt hat und der noch längst nicht aufgeklärt ist. Bilanzen, die jedem Kaufmann schlaflose Nächte bereiten würden. Brechende ICE-Achsen, ausbleibende Kunden im Fernverkehr, starke Einbrüche in der Gütersparte. Und das ist unseren Recherchen zufolge nur die Spitze des Eisbergs.

Wir haben mit Lokführern gesprochen, die vor Erschöpfung im Führerstand einschlafen, mit Wartungsingenieuren, die den jahrelangen Pfusch bei den Sicherheitskontrollen belegen, mit Zugbegleitern, die von ausgeschalteten Bremsen berichten, von alltäglichen Schikanen und körperlichen Übergriffen, nach denen sie sich von ihren Vorgesetzten alleingelassen fühlten. Fahrdienstleiter erläuterten uns die wahren Gründe, warum die Bahn so oft zu spät kommt. Wir haben mit Experten gesprochen, die uns die Schönfärberei der Bahnbilanzen erklärten, den eklatanten Abbau des Schienennetzes bestätigten und uns die schockierenden Details zum Spitzelskandal bei der Bahn geliefert haben. Unzählige Bahnkunden haben uns ihre Erfahrungen mit dem Bahntarifdschungel anvertraut, uns von endlosen Telefonaten und Briefwechseln mit dem Kundenservice, von absurden Odysseen und langen Stunden auf zugigen Bahnsteigen erzählt. Wir haben mit Eltern gesprochen, deren Tochter einfach aus dem Zug geworfen wurde, mit Behinderten, für die das Bahnfahren einem Martyrium gleichkommt, mit Bürgermeistern, die sich nicht damit abfinden wollen, vom Schienenverkehr einfach abgehängt zu werden. Bürgerinitiativen und Umweltverbände haben uns von ihrem zermürbenden Kampf gegen Lärm und Umweltzerstörung berichtet, Insider haben uns brisante Geheimpapiere der Bahn zukommen lassen. Wir haben uns gefragt, welches Interesse Deutschlands Steuerzahler daran haben sollen, dass die Deutsche Bahn AG Güter durch Asien und Amerika transportiert. Wie es sein kann, dass sich eine Gewerkschaft hinter die Privatisierungspläne ihrer Unternehmensspitze stellte – als einzige im großen Deutschen Gewerkschaftsbund. Warum Mitwisser des Datenskandals weiter bei der Bahn arbeiten. Warum die schwarz-gelbe Bundesregierung einen Börsengang durchpeitschen möchte, den die Mehrheit des Volkes nicht will und der dem Ausverkauf eines gigantischen Volksvermögens gleichkommt. Warum Politiker nach der Pfeife der Bahnbosse tanzen und nicht umgekehrt.

Es gibt wirklich viele Dinge, die Sie wissen sollten, bevor Sie das nächste Mal einen Zug besteigen.

Übrigens: Im vergangenen Dezember lud Bahnchef Grube

400 Ehrengäste zu einer Bahngala in das Staatstheater Nürnberg. Der Anlass: 175 Jahre deutsche Eisenbahn. Auch die Kanzlerin reiste an – jedoch nicht etwa mit dem Zug, sondern mit einem Bundeswehr-Jet. Eine gute Wahl: Sie landete pünktlich auf dem Nürnberger Flughafen.

Christian Esser und Astrid Randerath,
im Frühjahr 2011

DIE BAHN UND IHRE KUNDEN

Was der Konzern unter Service versteht

Im Giftschrank des Konzernmanagements der DB AG lagert ein Papier, das so geheim ist, dass es nur wenige Menschen überhaupt zu Gesicht bekommen. Ungeheuerliches muss es dort zu lesen geben, Dinge, die nur die stahlharten Nerven der Konzernspitze ertragen können. Die Rede ist von einer der detaillierten Kundenbefragungen, die die Bahn regelmäßig in Auftrag gibt und deren Ergebnisse sie auf gar keinen Fall in der Zeitung lesen will. Umfragen – so schreibt uns die Bahn – würden in der Regel nur zur internen Auswertung genutzt.

Es ist nicht schwer zu erraten, warum. Bahnkunden erleben die DB AG seit Jahren als ein Unternehmen, das an ihren Bedürfnissen vorbeiwirtschaftet. Ein mit Steuergeldern finanzierter Konzern, der mehr Wert auf sein internationales Logistikgeschäft legt als auf die Beförderung von Steuerzahlern, der wenige Premiumkunden auf Highspeed-Strecken durchs Land katapultiert, die Masse der Pendler aber an schäbigen Haltestellen im Regen stehen lässt, darf sich über unzufriedene Kunden nicht wundern. Die wären ja schon dankbar, wenn sie einfach ohne große Mühe einen Fahrschein erwerben könnten, sich auf einen pünktlichen Zug verlassen und hier und da ein wenig Kulanz und Entgegenkommen erfahren würden. Stattdessen werden Kunden zu Unrecht kriminalisiert, von Inkassofirmen behelligt oder aus dem Zug geworfen. Jeglicher Schriftverkehr mit der Deutschen Bahn kommt dem kafkaesken Kampf gegen eine Textbausteinmaschine gleich, teure Service-Hotlines mit Endloswarteschleifen lassen das Wort »Service« in diesem Zusammenhang wie Hohn erklingen. Es scheint, als würde die Bahn viel Arbeit und Zeit investieren, um sich ihre Kunden vom Hals zu halten, sofern sie Anregungen, Fragen, Beschwerden oder besondere Bedürfnisse haben. Als Fast-Monopolist kann sie sich das leider erlauben. Ein kleines Unternehmen, das auch nur ansatzweise so mit seinen Klienten umspringen würde, wäre binnen weniger Wochen pleite.

Der Kampf um die Fahrkarte

Ach, die gute alte Zeit! Früher fuhr man zum Bahnhof, kaufte am Schalter ein Ticket von A nach B, stieg in den Zug, und alles war gut. Es gibt viele Gelegenheiten, bei denen Bahnkunden von großer Nostalgie übermannt werden: etwa bei dem Versuch, im Internet, am Automaten oder in einem DB-Reisecenter eine korrekte, möglichst preisgünstige Fahrkarte zu erstehen. Eigentlich ein simpler Vorgang, wäre da nicht eine komplizierte, unübersichtliche Menüführung, ein Tarifgeflecht, das nicht mal die Bahnmitarbeiter selbst durchdringen, und in vielen Fällen schlicht die mangelnde Möglichkeit, überhaupt ein Ticket vor Fahrtantritt zu lösen.

Ticketschalter? Welche Ticketschalter?

Das Reisezentrum: ein Hort der Kundenzufriedenheit, wo gut geschulte Servicemitarbeiter verwirrten Reisenden mit einem offenen Ohr, korrekten Informationen und einem Zugticket zum bestmöglichen Preis weiterhelfen. Ein Genuss, in den nicht mehr viele Bahnreisende kommen, denn die DB AG reduziert die Zahl ihrer Reisezentren kontinuierlich. In den letzten Jahren sind von vormals tausend DB-Reisezentren rund sechshundert dichtgemacht worden[1] – kein Problem, findet die DB AG, schließlich gibt es stattdessen sogenannte Bahnagenturen, sprich: Privatunternehmen wie Reisebüros, die auch Bahntickets verkaufen. Das allerdings zu so miserablen Konditionen, dass es sich für die Unternehmen eigentlich nicht lohnt – es sei denn, sie erheben hohe Servicegebühren.

Apropos Servicegebühr: Mit Grausen erinnern sich Bahnkunden an Hartmut Mehdorns Traum vom »Bedienzuschlag«. Zum Fahrplanwechsel im Dezember 2008 wollte die Bahn einen Aufpreis von 2,50 Euro erheben, wenn Kunden ihr Ticket am Schalter kaufen, und zwar nicht etwa pro Kaufvorgang, sondern pro Strecke. Die öffentliche Empörung war so groß, dass die ebenfalls anstehenden drastischen Fahrpreiserhöhungen von knapp vier Prozent kaum Beachtung fanden. Wenige Wochen nach Bekanntwerden der Pläne knickte die Bahn unter dem Druck der Öffentlichkeit ein und beerdigte den »Bedienzuschlag« wieder.

Aber nur scheinbar. Als Gebührenzombie geistert er immer noch durchs System, wenn auch häufig versteckt. So kostet das Schönes-Wochenend-Ticket am Schalter zwei Euro extra, ebenso die Ländertickets. Für das Freizeit-Ticket zahlen Kunden gar fünf Euro mehr, für das Ostseeticket vier Euro. Und auch für das Dauer-Spezial der Bahn, das seit dem Fahrplanwechsel im Dezember 2009 erheblich ausgeweitet wurde, werden am Schalter fünf Euro extra fällig. Verkehrsexperte Winfried Hermann von den Grünen nennt das ein »Einführen des Bedienzuschlags durch die Hintertür« – denn die neue Tarifstruktur wird rund achtzig Prozent aller Fernverkehrskunden auf das Dauer-Spezial umlenken.

Auch wer sein Ticket erst im Fernverkehrszug löst, zahlt drauf: Ein Bordzuschlag von zehn Prozent (mindestens 2 Euro, höchstens 10 Euro) wird fällig, wenn schlicht keine Zeit mehr war, sich in die Schlange vor dem Ticketautomaten oder dem Servicecenter einzureihen. Die Handcomputer der Zugbegleiter sind meist so programmiert, dass sie den Zuschlag gleich zu Anfang des Vorgangs automatisch berechnen, selbst dann, wenn er gar nicht erhoben werden dürfte, weil am entsprechenden Bahnhof schlicht kein funktionierender Automat oder gar ein Ticketschalter vorhanden war, kritisiert der Fahrgastverband Pro Bahn.

Selbst wenn man das Glück hat, mit einem leibhaftigen Bahnmitarbeiter im Reisecenter in Kontakt zu kommen, heißt das nicht, dass man in jedem Fall die preisgünstigste Tarifvariante verkauft bekommt: »Am Schalter sind schätzungsweise drei von zehn Beratungen nicht ganz richtig. Das heißt, den Leuten werden zu teure Tickets verkauft, oder sie werden auf unnötigen Umwegen ans Ziel geschickt. Die Bahnmitarbeiter sind mit den vielen unterschiedlichen Tarifen oft selbst überfordert«, so Thomas Bayer vom Fahrgastverband Pro Bahn. Und sie stehen mächtig unter Verkaufsdruck, denn das billigste Ticket zu verkaufen ist gar nicht ihr oberstes Ziel. Sebastian Scholz*, Kundenberater in einem Reisezentrum, berichtet, dass sein Arbeitgeber ihn dazu anhält, möglichst viele 1.-Klasse-Tickets zu verkaufen:

Früher konnte ich meine eigene Kreativität, meinen eigenen Stil in die Beratung einbringen. Heute ist genau vorgegeben, wie ich einen Kunden zu beraten habe. Da gibt es richtige Textbausteine, und es müssen immer bestimmte Punkte abgefragt werden. Das wird dann streng kontrolliert von sogenannten »Mystery Customers« – so heißen unsere Testkäufer. Da darf nichts vergessen werden. Wir sollen zum Beispiel

---

* Name geändert

*jedem Kunden möglichst ein 1.-Klasse-Ticket verkaufen –
auch wenn der Kunde nur eine 2.-Klasse-BahnCard hat.
Dann werden wir darauf getrimmt, immer eine Reservierung
zu verkaufen, auch wenn klar ist, dass der Zug gähnend leer
sein wird. Man soll dann nicht fragen: Wollen Sie reservieren? Sondern: Wo darf ich für Sie reservieren? Wir sollen auch
möglichst vielen Fahrgästen Reiseversicherungen verkaufen
und auf jeden Fall ein City-Ticket.*

*Und wenn wir dann Fehler machen, und man wird von
einem »Mystery Customer« erwischt, wirst du wenig später in
die Mangel genommen. Dann gibt es Einzelgespräche, nach
dem Motto: Du hast zu wenig 1.-Klasse-Karten verkauft! Du
hast viel zu wenige Versicherungen verkauft! Du bist schuld,
dass dein Bahnhof nicht mehr in der Champions League spielt
und schlechte Noten bekommt! Wir hören, dass die Vorgesetzten höhere Prämien erhalten, je mehr 1.-Klasse-Tickets wir
verkaufen.*

*Wir stehen massiv unter Druck. Es wurde Personal abge-
baut, die Arbeit extrem verdichtet. Wir sind zu wenig Leute.
Oft geht es bei uns zu wie am Fließband. Zu bestimmten Stoß-
zeiten werden die Kunden natürlich ungeduldig. Manchmal
wird man als »Arsch« oder »Idiot« beschimpft, insbesondere
Mitarbeiterinnen erleben häufig persönliche Beleidigungen.
Der Gipfel war, als eine Kollegin einmal von einem Kunden
angespuckt wurde. Solche brenzligen Situationen kommen natürlich zum alltäglichen Stress dazu. Aber wir müssen uns ja
schlank sparen für den Börsengang. Der kommt bestimmt, obwohl die meisten Mitarbeiter dagegen sind. Die Bahn sieht
den Reisenden nicht mehr als Mensch, sondern als Cash-cow.
Da kommen so verrückte Ideen wie der »Bedienzuschlag« zustande. Es war ja klar, dass die Bahn so die Fahrgäste von den
Schaltern weg zu den Automaten lotsen wollte. Die wollten an*

unsere Jobs ran! Es ist absurd, wie sie das uns Mitarbeitern in den Reisezentren verkauft haben: Die Einnahmen würden unsere Arbeitsplätze sichern. Schwachsinn. Gut, dass die Idee gescheitert ist. Das sind Gründe, warum ich meine Unternehmensbekleidung erst im Reisezentrum anziehe – ich habe schon lange keine Lust mehr, die Bahn in meiner Freizeit zu repräsentieren.

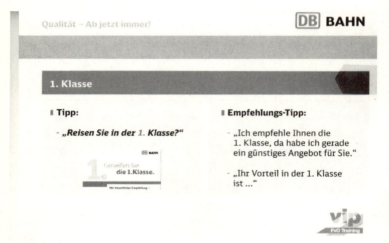

Sprechen in Textbausteinen – wie die Bahn Mitarbeiter aufs Verkaufen trimmt, zeigt diese interne Dienstanweisung für die Reisezentren.

Eine Höllenmaschine namens DB-Ticketautomat

»Die ca. dreitausend DB Automaten mit Touchscreen sind schnell und einfach in sechs verschiedenen Sprachen zu bedienen«, lobt die Bahn ihre Ticketautomaten, die mehr und mehr den menschlichen Fahrkartenverkäufer ersetzen sollen. So einfach zu bedienen, dass kopfschüttelnde, verzweifelte Kunden vor den Automaten zum Standardinventar eines jeden Bahnhofs gehören. Denn nicht nur, dass die Menüführung denkbar kompliziert ist, es gibt die Maschinen auch noch in verschiedenen Ausführungen: Manche bieten lediglich Nahverkehrstickets an, andere akzeptieren kein Bargeld, an einigen kann man nur eine Ticketauskunft einholen und muss das Ticket dann mit einem Verkaufsbon an einem wieder anderen Automaten kaufen und bezahlen. Häufig sind die Bildschirme beschmiert und zerkratzt, oder der Automat ist schlicht defekt. Kein Wunder, dass die Bahn in einigen Regionen sogenannte »Mobilitätsschulungen« anbieten muss, will sie gerade ältere Kunden nicht verlieren. Günther Schneider, Bahnoberinspektor a. D. und ehrenamtlicher Automatenkundler, erzählt von den Tücken der Technik und empfiehlt älteren Kunden, mit viel Zeit zum Automaten zu gehen:

Ich gebe mehrmals im Monat Kurse für ältere Menschen, in denen sie lernen, sich im Internet eine Fahrplanauskunft zu besorgen und auch am Automaten ein Ticket zu ziehen. »Mobilitätsführerschein 50 plus« nennt sich das. Der Andrang ist groß, in jeder Gruppe sind so um die zwanzig Leute. Früher ließ sich vor allem unsere Generation am Schalter gern beraten. Die gibt es aber kaum mehr. Jetzt steht man erst mal vor dem Automaten und muss alles selbst machen. Das ist für viele ungewohnt, vor allem, wenn sie ihr Leben lang Auto gefahren sind und erst jetzt auf die öffentlichen Verkehrsmittel umsteigen, weil sie vielleicht aus Altersgründen nicht mehr Auto fahren können.

Ich höre oft von Menschen, dass sie es gar nicht geschafft haben, ein Ticket zu ziehen. Oder sie haben das falsche gelöst und wurden unfreiwillig zum Schwarzfahrer. Oder sie haben im Nachhinein festgestellt, dass sie zu viel bezahlt haben. Oder der Automat war defekt, weil jemand einen Kaugummi in den Schlitz gedrückt hat.

Mein Rat ist deswegen: Man sollte frühzeitig genug da sein, damit man in Ruhe das Ticket lösen kann. Und bevor man an den Automaten geht, sollte man schon wissen, was man will, welches Ticket und welche Strecke und wie teuer es ist. Unvorbereitet ist es oft zu schwer. Sonst steht auch gleich einer hinter einem und drängelt, und man wird nervös. Oder bei den Fernverkehrsautomaten: Wenn es da zu lange dauert, dann bricht der Automat den Vorgang einfach wieder ab. Wenn man dann auch noch in Zeitnot ist, weil der Zug kommt, dann bekommen es viele mit der Angst zu tun. Und noch ein Tipp: einen Regenschirm mitnehmen. Den kann man dann über den Bildschirm halten, denn manchmal stehen die Automaten so ungünstig, dass die Sonne blendet. Da kann sonst selbst der geübte Ticketkäufer nicht zum Zuge kommen.

Selbst wer mit Zeit und Mut den Ticketkauf am Automaten wagt, kann gelegentlich Opfer der Technik werden. Bahnkunde Peter Klein moniert, dass jedes gute Computerprogramm Bedienfehler weitgehend ausschließt – außer beim DB-Ticketautomaten. Er berichtet von eigenen negativen Erfahrungen:

Mit unserem Chor, sechs Sängern und Sängerinnen, wollten wir von Kassel nach Fulda zum Weihnachtsmarkt. Damit das für alle am Tag der Reise nicht so stressig würde, bin ich einen Tag vorher zum Bahnhof gefahren und habe für alle am Automaten das Hessenticket gekauft. Als wir dann im Zug saßen, meinte plötzlich einer: »Das ist ja für gestern ausgestellt, das gilt heute gar nicht!« Glauben Sie, das war eine Aufregung. Offensichtlich galt das Ticket nur am Tag der Abholung. Man wird auf der Tastatur am Automaten völlig fehlgeleitet. Richtig genervt saßen wir dann im Zug. Und wir haben uns auch geärgert, dass wir wider Willen schwarz gefahren sind.

Ich bin dann am nächsten Tag noch mal zum Automaten und habe mir das angeguckt. Als Wenigfahrer bin ich nicht geübt in der Bedienung dieser Automaten, aber am Computer bin ich richtig fit. Ich war bei der Bedienung des Automaten davon ausgegangen, dass die Menüführung Bedienungsfehler weitgehend ausschließt, wie das bei jedem guten Computerprogramm sein sollte. Von wegen: Das Gegenteil ist der Fall. Wenn man »Hessenticket« anklickt, öffnet sich gleich danach ein Bildschirm, der zu einem Drittel aus einer auffälligen, farbigen Zahlungsaufforderung besteht. Da ich von einer professionellen Bedienungsführung ausging, wählte ich dies und bezahlte. Ich wurde vor dem Zahlen nicht noch einmal gefragt, ob die Fahrt an diesem Tag angetreten werden sollte. Aber: Hier hätte spätestens nachgefragt werden müssen, ob der Buchungstag zugleich der Reisetag sei. Nichts davon! Nicht eine Nachfrage. Und noch ein grober Fehler: Zwar gibt es einen Hinweis, dass das Ticket nur am selben Tag gültig ist. Dieser ist jedoch nur in kleinerer und ziemlich blasser Schrift oben auf dem Bildschirm zu finden. Auch den Button für einen Datumswechsel übersieht man auf dem Bildschirm schnell. Damit werden unbescholtene Bürger zu unabsichtlichen Schwarzfahrern.

So habe ich das auch der Bahn geschrieben. Die hat aber nur lapidar geantwortet, ihre Automaten seien erprobt und einfach zu bedienen. Da fragt man sich nur, von wem. Ich wüsste gern mal, ob Mehdorn, Grube und Konsorten das hinbekämen.

Das lässt sich leider nicht überprüfen, Bahnchefs kommen ja selten in die Verlegenheit, ein Ticket lösen zu müssen – erst recht nicht in der Provinz. Im Werra-Meißner-Kreis etwa, einem bei Touristen beliebten Gebiet in Nordhessen, gibt es an einigen

Bahnhöfen überhaupt keine Automaten mehr – deren Betrieb lohne sich nicht, so die Bahn. Kurgäste, die von Bad Sooden-Allendorf wieder nach Hause fahren, können am örtlichen Bahnhof kein Ticket mehr für den Fernverkehr lösen. Für Landrat Stefan Reuß eine Service-Katastrophe: »Das ist für die Bahnkunden äußerst ärgerlich. Wenn man etwa in Fulda in den Fernverkehrszug umsteigen will, wo das Nahverkehrsticket endet, dann hat man ja keine gültige Fahrkarte. Man muss erst mal rauslaufen, einen Automaten oder Schalter suchen, schnell den Fahrschein lösen und kann nur hoffen, dass der Anschlusszug da noch steht. Oder man muss im Zug nachlösen, aber das ist ja immer erheblich teurer. Wir versuchen eine Notlösung zu finden, etwa dass eine Touristeninfo in der Stadt Tickets verkauft. Trotzdem haben die Kunden dann die hektische Rennerei. Das ist doch kein Service! Hier wird ganz klar der ländliche Raum von der DB abgehängt.«

Verloren im WorldWideWeb:
Das DB-Online-Ticket

Bleibt das Internet als Möglichkeit, an einen Fahrschein zu kommen. Doch auch hier ist die Technik nicht frei von Fehlern – und das Serviceteam, das hinter der Technik steht, nicht in der Lage, darauf angemessen kundenfreundlich zu reagieren. Heinrich Hönerloh aus Bremen wollte im Internet eine Fahrkarte von Bremen nach Karlsruhe und zurück buchen. Doch der Vorgang wurde unterbrochen, das System forderte Herrn Hönerloh auf, noch einmal neu zu buchen. Das tat er dann auch – allerdings nicht mehr im Internet, sondern im örtlichen Reisebüro. Seine Kreditkarte wurde trotz der abgebrochenen Internetbuchung belastet, Herr Hönerloh hatte nun also zweimal bezahlt. Auf seine E-Mails an die Servicestelle der Bahn, mit der Bitte, die Abbuchung rückgängig zu machen, erhielt er zunächst keine Antwort. Dann schließlich ein offenbar automatisch generiertes Schreiben mit der Information, ein Ticket mit dem Dauer-Spezial-Tarif sei vom Umtausch ausgeschlossen. Auch am DB-Fahrkartenschalter wollte man ihm nicht helfen, sein per Einschreiben an die DB Vertrieb GmbH geschickter Brief blieb unbeantwortet. Erst Wochen später und nach Protesten des Fahrgastverbands Pro Bahn bekam er sein Geld zurück.

Ähnlich erging es Marco Schindler, der im Internet für sich und seine Eltern ein Zugticket von München nach Metz buchen wollte. Er freute sich über das Sparangebot von 87 Euro, das ihm das System anzeigte. Doch als er gerade dabei war, die Buchung abzuschließen, hieß es, das Sparangebot sei nicht mehr verfügbar, das Ticket koste nun 189 Euro. Marco Schindler wunderte sich, denn es war der erste Tag, an dem das Sparangebot für diesen Zug überhaupt verfügbar war. Und schon sollte alles ausgebucht sein? Er probierte andere Verbindungen, und auch da: Kein Sparticket mehr vorhanden.

Marco Schindler beschwerte sich per E-Mail, bekam aber nur eine knappe, unpersönliche Antwort, in der man um Verständnis bat, dass die beliebten Spartarife nun mal schnell vergriffen seien, und ihn an eine kostenpflichtige Hotline verwies.

Einige Wochen später, nachdem Marco Schindler das Ticket für 189 Euro gekauft hatte, checkte er die Verbindung noch einmal im Netz und staunte: Plötzlich hätte das Ticket nur noch 129 Euro gekostet. Marco Schindler wandte sich erneut an die Bahn mit der Bitte, ihm die offenbar zu viel bezahlten 60 Euro zu erstatten. Schließlich könne es ja nicht angehen, dass er mehr bezahle als jemand, der deutlich später buche. Die Bahn antwortete wieder mit einem Standardschreiben, bedauerte, ihm nicht helfen zu können, und verwies auf eine kostenpflichtige Hotline.

Marco Schindlers Versuche, unter der E-Mail-Adresse *kundendialog@bahn.de* tatsächlich mit irgendjemandem in einen

25

echten Dialog zu treten, scheiterten. Und die Bahn verlor einen vormals eigentlich recht zufriedenen Kunden – vermutlich für immer.

Wie die Bahn ihre Kunden zu Schwarzfahrern macht

Es gibt wohl kein zweites Verkehrsmittel, in dem so viele Reisende schwarzfahren, wie die Bahn. Da sind zum einen ein paar, die es wirklich darauf anlegen, ans Ziel zu kommen, ohne zu zahlen. Und dann ist da die Masse redlicher Leute, die von der Bahn gegen ihren Willen zu Schwarzfahrern gemacht werden. Weil sie einen Sparpreis mit Zugbindung gebucht haben, wegen der kurzen Umsteigezeit aber lieber einen Zug früher nehmen wollten. Weil sie in einen Nahverkehrszug eingestiegen sind in der Annahme, hier beim Schaffner ein Ticket lösen zu können, so wie es im Fernverkehr ja auch möglich ist. Weil der Automat am Bahnsteig kaputt war, kein Bargeld und auch keine EC-Karte akzeptieren wollte. Weil sie ein Internetticket gebucht, die Kreditkarte, mit der sie sich bei der Kontrolle identifizieren müssen, aber nicht dabeihaben. Oder weil man ihnen am Schalter schlicht das falsche Ticket verkauft hat.

Anstatt ihr Tarifsystem zu vereinfachen oder sich im Zweifel eine kundenfreundliche Lösung zu überlegen, kriminalisiert die Bahn im Verfolgungswahn ihre Kunden. Wer sich weigert, das erhöhte Beförderungsentgelt zu akzeptieren, muss sich nicht selten Verhören durch die Bundespolizei unterziehen – oder wird vom unnachsichtigen Bahnpersonal einfach aus dem Zug geworfen.

Bekannt wurde diese Praxis im Jahr 2008 durch mehrere Fälle ausgesetzter Kinder: Weil sie angeblich keinen gültigen Fahrschein hatten, zwangen DB-Schaffner Kinder und Jugendliche zwischen neun und siebzehn Jahren zum Aussteigen, teilweise bei Dunkelheit und weit entfernt von ihren Heimatbahnhöfen. Das ist im Fall von unbegleiteten Minderjährigen nicht nur illegal, es war in den allermeisten Fällen auch völlig unberechtigt: etwa bei Stefanie, die gerade am Automaten im Zug eine Karte lösen wollte, als der Schaffner kam, sagte, das sei nun zu spät, und die Dreizehnjährige von der herbeigerufenen Polizei mit aufs Revier nehmen ließ. Oder Johanna, die eine abgestempelte Streifenkarte vorweisen konnte, welche aber wegen einer tags zuvor stattgefundenen Tariferhöhung nicht mehr gültig war. Oder Jasmin, deren Mutter ihre Jahreskarte laminiert hatte, was wochenlang bei keiner Kontrolle beanstandet worden war, bis das Mädchen von einer Schaffnerin wegen ihrer nun angeblich ungültigen Fahrkarte im Dunkeln ausgesetzt wurde.

Die Bahn entschuldigte sich, gelobte Besserung und versprach, ihre Mitarbeiter besser zu schulen und gerade bei Kindern mehr Kulanz walten zu lassen, sprich: sich an geltende Gesetze zu halten. Doch die Praxis besteht weiter, auch 2009 wurden wieder etliche Kinder unfreiwillig zu Schwarzfahrern. Etwa der zehnjährige Felix, der bei einer Kontrolle vor Aufregung seine Monatskarte im Schulranzen nicht gleich fand und zu einer Geldstrafe verdonnert wurde, obwohl er die Karte dabeihatte. Oder Franziska, der die Zugbegleiterin beschied, so wie sie geschminkt sei, könne sie unmöglich erst vierzehn Jahre alt sein, ihre Kinderfahrkarte sei deshalb nicht gültig.

Ebenso wenig wie Kinder darf die Bahn übrigens Behinderte einfach so aus dem Zug werfen, wie es der einundzwanzigjährigen Sabrina Rösener passiert ist. Hans-Günter Rösener, der Vater der geistig behinderten Frau, entrüstet sich, dass die Bahn seine Tochter erst einfach aussetzte und dann alles abstritt:

Ich bin stinksauer auf die Bahn. Meine Tochter ist geistig behindert und arbeitet in einer Iserlohner Behindertenwerkstatt. Normalerweise holt ein Fahrdienst sie bei uns zu Hause ab, manchmal muss sie aber auch mit dem Zug in die Nachbarstadt fahren. Das hat sie schon oft gemacht, sie ist sehr selbstständig. Als Ticket muss sie einen speziellen Begleitschein zusammen mit ihrem Behindertenausweis vorzeigen. Den Behindertenausweis nimmt sie aber nie im Original mit, sondern als amtlich beglaubigte Kopie, es ist nämlich ein enormer Aufwand, den wiederzubekommen, wenn er mal verloren geht.

Auf der Rückfahrt meinte die Schaffnerin im Regionalexpress dann, meine Tochter habe kein gültiges Ticket, weil sie den Behindertenausweis nicht dabeihabe. Meine Tochter hat ihr dann die Beglaubigung gezeigt, aber die Frau meinte nur, sie habe keine Zeit, sich das durchzulesen. Dann hat man sie einfach in Iserlohn aus dem Zug gesetzt. Das ist doch unfassbar! Meine Tochter ging gleich zum Infoschalter am Bahnhof. Die haben sie aber auch rauskomplimentiert und gesagt, sie könnten ihr nicht helfen, weil sie keine Einrichtung der DB seien. Sie solle gucken, wie sie nach Hause komme. Netterweise hat dann eine Frau, die das alles mitbekommen hat, Sabrina mit dem Auto nach Hause gefahren.

Ich war vielleicht wütend! Dann habe ich versucht, mich bei der DB zu beschweren. Eine Stunde lang habe ich in einer teuren Hotline gehangen. Behinderte sind in solchen Situationen doch verloren, wenn sie sich nicht ein bisschen zu helfen wissen. Eine Entschuldigung gab es nicht, im Gegenteil: Die Bahn stritt alles ab und behauptete, in dem Zug hätte es gar keine Fahrscheinkontrolle gegeben. So nach dem Motto: Die ist halt nicht ganz richtig im Kopf, die kann ja viel erzählen. Als würde meine Tochter sich so was ausdenken.

Für die Bahn ist es leicht, Fälle zu Unrecht ausgesetzter Fahrgäste als Fehlleistung einzelner Mitarbeiter darzustellen. Dass die jedoch gewaltig unter Druck stehen und bei zu laxer Handhabung ihrer Kontrollpflicht mitunter ihren Job riskieren, verschweigt die Konzernspitze. »Was sich in Zügen der Deutschen Bahn abspielt, ist das Ergebnis eines Verfolgungswahns, den die Führung der Deutschen Bahn AG bundesweit ihren Zugbegleitern verordnet hat«, so der Fahrgastverband Pro Bahn.[2]

Was die Bahn unter Kulanz versteht

Eigentlich ist es ganz logisch: Ein Unternehmen ist abhängig von zufriedenen Kunden. Und wenn man diese Kunden nett behandelt und ihnen entgegenkommt, verzeihen sie auch gern, wenn doch einmal etwas schiefläuft. Der Nordhessische Verkehrsverbund NVV kann sich rühmen, das europaweit kulanteste Verkehrsunternehmen zu sein, sehr zur Freude seiner Kunden. Mit der »5-Minuten-Garantie« verspricht das Unternehmen, jedem Fahrgast ab einer Verspätung von fünf Minuten den vollen Fahrpreis zurückzuerstatten, und zwar in bar. Wer nach 20 Uhr wegen einer Verspätung keinen Anschluss mehr bekommt, bekommt Taxikosten in Höhe von bis zu 25 Euro ersetzt. Und wer wegen dreckiger Sitze an Haltestellen oder in Fahrzeugen seine Kleidung verschmutzt, bekommt die Reinigungskosten bis zu 25 Euro bezahlt. Die Auszahlung erfolgt unbürokratisch und unkompliziert im Kundenzentrum oder am Infoschalter gegen Vorlage des Fahrscheins oder einer entsprechenden Quittung.

Die Sorge, das Unternehmen könne sich so viel Kulanz gar nicht leisten, war unbegründet: »Es war natürlich ein Wagnis, denn wir konnten vorher trotz Abschätzung nicht genau sagen, was an Kosten auf uns zukommen würde, deswegen hatten wir großzügig kalkuliert«, sagt Sabine Herms, Pressesprecherin des NVV. »Zum Glück haben wir unseren Erstattungsansatz bisher nie überschritten. Die Kundenzufriedenheit zeigt uns, dass wir alles richtig gemacht haben.«

Und die Deutsche Bahn? Belästigte ihre Kunden jahrelang mit einem komplizierten System, bei dem höchstens zwanzig Prozent des Ticketpreises bei einer Stunde Verspätung erstattet wurden – allerdings nicht in bar, sondern in Form eines Reisegutscheins.

Zum 29. Juli 2009 setzte die DB AG nach einem Beschluss des Bundestags immerhin eine Verordnung des Europäischen Parlaments um und regelte die Rechte der Fahrgäste neu. Demnach können sich Fahrgäste ab Verspätungen von 60 Minuten im Fernverkehr fünfundzwanzig Prozent des Ticketpreises erstatten lassen, auf Wunsch auch in bar. Bei zwei Stunden wird die Hälfte des Preises erstattet. Für die DB ist das ein großer Schritt, für den Fahrgastverband Pro Bahn allerdings deutlich zu wenig – schließlich orientiere sich die Bundesregierung in ihrem Gesetz für mehr Fahrgastrechte im Eisenbahnverkehr an europäischen Minimalforderungen. »Übersetzt heißt das: Deutsche Züge dürfen so unpünktlich sein wie Züge auf dem Balkan«, so Rainer Engel von Pro Bahn. Mit der neuen Regelung sei es immer noch billiger, beim Unterhalt von Fahrzeugen und Schienennetz zu schlampen, als pünktlich zu fahren. Und wer als Kunde sein Recht geltend machen will, muss sich im schlimmsten Fall durch achtundvierzig Punkte auf einem sechzig Zentimeter langen Formular arbeiten und sollte Zuggattung, Zugnummer und Abfahrtszeiten aller genutzten und verpassten Züge parat haben. Offensichtlich will die Bundesregierung die Bahn mit diesem Gesetz vor den Verbrauchern schützen – und nicht umgekehrt.

Dabei braucht die DB das Parlament gar nicht, um sich vor den eigenen Fahrgästen zu schützen und abzuschotten. Sie schafft das ganz gut allein – mit einem Service, der Beschwerden gnadenlos ins Leere laufen lässt. Dabei geht es selten um große Beträge, sondern um eine kleine Entschädigung für unzumutbare Zustände.

Die Krebspatientin Sigrid Blaich-Horn wurde von der Bahn wohl für immer vergrault: Der Zug, in dem sie mit anderen krebskranken Frauen fuhr, war so überfüllt, dass sie bei der Ankunft gleich den Notarzt rufen mussten:

Wir sind eine siebenköpfige Selbsthilfegruppe von Frauen, die eine Krebserkrankung durchgemacht haben. Wir wollten uns ein schönes Wochenende gönnen und zusammen nach Dresden fahren. Schon lange vor Reiseantritt hatten wir die Tickets und die Sitzplätze im Internet gebucht. Als wir dann in Fulda in den ICE nach Dresden umsteigen mussten, war schon der ganze Bahnsteig voller Menschen, alle in ziemlich gereizter Stimmung. Es war Freitag, da warteten viele Mütter mit ihren Kindern und viele Touristen. Es hieß dann, der ursprüngliche Zug fahre nicht. Es würde ein anderer eingesetzt, aber nur mit der Hälfte der Wagen. Die Waggons mit unserer Reservierung gab es jetzt nicht mehr. Wir fragten die DB-Mitarbeiterin am Bahngleis, und sie meinte: »Machen Sie sich keine Sorgen. Sie bekommen andere Plätze.« Im Zug war dann die Hölle los, denn die Menschen pressten sich ja jetzt alle in den viel kürzeren Zug. Wir kamen überhaupt nicht durch die Gänge und mussten die ganze Strecke von Fulda bis Dresden völlig eingezwängt an einer Türe stehen bleiben. Wir konnten nicht einmal auf dem Boden sitzen, so voll war es. Nun sind wir ja als Krebspatienten alle gesundheitlich angeschlagen. Jede von uns hat einen Schwerbehindertenausweis. Es war fürchterlich anstrengend. Hinzu kam noch, dass die Toiletten geschlossen waren, möglicherweise, weil der hygienische Zustand schon so schlimm war. Da waren viele Mütter, die wollten in der Toilette die Kinder wickeln und konnten das nicht. Stellen Sie sich mal das Geschrei vor. Eine von uns wollte sich dann über all diese Menschen hinweg bis ins Bistro durchschlagen, um etwas zu trinken zu holen. Aber sie kam einfach nicht durch. Als die Schaffnerin kam, riet sie uns, uns zu beschweren, und gab uns sogar eine Telefonnummer, weil das an den Wochenenden wohl regelmäßig vorkommt. Da fragt man sich: Kommt für die Bahn das Wochenende denn so überraschend? Immerhin hat die Schaffnerin uns das ganze Desaster kurz schriftlich bestätigt. Ich hatte den Eindruck, dass die auch nicht mehr konnte und völlig am Ende war. Als wir endlich in Dresden ankamen, mussten wir sofort den Notarzt rufen, weil drei von uns starke Kreislaufprobleme hatten. Eine hatte die ganze Fahrt über ihren Fuß so zwischen Koffern eingequetscht, dass sie erst mal einen Tag lang liegen musste. Im Grunde war die Reise da schon gelaufen, wir waren jedenfalls bedient. Vor der Rückreise hatten wir richtig Angst, aber die lief glimpflich ab.

Wir haben dann zu Hause einen Brief an die Bahn geschrieben, die Situation geschildert und darum gebeten, uns fünfundsechzig Prozent der Reisekosten zu erstatten. Ewig kam gar keine Reaktion, erst recht keine Entschuldigung. Irgendwann kam ein Brief, in dem stand, dass wir zusammen einen Reisegutschein über siebzig Euro bekämen. Aber was sollen wir damit? Wir wollen auf gar keinen Fall noch mal einen gemeinsamen Ausflug mit der Bahn machen. Nie wieder, da sind wir uns einig! Das haben wir der Bahn auch gesagt. Daraufhin bot die Bahn uns sieben Gutscheine à zehn Euro an. Das ist doch lächerlich! Und überhaupt, die schreiben einem in einer Art, als sei man selbst schuld an dem Desaster.

Nach langem Hin und Her bekamen wir dann wenigstens die Kosten für die Platzreservierung erstattet. Wir fahren beim nächsten Mal jedenfalls mit dem Bus. Eine Bahnreise tun wir uns nie mehr an.

Auch Andreas Becker, der wegen eines Unfalls seine Jahreskarte zurückgeben wollte, wird wohl nie wieder Bahn fahren:

Weil ich regelmäßig mit der Bahn fahre, habe ich mir im Sommer 2008 ein IC-Zuschlags-Ticket für ein Jahr gekauft. Vorher hatte ich mich bei der Bahn erkundigt, ob ich das Ticket notfalls wieder zurückgeben könnte, und erhielt die Auskunft, das sei gar kein Problem. Wenige Monate später, im November, verunglückte ich schwer. Ich lag drei Wochen im künstlichen Koma und war danach fünf Wochen auf der Intensivstation. Bis Ende Januar war ich stationär in einer Rehaklinik. Meine Frau wollte für mich das Ticket zurückgeben, es hatte immerhin 218 Euro gekostet. Da ich es in sieben von zwölf Monaten nachweislich nicht würde nutzen können, hätte ich einen anteiligen Betrag von 127 Euro zurückbekommen müssen. Die Bahn hat mir daraufhin einen Brief geschrieben, dass ich einen Gutschein über 80 Euro bekäme. Nun bin ich aber durch den Unfall schwer gehbehindert und kann einen solchen Gutschein gar nicht nutzen, weil ich die Treppe an meiner Bahnstation nicht mehr hochkomme, und einen Aufzug gibt es dort nicht. Das wusste die Bahn damals noch nicht, deswegen habe ich das dann noch mal erläutert. Ich bekam wieder Post von der Bahn: Sie hätten alles noch mal geprüft und kämen zu keinem anderen Ergebnis – aus reiner Kulanz würde man mir den Gutschein anbieten, eigentlich stünde mir überhaupt nichts zu. Da dachte ich, ehrlich gesagt, die veräppeln mich. Ich hatte mich ja schließlich vorher erkundigt, dass

33

man in einem solchen Fall das Geld zurückbekommt. Also habe ich mich noch mal an die Abonnenten-Stelle gewandt, die mir das damals mündlich zugesichert hatte. Die sagten, sie seien nicht zuständig, ich müsse mich an die Verkaufsstelle wenden. Dort konnte man mir aber auch nicht weiterhelfen. Dann habe ich den Fahrgastverband Pro Bahn eingeschaltet, die haben sich für mich eingesetzt. Mittlerweile war ich so sauer, dass ich sogar entschlossen war zu klagen. Pro Bahn riet mir, mich an die Schlichtungsstelle zu wenden. Die haben sehr flott und klar entschieden, dass ich mein Geld zurückbekommen muss. Die Bahn hat mir anschließend aber wieder nur 80 Euro überwiesen. Vielleicht war das ein Fehler eines Sachbearbeiters, aber es war für mich trotzdem ärgerlich, weil ich schon wieder an die Bahn schreiben musste. Und dann erst bekam ich mein Geld.

Wenn ich mir nicht ganz sicher gewesen wäre, dass ich im Recht war, und wenn ich mich nicht so geärgert hätte, würde ich wahrscheinlich heute noch auf mein Geld warten. Was mich das an Zeit und Nerven gekostet hat! Und die Bahn ja auch: Die Kosten für die Leute, die sich mit meinem Fall beschäftigen mussten, waren sicher höher als der Betrag, um den es ging. Das ist eine Unverschämtheit. Und ich habe als Betroffener nicht die Möglichkeit, wegen eines solchen Betrags zum Anwalt zu gehen, das wäre ja finanzieller Wahnsinn. Darauf setzt die Bahn. Wenn ich könnte, würde ich die Deutsche Bahn boykottieren. Aber abgesehen davon, dass ich momentan körperlich ohnehin nicht in der Lage bin, den Zug zu nutzen, hätte ich auch gar keine Alternative. Die Bahn hat eben ein Monopol. Das ärgert mich, gerade weil sich der Konzern mir gegenüber so unmöglich verhalten hat. Was, wenn man auf das Geld angewiesen ist und nicht eben mal in der Lage ist, wochenlang E-Mails und Briefe zu schreiben, dran-

zubleiben und sich zu wehren? Dann ist man denen ja hilflos ausgeliefert.

Was die Erstattung von Reisekosten betrifft, ist die Bahn, wie diese Erfahrungsberichte zeigen, auffallend schwerfällig. Ziemlich fix dagegen ist das Unternehmen, wenn es darum geht, unberechtigte Forderungen einzutreiben. Ein Inkasso-Unternehmen wird schnell eingeschaltet, und die Mahnkosten steigen so drastisch, dass viele Kunden verschüchtert bezahlen, obwohl sie gar nicht müssten. Besonders mit der BahnCard gibt es regelmäßig Probleme, meistens, weil die Kunden gar nicht wissen, dass sie mit dem Kauf einer BahnCard ein Abo unterschreiben. Einen Durchschlag des Antrags mit den Geschäftsbedingungen bekommt man am Schalter übrigens nicht automatisch. Und oft ist es auch der Konzern, der mit dem Versenden der BahnCards offensichtlich Schwierigkeiten hat.

Isabel Sommer* berichtet, dass sie plötzlich zwei BahnCards hatte – und auch zwei Rechnungen:

Ich hatte seinerzeit meine BahnCard im Abo und wusste, dass die neue kommt, während ich im Urlaub bin. Weil ich die Karte aber für die Reise nutzen wollte, ging ich zum Schalter und erklärte die Situation. »Kein Problem«, sagte man mir. Ich bekam für die Fahrt schon mal eine vorläufige BahnCard aus Papier. Als ich dann wieder zu Hause war, fand ich die reguläre BahnCard in der Post. Kurz darauf bekam ich aber noch eine. Nun hatte ich also zwei gültige BahnCards und leider auch zwei Rechnungen. Daraufhin führte ich unendliche Telefonate, verlor damit viel, viel Zeit und ärgerte mich ehrlich gesagt schwarz, denn immer hörte ich dasselbe: Nun hätte

---

* Name geändert

ich eben zwei BahnCards, die müsse ich beide auch bezahlen. Was für ein Unfug! Ich brauche doch nicht für denselben Zeitraum zwei Karten. Schließlich bekam ich sogar diese Mahnbriefe von Inkassounternehmen. Da bekam ich richtige Albträume, ich habe den Inkassoeintreiber nachts an meinem Bett stehen sehen. Was macht die Bahn da mit einem unbescholtenen Bürger wie mir? Ich habe in über achtzig Lebensjahren noch nie eine Rechnung nicht bezahlt. Noch nie! Erst als sich der Fahrgastverband Pro Bahn einschaltete, hatte die Bahn ein Einsehen. Aber das hat mich fast ein halbes Jahr lang meine Nerven gekostet.

Gisela Menz, eine Leidensgenossin von Frau Sommer, hat erst einmal geweint, als der Brief von der Inkassofirma kam:

Ich habe 2006 in Fulda am Schalter eine BahnCard gekauft. Damals bin ich oft nach Mecklenburg-Vorpommern gefahren. Ich dachte, die sei nur für ein Jahr, und war dann ziemlich erstaunt, als ich Ende des Jahres eine Rechnung über eine BahnCard für 2007 bekam. Ich hatte aber für 2007 nie eine neue BahnCard bekommen, wollte auch gar keine. Ich habe dann bei der DB-Stelle Schortens angerufen und auch mehrmals geschrieben, dass es sich hier um einen Irrtum handeln müsse. Aber die haben mich total abgebügelt. Sie haben mich behandelt wie eine Lügnerin, wie eine Verbrecherin, das hat mich richtig fertiggemacht.

ICH musste beweisen, dass die Karte nie bei mir angekommen ist, aber wie hätte ich das denn tun sollen? Schließlich musste ich sogar eine eidesstattliche Versicherung abgeben, dass ich die BahnCard nie bekommen habe. Ich war fix und fertig und dachte nur: Gegen die komme ich nicht an. Und dann kam sogar ein Brief von einer Inkassofirma. Darin stand, dass sich der ursprüngliche Betrag von 51,50 Euro auf 115,80 Euro erhöht habe. Da hab ich erst mal geweint. Nicht wegen der Summe, sondern weil ich noch nie in meinem Leben mit einer Inkassofirma zu tun hatte.

Ich war so wütend, dass ich den Fahrgastverband Pro Bahn eingeschaltet habe. Ich dachte, ich zahl doch nicht für etwas, was ich nie bekommen habe. Das sehe ich nicht ein. Mein Mann und ich hatten früher selbst ein Geschäft. Wir wären nie so mit unseren Kunden umgesprungen. Und ich bin doch Kundin bei der Bahn! Seitdem habe ich nichts mehr gehört. Aber ich denke noch oft dran, das geht mir immer noch nach. Mit der Bahn bin ich bis heute nicht mehr gefahren. Von mir kriegen die keinen Cent mehr.

Es ist wohl nur ein Bruchteil der Fahrgäste, der in einer ähnlichen Situation nicht einfach resigniert, sondern sich professionelle Unterstützung sucht, etwa beim Fahrgastverband Pro Bahn. Thomas Bayer, stellvertretender Landesvorsitzender in Hessen, erzählt: »Bei uns melden sich Menschen, die am System Deutsche Bahn völlig zu verzweifeln drohen: am Fahrkartenverkauf, an Angelegenheiten mit BahnCards, an der unfreundlichen Behandlung im Zug und an der Mahnstelle der DB. Ich habe den Eindruck, dass die Bahn eigentlich immer nur Standardanschreiben versendet und auf die individuellen Probleme der Kunden gar nicht eingeht. Es gibt auch ständig andere Ansprechpartner. Fahrgäste kommen sich manchmal vor wie Verbrecher, weil ihre Reklamationen oder Anliegen oftmals nicht ernst genommen werden. Das sind aber Kunden, die zahlen viel Geld für die Beförderungsleistung! Mit denen muss man ordentlich umgehen. Wäre die DB eine kleine Firma, die mit ihren Kunden so umgeht, dann müsste sie den Laden dichtmachen.«

Bis November 2009 gab es beim Verkehrsclub Deutschland (VCD) eine neutrale Schlichtungsstelle, die vermitteln konnte, wenn sich die Fronten zwischen der DB AG und ihren Kunden allzu sehr verhärteten. In den fünf Jahren, die die Schlichtungsstelle vom Verbraucherschutzministerium finanziert wurde, hat sie die Beschwerden von etwa viertausend Bahnkunden bearbeitet, in fünfundachtzig Prozent der Fälle konnte erfolgreich zwischen Bahn und Kunde vermittelt werden. Eigentlich eine gute Sache, doch Ende 2009 lief die Finanzierung der Stelle aus. In Zukunft sollen die Verkehrsträger selbst für die Finanzierung einer Schlichtungsstelle sorgen. Das heißt: Die Bahn als Quasi-Monopolist im Schienenverkehr schafft sich ihre eigene Ombudsstelle für verärgerte Kunden. »Wir bezweifeln die Neutralität einer hauptsächlich von der DB AG getragenen Schlichtungsstelle«, so Heidi Tischmann vom VCD, der die Schlichtungsstelle gern weiterbetrieben hätte – schließlich haben die Mitarbeiter in den vergangenen Jahren gute Arbeit geleistet. Dass jetzt der Bock zum Gärtner gemacht werden soll, kann jedenfalls kaum im Interesse der Kunden sein.

Pünktlich, freundlich, zuverlässig?
Das Servicechaos bei der Bahn

VIP müsste man sein. Dann könnte man sicher sein, nie in einem verspäteten ICE zu sitzen, einen Anschluss oder einen wichtigen Termin zu verpassen. Denn wenn die Kanzlerin, ein hochrangiger Minister oder gar der Bahnchef persönlich einen ICE besteigen, tritt Konzernrichtlinie 135.4001 in Kraft, die den Zug in eine Art persönlichen Limousinenservice verwandelt. Denn der vom Konzern beauftragte VIP-Reisebegleiter darf kurzfristige Fahrplanänderungen verfügen. Verspätungen sind unbedingt zu vermeiden, auch wenn dafür andere Züge warten müssen.

Nein, so viel Service kann der normalsterbliche Bahnreisende nicht verlangen. An Verspätungen hat er sich so sehr gewöhnt, dass er sie inzwischen für gottgegeben hält. Da die Bahn selbst mit ihrer Pünktlichkeitsstatistik hinterm Berg hält, gibt es kaum konkrete Daten zu diesem Thema. Stiftung Warentest überprüfte im Herbst 2007 die Ankunftszeiten von mehr als 94 000 Zügen an zehn großen Bahnhöfen. Das Ergebnis: Jeder dritte Zug verspätete sich um vier Minuten oder mehr, jeder siebte Zug um mehr als zehn Minuten, bei Verspätungen konnte jeder vierte Anschlusszug nicht mehr erreicht werden.[3] Die Bahn hat den Test übrigens als »nicht repräsentativ« bezeichnet und alle Vorwürfe abgestritten.

Laut Hans-Werner Franz, Geschäftsführer des Verkehrsverbunds Berlin-Brandenburg, kommt ein weiteres Problem hinzu: Bei der Bahn gebe es schlichtweg kaum noch Fachleute, die einen Fahrplan vernünftig rechnen könnten. Bei der DB Netz sei in den letzten zehn Jahren mehr als die Hälfte des Personals abgebaut worden – deswegen sei es kaum noch möglich, auf Störungen schnell zu reagieren.[4]

Gern beruft sich die DB AG auf »höhere Gewalt«, wenn ein Sturm Bäume auf Gleise geweht oder ein Kälteeinbruch Weichen vereist hat. Doch all das wäre gar kein so großes Problem, wenn der Konzern nicht einen Großteil seiner Ausweichgleise abgebaut hätte. Meistens ist der Grund für eine Zugverspätung nämlich hausgemacht.

Benno Müller*, ein Fahrdienstleiter der DB AG, packt aus. Für ihn sind die Verspätungen eine Folge des Sparkurses der letzten Jahre:

---

* Name geändert

Ich regele den Zugverkehr in Abstimmung mit den Disponenten. Das heißt, ich bestimme die Zugfolge auf dem Bahnhof, überwache die Eisenbahnstrecken, stelle Weichen und Signale, kümmere mich also darum, dass Züge sicher und pünktlich fahren können. Ich sitze den ganzen Tag vor acht Monitoren im Stellwerk. Kein Zug darf ohne meine Zustimmung fahren. Das alles ist ein großes Computerspiel, dahinter steht eine gigantische Logistik, da muss man immer hellwach sein. Wenn ich einen Fehler mache, kann das katastrophale Folgen für Fahrgäste und Zugpersonal haben.

Es kann auch mal vorkommen, dass an einem Tag alle Züge pünktlich sind, dann hab ich eine ruhige Schicht. Meistens müssen wir aber eingreifen. Es gibt viele Gründe für Störungen. Wenn sich jemand vor den Zug wirft, dann muss ich ganz schnell eine Lösung für die Züge auf der Strecke finden. »Uns« stellen sich ja jedes Jahr bis zu tausend Leute in den Weg. Das ist verdammt hart. Dann müssen die Staatsanwaltschaft und die Kriminalpolizei kommen. Das dauert natürlich. Das Schlimmste war mal, als sich die Leichenteile auf anderthalb Kilometer verteilt hatten. Da hat man gar keine Zeit, an das Schicksal des Toten zu denken, da muss man funktionieren, sonst geht's natürlich ewig nicht weiter.

Ein Riesenproblem sind die Zug-Surfer. Die Jungs hängen mit Saugnäpfen, mit denen man eigentlich Glasscheiben transportiert, an ICEs. Das ist lebensgefährlich und kann tödlich ausgehen. Es ist der Wahnsinn. Die filmen sich auch noch dabei und stellen die Videos bei YouTube ein, einfach verrückt. Die Bahn macht das nicht öffentlich, damit es keine Nachahmer gibt. Wenn die Surfer entdeckt werden, gerät natürlich wieder der Fahrplan durcheinander.

Sonntagsabends dauert es auch immer ein bisschen länger, da können sich die Liebespaare nicht trennen, einer drinnen, einer draußen, und wir können nicht losfahren. Dann kriegen wir von den Lokführern gemeldet: »Da wird wieder rumgeknutscht.« Da kann man nix machen.

Viele Verspätungen sind aber auch hausgemacht: Es kommt vor, dass vor Fahrtbeginn der Lokführer oder das Zugpersonal nicht da sind. Und die Verspätungen sind auch eine Folge vom Sparkurs der letzten Jahre. Nicht selten wird erst ausgebessert, wenn die Weiche sprichwörtlich auseinanderfällt. Ich verstehe nicht, warum die nicht regelmäßig gewartet werden. Gespart wird auch am Personal: Früher gab es Streckenläufer, die die Schienen abgeklopft, Schrauben festgezogen oder Gleisverwerfungen frühzeitig entdeckt haben. Wenn es die noch geben würde, dann könnte man viel Geld sparen, und es käme zu weniger Störungen.

Oder die Lokschäden: Früher wurden die Loks regelmäßig in ihren Heimatbahnhöfen gewartet, heute werden die Untersuchungen immer wieder hinausgezögert. Wenn im Normalbetrieb eine Lok kaputtgeht, dann ist oft keine Reserve-Lok da – und wenn sie auch noch mitten auf der Strecke liegen bleibt, gibt es manchmal keine Chance zum Ausweichen oder Überholen, weil die Bahn die Überholgleise massiv abgebaut hat. So wird das nie was mit der Pünktlichkeit – in der Schweiz kann man nach der Eisenbahn die Uhr stellen, in Deutschland macht man das besser nicht.

Manchmal werden auch Fahrpläne falsch konstruiert. Wenn es zum Beispiel Bauarbeiten gibt, werden Änderungen einfach ignoriert. Und wir merken dann, dass es auf der Strecke eng wird. Intern gibt es übrigens die Anweisung, dass der ICE immer zuerst fahren darf, dann der IC, dann der Regionalexpress und die Regionalbahn. Wenn man bedenkt, dass der Regionalverkehr das meiste Geld bringt und den Fernverkehr quasi subventioniert, ist es schon irgendwo ungerecht, *dass die ICEs Vorfahrt haben. Die Privatbahnen dürfen wir natürlich auch nicht vergessen, sonst kriegen wir Ärger, dass wir die Wettbewerber behindern.*

Manchmal funktioniert die interne Kommunikation nicht. Viele Lokführer melden sich einfach nicht, wenn sie vor Abfahrt Probleme entdecken. Die wissen doch, dass sie dadurch den ganzen Betrieb stilllegen, denn wenn sich die Abfahrt verzögert und wir wissen nichts davon, dann können wir für andere Züge die Strecke nicht freigeben. Übrigens: Die Lokführer der Privatbahnen sind da fixer. Die melden sich, wenn es ein Problem gibt, und wir können sofort reagieren.

Ich bin echt froh, dass der Mehdorn weg ist. Das war schon lange fällig. Der hatte den Blick für die Realität verloren mit seinem Traum vom internationalen Logistik-Konzern. Was haben die deutschen Fahrgäste in verspäteten Zügen davon, wenn die Deutsche Bahn im Ausland Bus- und Schifffahrtsunternehmen kauft oder eine Busflotte betreibt? Wir haben hier genug zu tun. Hier muss investiert werden. Ob es unter Grube besser wird, weiß ich nicht – er ist ja auch kein Eisenbahner. Das ist sowieso total absurd, dass im Vorstand kein einziger Eisenbahner sitzt. Früher sprach man von der Eisenbahnfamilie, die gibt es heute nicht mehr. Jeder macht nur noch seins, und keiner weiß, was der andere treibt. Da ist vieles zerstört worden.

Dass Mängel an Infrastruktur und Arbeitsgerät zu den häufigsten Ursachen für Verspätungen zählen, zeigen auch interne Dokumente der Deutschen Bahn, die nur selten öffentlich werden. Nimmt man zum Beispiel lediglich die technischen und personalbedingten Pannen eines einzigen Tages im Juli 2009, so versteht man schnell, warum sich republikweit Züge oft um Stunden verspäten.

Die folgenden Verspätungsursachen traten an diesem Tag oft mehrfach auf:

- Lokstörung
- Lokschaden ohne Ersatz
- Gestörte Bremse ICE
- Beide Triebköpfe ICE überhitzt
- Neigetechnik gestört
- Zuglenkung gestört
- Triebfahrzeugschaden:
  Anzeige »Achse nicht drehend«
- Triebfahrzeugschaden, Selbstreparatur
- Kühlpause wg. Motorüberhitzung
- Bordgerät gestört
- Signalstörung
- Verspätete Signalbedienung
- Wagenstörung (volle Toiletten)
- Netzstromausfall
- Weiche gestört
- Überwachungssicherungen aller Weichen defekt
- Wiederholte Zwangsbremsung am Signal
- Zwangsbremsung wegen Langsamfahrstelle
- Stellwerk ausgefallen
- Türstörung
- Warten auf Zugpersonal
- Verspäteter Arbeitsbeginn Fahrdienstleiter
- Fehlhandlung Fahrdienstleiter
- Warten auf Triebfahrzeugführer
- Wecker für Bahnübergang gestört
- Technisch gestörter Bahnübergang
- Fehldisposition Streckendisponent
- Zugfahrt(en) ohne Zustimmung Zugdisponent

- Zug nicht am gewöhnlichen Halteplatz gehalten
- Kraftstoffmangel

Dem Berliner Eisenbahnexperten Erich Preuß wurden vor ein paar Jahren die Tagesberichte aus der Betriebszentrale Duisburg zugespielt. Dort scheint man dem Verspätungschaos mit einem gewissen Galgenhumor zu begegnen, wie die schriftlichen Kommentare des diensthabenden Mitarbeiters zeigen:

- *Regionalexpress sollte in Essen Hbf wieder eingesetzt werden. Der Fahrdienstleiter gab allerdings die Durchsage, dass der Zug ausfällt. Daraufhin verschwand das Zugpersonal.*
- *Cargo-Bedienungsfahrt stand vor einem haltzeigenden Selbstblocksignal. Der Fahrdienstleiter war nicht zu erreichen. Kommentar des Fahrdienstleiters: »Ich musste mein Auto umsetzen.«*
- *Aufprall auf Vogel. Untersuchung des Stromabnehmers durch den Triebfahrzeugführer. Keine Schäden am Triebfahrzeug, aber am Vogel.*
- *ICE 652: Kupplungsexperimente durchgeführt.*
- *Triebwagenstörung, irrtümlich mit Olivenöl betankt.*
- *Triebfahrzeugführer wegen Signalstörung durch Fahrdienstleiter über Zugfunk von zu erwartender verzögerter Einfahrt informiert. Triebfahrzeugführer reagierte sehr, sehr ungehalten und beschimpfte den Fahrdienstleiter auf das Übelste.*
- *Triebfahrzeugführer des Regionalexpress musste das Triebfahrzeug suchen.*[5]

Bahnkunden werden mit so viel Detailfülle leider selten bedacht, die Informationspolitik der Bahn ist mau. Als im Januar 2009 eine Softwarepanne stundenlang das bahneigene Ticketbuchungs- und Informationssystem lahmlegte, war die Bahn kaum in der Lage, ihre Kunden mit einfachen Mitteln wie etwa einem Aushang am Gleis kurzfristig über verspätete und ausgefallene Züge zu informieren. Aber auch ganz ohne Computerpanne gibt sich die Bahn reichlich maulfaul, wenn es darum geht, über Verspätungen aufzuklären.

Bei Benjamin Reimers, Vielfahrer und lange Zeit Berufspendler, hat inzwischen die Resignation gesiegt. Wenn er nur fünf Minuten zum Umsteigen hat, nimmt er jetzt lieber einen Zug vorher:

Die Informationen, die man bei der Bahn bekommt, sind dürftig bis katastrophal. Wir sind zum Beispiel einmal von Winsen in den Harz gefahren. Plötzlich blieb der Zug auf der Strecke stehen. Der Zugbegleiter sagte, die Oberleitung sei gestört und die Strecke deswegen gesperrt. Wir mussten dann nach Hannover zurückfahren, wurden in einen Ersatz-IC gesetzt, dann über Nienburg, Verden und Rotenburg an der Wümme geschickt und kamen über drei Stunden später an als geplant. In dem Ersatzzug hieß es dann, der Grund für die Umleitung sei ein Brand in einem Kesselwagen. Am nächsten Tag stand in der Zeitung, der Grund für das Chaos seien Krähen gewesen, die die Oberleitung attackiert hätten. Es kann ja immer mal zu einer Störung kommen, aber wenn man drei verschiedene Begründungen hört, fühlt man sich als Bahnkunde schon veräppelt.

Überhaupt ist der Informationsfluss immer sehr spärlich und kommt auch oft zu spät, vor allem, wenn man umsteigen muss. Früher habe ich mich dann noch geärgert, inzwischen habe ich resigniert. Nachdem ich lange Jahre gependelt bin, würde ich sagen: Seit einigen Jahren wird es mit der Unpünktlichkeit immer schlimmer. Im Zug zwischen Lüneburg und Kassel zum Beispiel sind Verspätungen oft an der Tages-

ordnung. Manchmal ist der Zug auch wochenlang pünktlich, aber man weiß es eben nie. Inzwischen mache ich es wie viele andere: Wenn ich sehe, dass ich auf der von der Bahn vorgeschlagenen Verbindung nur fünf Minuten Zeit zum Umsteigen habe, dann ist mir das Risiko zu groß, dass die Bahn sich wieder mal verspätet und ich den Anschluss nicht kriege. Dann fahre ich lieber eine Stunde früher los und warte dann länger. Das ist natürlich lästig, aber anders hat man ja keine Chance, pünktlich zu den Terminen anzukommen. Ich habe jedenfalls keine Lust darauf, immer in Angst und Schrecken im Zug zu sitzen und zu denken: Was passiert heute? Klappt es diesmal oder eben wieder nicht?

Manche Reisende sitzen stundenlang in einem ICE fest, ohne zu erfahren, warum genau man nun auf freier Strecke hält. Bahnkunde Alexander Steinhart berichtet gar von einer unfreiwilligen Übernachtung im Zug:

Ich war im ICE in der 1. Klasse unterwegs. Aufgrund eines Unwetters war bei Hanau Stromausfall, und der ICE konnte nicht mehr weiter. Nach einer Stunde Wartezeit setzten wir zurück an einen Dorfbahnhof und konnten aussteigen. Hier erhielten wir jedoch keine Hinweise, wann und wie es weitergehen sollte, die Transportleitung in Frankfurt gab an das Zugpersonal keine Infos weiter. Wir als Fahrgäste mussten uns selbst um Taxis kümmern, allerdings erfolglos, da kein Taxi aus Frankfurt 70 Kilometer fahren wollte, um hier Fahrgäste abzuholen. Die Transportleitung der DB organisierte weder Busse noch Taxen noch sonst irgendwas. Insgesamt standen wir dort acht Stunden von 20.30 Uhr bis um 4.30 Uhr morgens, dann kamen endlich ein paar Busse, um uns abzuholen. Natürlich ist ein Unwetter höhere Gewalt, aber ich denke, dass acht Stunden Warten im Zug, ohne Infos der DB, nichts mehr mit höherer Gewalt zu tun hat.

Ob nun kleine oder große Verspätungen: Die Bahn hält offensichtlich nicht viel davon, ihre Kunden mit ausreichend Informationen zu beglücken. Fragen, Wünsche und Probleme delegiert der Konzern am liebsten an seine Mitarbeiterinnen und Mitarbeiter im Bahn-Callcenter, die täglich mehr als hundert Anrufer abfertigen müssen. Doch die Mitarbeiter wissen meist auch nicht viel mehr als ihre Kunden, erzählt uns ein Callcenter-Agent: »Das liegt an der katastrophalen Informationspolitik und an den Strukturen dieses großen Unternehmens. Es braucht einfach viel zu lang, bis Informationen über Änderungen, neue Tarife oder Bestimmungen bei uns ankommen. Wir sollen aber eine korrekte Auskunft geben. Oft sind wir hilflos und müssen den Kunden vertrösten. Die Bahn als Unternehmen, das sich global aufstellen will, das an die Börse will und mit der Kundenzufriedenheit wirbt, muss noch viel aufholen.« Wohl wahr, zumal die Bahn mit ihren kostenpflichtigen sogenannten Service-Hotlines ordentlich Kasse macht.

Bahnkundin Hannah Conrad* wurde im Zug Opfer eines Diebes und hing anschließend für 59 Cent die Minute ewig lang in der Warteschleife, um eine Verlustmeldung bei der Bahn aufzugeben:

Ich war mit meinem einjährigen Sohn, einem Kinderwagen und viel Gepäck unterwegs im ICE von Berlin nach Hamburg. Als ich in Hamburg ein U-Bahn-Ticket lösen wollte, fiel mir auf, dass mein Geldbeutel verschwunden war. Ich war so mit dem Kind und dem Gepäck beschäftigt, dass es mir ent-

---

* Name geändert

weder im Zug oder am Bahnhof aus dem Rucksack geklaut worden sein muss.

Ich habe dann bei der Bahn im Internet eine »Verlustmeldung« gemacht, weil ich hoffte, der Dieb hätte wenigstens meinen Personalausweis und meinen Führerschein irgendwo liegen gelassen, und die Dokumente würden vielleicht gefunden.

Für die Verlustmeldung gibt es auf der Website der Bahn ein eigenes Formular, das ich ausgefüllt habe. Dann bekam ich die Telefonnummer einer Fundstelle, wo ich anrufen konnte, um zu fragen, ob meine Sachen gefunden worden seien. Der Anruf kostet 0,59 Euro pro Minute, und zwar noch bevor die einen in die Warteschleife schicken. Das heißt, ich hatte schon fast fünf Euro vertelefoniert, bevor ich überhaupt jemanden an der Strippe hatte. Die sagten dann, dass nichts abgegeben worden sei und dass ich wieder anrufen solle. Man werde mich nicht automatisch informieren. Insgesamt habe ich in den nächsten zwei Wochen fünfmal bei dieser Hotline angerufen und bestimmt 20 Euro nur für diese Anrufe bezahlt. Ohne Erfolg, meine Dokumente blieben verschwunden. Ist es denn zu viel verlangt, dass die einen von sich aus informieren, wenn sie einen Personalausweis finden? Oder ihn einfach in die Post stecken? Dank der DB fühlte ich mich doppelt bestohlen. Am Ende habe ich die Frau im Callcenter richtiggehend angeschnauzt, obwohl die doch auch nichts dafür kann. Das ist doch das Letzte, dass sich Konzernbosse was ausdenken und wir Kunden und die kleinen Angestellten müssen das dann ausbaden.

Nicht nur die Angestellten müssen den Frust der Bahnkunden aushalten, auch die Kunden kriegen die mitunter schlechte Laune der Bahnmitarbeiter zu spüren. Wen soll man auch sonst anmosern, wenn immer mehr Personal eingespart wird und die Arbeitsbelastung steigt? Und wenn der Renditedruck so groß ist, dass in jedem Bahnfahrer ein potenzieller Schwarzfahrer gesehen wird? Dazu kommt, dass Charme und Herzlichkeit nicht jedem in die Wiege gelegt wurden.

Für Bahnkundin Stephanie Schmidt gleicht das Bordrestaurant einer Servicewüste, in der man vor allem die Überforderung der Mitarbeiter serviert bekommt:

Ich fahre viel mit der Bahn und habe eine BahnCard 50 für die 1. Klasse. Ich bin also eine verdammt gute Kundin, werde nur leider selten so behandelt. Inzwischen habe ich ein regelrechtes Servicetrauma. Ich traue mich kaum noch ins Bistro oder Restaurant zu gehen, weil mir das Personal oft das Gefühl gibt: Merkst du nicht, dass du störst? Was willst du überhaupt hier?

Wenn ich im Berliner Ostbahnhof, wo der Zug eingesetzt wird, eine der Ersten im Bordbistro bin, dann heißt es gleich, noch bevor ich etwas gesagt oder gefragt habe: »Kaffee gibt's noch nicht. Da können Sie noch warten.« Ich sehe ja ein, dass die selber erst in den Zug gestiegen sind, aber muss man mich deswegen gleich so anmotzen? Ich setze mich also bescheiden und still in die Ecke und warte bis Hauptbahnhof, damit ich den Servicemitarbeiter nicht noch mehr verärgere. Überhaupt: Kaffee. Die geben sich bei der Bahn ja immer gern italienisches Flair. Aber ich weiß nicht, wie oft ich schon versucht habe, mal einen Latte Macchiato zu bekommen. Immer heißt es, der Milchschäumer sei gerade defekt. Immer! Also verderbe ich mir den Magen mit Filterkaffee, der obendrein noch ganz schön teuer ist.

Einmal war ich mit vielen Geschäftsleuten im Bordrestaurant. Nun waren Mitarbeiter ausgefallen. Die Frau, die ei-

gentlich bedienen sollte, blaffte jeden an: »Ich bring heute nix an den Tisch. Können Sie sich selber holen.« Das haben wir dann auch gemacht – und alle Geschäftsleute haben sich gegenseitig serviert. Eine Riesengaudi, die Stimmung war prächtig, so was übersteht man nun mal am besten mit einem Schuss Galgenhumor. Nur die Servicemitarbeiterin hat uns weiter angeranzt, wenn mal was daneben ging. Die hat gar nicht verstanden, dass das ja eigentlich ein ziemliches Service-desaster war.

Was man bei der Bahn garantiert immer serviert bekommt, ist die Überforderung der Mitarbeiter. Die geben ihren Frust in der Regel direkt an ihre Kunden weiter. Einmal hieß es fünf Minuten vor Abfahrt eines ICEs, dass der Zug ersetzt werden müsse. Ohne weitere Erklärung. Es kam dann ein »Nostalgie-express«, also einer der ganz alten Regionalzüge ohne Groß-raumwagen. Sowohl das komplette Fehlen eines Restaurants oder Bistros in diesem Zug als auch die nicht mehr vorhande-nen Sitzplatzreservierungen blieben komplett unkommentiert. Keine Entschuldigung. Kein Angebot, wie man bei fünf Stun-den Zugfahrt ohne mitgebrachte Getränke nun die Versorgung regeln könnte.

Eine Japanerin war im Abteil, die hatte von zu Hause große Mengen Sushi mitgebracht und hat dann mit allen ge-teilt. Bei der Bahn hat man nur eine Chance, wenn man in solchen Situationen spontan eine Selbsthilfegruppe gründet. Man kann das natürlich auch positiv sehen: Durch den mie-sen Service bei der Bahn habe ich schon ziemlich oft nette Leute im Zug kennengelernt.

Radler, Mütter, Behinderte: Wie die Bahn Kunden mit speziellen Bedürfnissen behandelt

Ach, wenn die Bahn sich ihre Kunden doch einfach backen könnte. Dann hätte sie ganze ICEs voller alleinreisender, zeitlich flexibler, gepäck- und bedürfnisloser Kunden. Radfahrer, Behinderte und Eltern mit Kindern wären mit Sicherheit nicht dabei. Denn die brauchen nun mal ein bisschen mehr Platz und ein bisschen mehr Service – und das kostet Geld. Geld, das sich die Bahn gerne spart.

Wer etwa mit einem kleinen Kind und einem Kinderwagen verreisen möchte, kann in den ICEs der DB ein sogenanntes Kleinkindabteil reservieren. Platz für den Kinderwagen gibt es allerdings kaum, es bleibt Eltern nichts anderes übrig, als mit den Wagen die Türen zuzustellen. Und nicht auf allen Strecken kommen Eltern mit Kindern in den Genuss eines echten Kinderabteils – mit einem Klettergerüst oder einem kleinen Schaukelpferd: Um Platz zu sparen, gibt es in vielen ICEs nur noch zu Kleinkindabteilen deklarierte 6er-Abteile, ohne Spielzeug, ohne Platz zum Krabbeln.

Immerhin: Eltern mit Kindern geht es da deutlich besser als Radfahrern. Die Mitnahme von Fahrrädern ist im ICE grundsätzlich nicht erlaubt. Technisch wären Fahrradstellplätze auch im ICE kein Problem, doch die Bahn verweigert sich dieser Forderung beharrlich. In den wenigen verbliebenen InterCity-Zügen ist es Glückssache, ob noch Platz für ein Fahrrad ist, die reservierungspflichtigen Stellplätze sind rar. Und im Regionalexpress gibt es überhaupt keine Reservierungsmöglichkeit. Das ist nicht nur eine Katastrophe für Regionen, die vom Fahrradtourismus leben, sondern auch für Radfahrer, die wegen überfüllter Regionalzüge schlicht auf der Strecke bleiben.

Bernd Schlosser, einem Rad fahrenden Bahnkunden, wurde der Einstieg in den Zug verboten:

Im August 2008 wollte ich mit der Bahn von Lauenstein in Franken nach Eisenach fahren. Ich hatte ein Fahrrad dabei. Das dürfte auf der Strecke nichts Ungewöhnliches sein, die Gegend ist beliebt bei Fahrradtouristen. Doch die ganze Reise war ein einziges Desaster.

Der Regionalexpress aus dem Süden kam pünktlich, es fand sich auch hinreichend Platz für das Fahrrad. In Saalfeld musste ich dann aber umsteigen, wie die meisten meiner Mitreisenden, die den Bahnsteig überfluteten. Etwa hundertfünfzig von ihnen strebten mit großem und kleinem Gepäck dem Regionalexpress nach Erfurt zu, viele davon mit Ziel Göttingen und nördlicher. Also stellte ich mich mit zwei weiteren Radwanderern geduldig an der Tür mit dem Mehrzweckabteil an. Aber da passten noch nicht einmal alle Reisenden ohne Fahrrad hinein.

Den aufkommenden Unmut der drängenden Bahnkunden versuchte ein DB-Servicemitarbeiter, so gut es ging, zu dämpfen. Uns drei Radlern hat man gleich das Einsteigen verboten, drei weitere wurden vom Lokführer auch noch des Zuges verwiesen, um mehr Platz zu schaffen. Die waren natürlich sauer, sie hatten extra eine Fahrradkarte und mussten an dem Tag noch bis nach Hamburg. Vorher hatten sie in Saalfeld bereits eine Stunde gewartet, weil sie den eigentlich geplanten Reiseweg wegen einer Zugverspätung weiter im Süden nicht nutzen konnten. Für die hieß das: Noch mal zwei Stunden später als geplant in Göttingen ankommen und nach Hamburg erst am nächsten Tag weiter. Sie waren natürlich restlos bedient.

Als der Platz immer noch nicht reichte, wurden weitere

Reisende zum Aussteigen aufgefordert, zum Teil mithilfe der Bundespolizei! Unter diesen Reisenden waren Mitglieder einer Jugendgruppe mit der Folge, dass die ganze Gruppe den Zug verließ. Schließlich standen schätzungsweise siebzig Reisende mit ihrem Urlaubsgepäck auf dem Bahnsteig, den der Zug mit zwanzig Minuten Verspätung in Richtung Erfurt verließ.

Von Bahnmitarbeitern weiß ich, dass sich solche Szenen in Saalfeld häufig abspielen, vor allem sonntags. An diesem Tag herrscht natürlich besonderer Andrang, trotzdem schickt die Bahn ihren RE am Wochenende nur mit einem Zugteil los anstatt mit zweien, so wie Montag bis Freitag. Es kommt häufig vor, dass wegen unzureichender Kapazitäten Radler zurückgelassen werden. Wenn die einfach nur eine Stunde auf den nächsten Zug warten müssten, wäre das vielleicht noch hinnehmbar – was ist aber mit Leuten, die auf Anschlusszüge angewiesen sind? Die fahren doch nie wieder mit der Bahn, wenn sie eine Fahrradtour machen wollen.

Als ich endlich in Eisenach angekommen war, wollte ich am Service Point eine Entschädigung für die mehr als zweistündige Verspätung einfordern. Dort sagte man mir, als Radler hätte ich ohnehin nur eingeschränkte Kundenrechte, die Mitnahme von Fahrrädern sei nun mal begrenzt. Es ist schon seltsam, Reisenden mit Fahrrad einen Beförderungsanspruch nur bedingt zu gewähren, zumal in einer Region, die für ihre Radwege bekannt ist. Wozu lockt man Fahrradtouristen dann überhaupt erst hierher?

Nicht sehr viel besser als den Radfahrern geht es Behinderten, die die Bahn nutzen wollen. In den meisten ICEs gibt es höchstens einen oder zwei Plätze für Rollstuhlfahrer – wenn die das Glück haben, an einem barrierefreien Bahnhof überhaupt in den Zug einsteigen zu können. Denn noch immer gibt es in Deutschland jede Menge Bahnhöfe ohne Aufzüge und Rampen, die für Rollstuhlfahrer, gehbehinderte Menschen oder auch Eltern mit Kinderwagen gar nicht oder nur schlecht zu nutzen sind.

Zwar hat die Bundesregierung in ihrem Behindertengleichstellungsgesetz von 2002 die DB AG dazu verpflichtet, ein Programm zur weitgehenden Barrierefreiheit ihrer Anlagen zu entwickeln. Wie dieses Programm aussehen und wann und wie es umgesetzt werden soll, überließ die Regierung allerdings der Bahn selbst. Ein Kompromiss, wie auch Karin Evers-Meyer, die Bundesbeauftragte für die Belange behinderter Menschen, zugeben musste. Schließlich ist die Bahn ein »wettbewerbsorientiertes Dienstleistungsunternehmen«, und das heißt dann ja wohl im Klartext: Die Bahn gibt offenbar nur dann Geld für Behinderte aus, wenn es unbedingt nötig ist. Und deshalb hat die Bahn beschlossen, dass es reichen muss, wenn fürs Erste Bahnhöfe mit mindestens tausend Passagieren pro Tag barrierefrei gestaltet sind. Als wäre das Reisen mit der Bahn für Behinderte nicht so schon anstrengend genug.

Die Rollstuhlfahrerin Heidi Dintel fragt sich, was ihr der tollste Hublift nutzt, wenn kein Personal da ist, um ihn zu bedienen:

Seit fünfzehn Jahren sitze ich im Rollstuhl, ich hatte als Kind eine Kinderlähmung, und irgendwann ging es mit dem Laufen nicht mehr. Dreißig Jahre lang stand ich voll im Berufsleben, auch jetzt arbeite ich ehrenamtlich als Behindertenbeauftragte der Stadt Memmingen und leite eine Projektgruppe »Barrierefreie Bahn«. Das heißt: Ich habe oft geschäftliche Termine in München, und die muss ich mit der Bahn wahr-

nehmen. In Deutschland gibt es jetzt mehrere Pilotprojekte für Behinderte, die mit der Bahn reisen wollen. Möglicherweise sollen die Ergebnisse der Projekte bald bundesweit eingeführt werden, dabei funktionieren sie in aller Regel hinten und vorne nicht.

Zunächst mal muss ich jede Reise vierundzwanzig Stunden vorher anmelden. Spontan verreisen geht gar nicht. Ich muss bei einer Hotline anrufen, natürlich eine 0180-Nummer, sodass es schon mal richtig teuer wird. Superservice! Dann wird in Kempten ein Mitarbeiter beauftragt, mir am Bahnhof zu helfen. Es gibt aber nur diesen einen Mitarbeiter, der mehrere Bahnhöfe im Umkreis bedienen muss. Mir und vielen, die ich kenne, ist schon passiert, dass es hieß: Zu dem Zeitpunkt können Sie nicht verreisen, da hat schon jemand anderes den Service bestellt. Aber ich reise ja nicht zum Vergnügen, sondern weil ich berufliche Termine habe, und da kann ich doch nicht drei Stunden zu spät erscheinen. Und überhaupt geht das nur zwischen 6.30 Uhr und 22 Uhr. Um 6 Uhr treten die DB-Mitarbeiter nämlich erst den Dienst an, und bis sie in Memmingen sind, ist es halb sieben. Den Zug um 6.22 Uhr nach München zu nehmen, um um 8 Uhr dort zu sein, kann ich also schon mal vergessen. Den nächsten Zug kann ich auch nicht nehmen, weil der über Buchloe fährt, wo ich umsteigen muss, und da ist überhaupt kein Personal mehr am Bahnhof. Der Bahnhof ist zwar komplett behindertengerecht, aber was nützt mir der tollste Hublift, wenn keiner da ist, der ihn bedient? Die Hublifte sind übrigens oft bloß für zweihundert Kilo ausgelegt. Wenn man dann aber einen Elektrorollstuhl hat, der schon hundertfünfzig Kilo wiegt, dann darf die Person ja nur noch fünfzig Kilo wiegen.

Die Mitarbeiter der DB sind in aller Regel hilfsbereit und versuchen nach Kräften zu helfen. Aber es wird ja im-

mer mehr Bahnpersonal abgezogen. Falls am Bahnhof jemand beim Umsteigen helfen kann, kann man nur beten, dass der Zug keine Verspätung hat. Sonst funktioniert das auch nicht mehr, und der Mitarbeiter ist womöglich wieder weg. Neulich war eine Sitzung, zu der ich geladen war, früher beendet als geplant. Da musste ich vier Stunden auf dem Bahnhof warten, weil ich ja den Reiseservice benötige und nur bis vierundzwanzig Stunden vorher umbuchen kann.

In den ICEs und ICs gibt es ohnehin nur maximal einen bis zwei Plätze für Rollstuhlfahrer. Mein Mann sitzt aber auch im Rollstuhl, und es ist für uns immer ein Glücksspiel, ob es mit einer gemeinsamen Reise klappt oder nicht. Wenn schon ein anderer Rollstuhlfahrer gebucht hat, haben wir eben Pech gehabt, dann müssen wir getrennt fahren.

Toiletten sind auch so ein riesiges Problem. In den ICEs sind sie oft abgeschlossen, dann heißt es nicht selten, die seien kaputt. In den alten Regionalzügen gibt es meist gar keine behindertengerechten Toiletten. Dann kommt man also schon in Panik am Münchner Hauptbahnhof an, aber da gibt es gerade mal eine Behindertentoilette, und die ist auch noch im Untergeschoss. Stellen Sie sich vor: Da müssen Sie schnell hin, wollen vielleicht einen Anschluss nicht verpassen. Und dann ist die Toilette womöglich besetzt. Das ist mir schon so oft passiert.

Die Bahnbosse, ganz egal, ob das Mehdorn war oder jetzt Grube, speisen uns immer nur ab. Da kommen dann blumige Schreiben, wie wichtig wir als behinderte Bahnkunden seien. Aber wenn man sich mal mit einem Vorschlag an die wendet, bekommt man immer nur Briefe mit denselben Textbausteinen.

Immerhin müssen wir nicht mehr wie früher in ungeheizten Paketwagen sitzen. Aber von echter Barrierefreiheit, so wie *die Bahn es sich immer auf die Fahnen schreibt, ist sie noch meilenweit entfernt. Und durch die ständigen Einsparungen wird es leider immer schlimmer.*

In manchen Konzernen nimmt das gehobene Management gelegentlich an Teambuilding-Events teil: In Kletterparks oder beim Drachenbootfahren können die Mitarbeiter so ihre Grenzen austesten, den Zusammenhalt und die Kommunikation untereinander stärken und ihre Führungsqualitäten ausbauen. Doch warum teure Agenturen mit der Ausrichtung solcher Ausflüge beauftragen, wenn das größte Abenteuer gleich vor der Tür wartet? Das Management der DB AG könnte stattdessen versuchen, ein Zugticket zu erstehen, sich auf einem durchschnittlichen deutschen Bahnhof zurechtzufinden und ohne größere Verletzungen einen Zug zu besteigen – das allerdings mit verbundenen Augen. Der Adrenalinpegel dürfte ähnlich hoch liegen wie bei einem Parcours durch einen Hochseilgarten. Denn die Einsparung von immer mehr Personal und die steigende Zahl von Bahnhöfen, an denen es kaum noch Lautsprecherdurchsagen gibt, machen eine Bahnreise für Blinde und sehbehinderte Menschen zu einer enormen Strapaze.

Der sehbehinderte Bahnkunde Eberhard Tölke ist ohne Lautsprecherdurchsagen orientierungslos:

Ich bin seit meiner Geburt sehbehindert. Von Beruf bin ich Physiotherapeut und arbeite als Referent an Universitäten wie Weimar und Erfurt. Aber: Mit der Bahn spontan mal eben zu einem solchen Vortrag zu reisen, wenn mich jemand anfragt, ist schier unmöglich.

Es geht ja schon damit los, dass ich, um eine Auskunft zu bekommen, bei der eigens für Behinderte eingerichteten Sprachinfo anrufen muss. Da hat man dann einen Sprach-

computer an der Strippe. Ich sage laut und deutlich auf die Frage nach dem Abfahrtsort: »Gera.« Dann sagt die Automatenstimme: »Ich habe nicht verstanden. Bitte wiederholen.« Ich sage es noch mal. Die Stimme bleibt hartnäckig: »Ich habe nicht verstanden.« Dann brülle ich richtig in den Hörer: »GE-RA!!!!« Daraufhin sagt die Stimme: »Sie möchten also von Miro abfahren?« So geht das – bis zu einer Stunde. Da bin ich schon wirklich oft vor der Reise völlig entnervt, und dabei ist das noch die kleinste Hürde.

Wie soll ich als Blinder denn zum Beispiel ein Ticket am Automaten lösen? Und wie komme ich zum Zug? In Gera-Süd gibt es eine Stufenmarkierung auf der Treppe. Das heißt, ich kann es gut auf den Bahnsteig schaffen. Auf manchen Bahnsteigen stehen aber solche Glashäuschen. Die haben Warnstreifen, nur sind die oft in zwei Meter Höhe. Wie soll ich die denn erkennen, wenn ich damit beschäftigt bin, nicht zu stolpern?

Auf vielen Bahnsteigen gibt es gar keine Lautsprecheranlage mehr. Außerdem ist da oft auch kein Servicepersonal, das ich fragen kann. Das heißt: Ich kriege Gleisänderungen überhaupt nicht mit, auch nicht, wenn der Zug zu spät kommt oder sich gabelt: Bei uns kommt es nämlich oft vor, dass vorderes und hinteres Zugteil in unterschiedliche Städte fahren. Dann muss ich mich bei Mitreisenden erkundigen, ob ich im richtigen Abteil sitze, Schaffner gibt es ja auch kaum noch.

Am schlimmsten für mich ist, wenn etwas Unvorhergesehenes passiert, etwa, wenn ich in den Schienenersatzverkehr muss. Da ist fast nie Zugpersonal, und ich muss allein klarkommen. Finden Sie dann mal an einem fremden Bahnhof die richtige Bushaltestelle, womöglich noch im Dunkeln oder bei Regen und Glätte. Das ist ja oft schon für Sehende eine Herausforderung.

Sicher sind die Züge heute bequemer als noch vor zehn Jahren, aber wo die Bahn Fortschritte macht, da baut sie gleich wieder Barrieren auf. Manchmal habe ich den Eindruck, die haben einen angestellt, der sich immer neue Hürden ausdenkt. Im Grunde genommen wird dem behinderten Menschen vorgeschrieben, wann und wie er zu fahren hat. Ich zahle auch Steuern. Hab ich nicht das Recht, ein steuerfinanziertes Verkehrsmittel nutzen zu können wie jeder andere auch?

DIE BAHN
UND DER SCHÖNE SCHEIN

Wie der Konzern seine glitzernde
Fassade pflegt

So viel Schulterklopfen war selten in der deutschen Politik. Die Bahnreform von 1994 sollte ein Meisterwerk werden, das aus der schnöden, alten und teuren Beamten-Bundesbahn ein effizientes, marktorientiertes Unternehmen machte. Mit besserem Service, einem besseren Netz und besseren Angeboten sollten mehr Menschen und Güter auf die Schiene gebracht werden. Heute sieht das Bahnmanagement die Ziele der Bahnreform als erfüllt an: Ein weltweit führendes Logistikunternehmen sei man geworden, tätig in hundertdreißig Ländern, mit einem Jahresumsatz von rund 30 Milliarden Euro und fast zwei Milliarden Zugreisenden pro Jahr. Dazu: Hochgeschwindigkeitszüge, die Fahrgäste mit über 300 Stundenkilometern durchs Land katapultieren; Bauprojekte wie den Berliner Hauptbahnhof, die längst in den Kanon deutscher Sehenswürdigkeiten aufgenommen sind. Glaubt man dem Bahnvorstand, dann war das Reisen mit der Bahn noch nie so spektakulär, schnell und komfortabel wie heute. Und die DB AG noch nie so profitabel und gut aufgestellt wie derzeit.

Doch wer den Versuch unternimmt, mit der Bahn von einer Provinzstadt in eine andere zu reisen, wer mit Pendlern spricht und die Jahresbilanzen der DB AG genauer anschaut, kommt schnell zu dem Schluss, das der schöne Schein trügt. Während die Bahn Jahr für Jahr hunderte Kilometer Gleise stilllegt, ganze Regionen vom Fernverkehr abkoppelt, Bahnhöfe und Gleisanlagen verrotten lässt, fließen Milliarden von Steuergeldern in den Bau unrentabler Hochgeschwindigkeitsstrecken, investiert der Konzern gigantische Summen in den Kauf von asiatischen, amerikanischen und europäischen Logistikfirmen, werden kundenfreundliche und kostensparende Alternativmodelle vom Weltkonzern DB immer wieder ignoriert.

Das alles wäre noch verständlich, wenn es sich wenigstens finanziell auszahlen würde. Doch wer wie die DB AG mit vielen Tricks des Bilanzrechts arbeitet, kann auch ein mit Steuergeldern subventioniertes Unternehmen im Glanz scheinbaren wirtschaftlichen Erfolgs erstrahlen lassen.

Es steht nicht gut um die DB AG. Und weil man das in der Chefetage schon lange weiß, wurde im Jahr 2007 für 1,65 Millionen Euro eine PR-Firma damit beauftragt, das Image des Konzerns ein wenig aufzupolieren. Sprich: fingierte Meinungsumfragen zu verbreiten, Bahnfreundliches in Internetforen zu äußern, vorproduzierte Radiobeiträge an Sender zu verkaufen und sogar eine Bürgerinitiative pro Bahnprivatisierung zu gründen.

Der neue Bahnchef Rüdiger Grube entließ nach Bekanntwerden des PR-Skandals im Frühjahr 2009 seinen Generalbevollmächtigten für Kommunikation und Marketing. Jetzt muss ein Neuer die röchelnde und quietschende Rostlaube DB AG mit neuem Lack bepinseln.

Schicker, schneller, teurer – wie der Geschwindigkeitswahn der Bahn das Streckennetz zerstört

Als Hartmut Mehdorn im Mai 2006 die neue Schnellfahrstrecke München–Nürnberg eröffnete, schwante ihm offenbar schon, wie seine Kunden die um wenige Minuten verkürzte Fahrzeit finden würden: »Die Nürnberger und Münchner werden sich noch ganz schön ärgern. Sie schaffen es nicht mehr, die Zeitung zu Ende zu lesen, so schnell sind sie da«, feixte der geschwindigkeitsverliebte Manager sichtlich stolz. Möglicherweise sind den Fahrgästen die paar Minuten millionenschwer erkaufter Fahrzeitersparnis ziemlich egal. Sehr viel schwerwiegender trifft sie nämlich die Tatsache, dass Anschlussverbindungen in kleinere und mittlere Städte immer mehr eingespart werden.

Fakt ist: Steigende Fahrgastzahlen gibt es nur im Nahverkehr. Im Fernverkehr, in den die Bahn so viel Geld investiert, sind die Passagierzahlen in den letzten zehn Jahren um zwanzig Prozent gesunken, so der Verkehrsclub Deutschland. Das ist nicht etwa Schicksal. Die Schweiz zum Beispiel konnte ihre Fahrgastzahlen im selben Zeitraum um dreißig Prozent erhöhen. Die Eidgenossen verfügen über eines der besten Streckennetze der Welt. In Deutschland wurden dagegen seit 1994 Strecken von insgesamt 5272 Kilometern stillgelegt, die Bahn hat fast die Hälfte ihrer Weichen und Kreuzungen abgebaut. Nur in Polen ist das Schienennetz in den vergangenen Jahren noch stärker geschrumpft als in Deutschland.[1]

Da fragt man sich natürlich, wofür der Bund seit der Bahnreform 60 Milliarden Euro an Steuergeldern lockergemacht hat, die eigentlich in Erhalt und Ausbau des Schienennetzes hätten gehen sollen. Die Antwort ist einfach: Die Steuermilliarden fließen in immer gigantischere Hochgeschwindigkeitsprojekte. Pro Minute

Fahrzeitersparnis werden auf den Neubaustrecken 100 Millionen Euro investiert, rechnet der Bahnexperte Professor Karl-Dieter Bodack vor. Und das, obwohl der Konzern bereits genügend Millionengräber produziert hat, aus denen er hätte lernen können:

Nürnberg–Ingolstadt–München

Rund 3,6 Milliarden Euro hat der Ausbau der rund 160 Kilometer langen Strecke verschlungen. Vor Baubeginn im Jahr 1998 rechnete man noch mit rund zwei Milliarden Euro. Dass die Kosten explodieren würden, war lange klar, spätestens seit die schwierigen geologischen Verhältnisse der Streckenführung bekannt waren. Die DB AG sah sich nicht in der Lage, die Mehrkosten zu tragen. Glück für die Bahn, dass das Bundesverkehrsministerium trickreich einsprang – was der Bundesrechnungshof in einem Gutachten harsch bemängelte: »Das Bundesministerium förderte das Projekt über den vertraglich festgesetzten maximalen Betrag hinaus. Hierfür wandelte es zinslose Kredite in nicht rückzahlbare Baukostenzuschüsse um. Es gewährte eine pauschale Zuwendung und stellte zusätzlich einen kurzfristigen, zinslosen Kredit zur Verfügung.« Das alles übrigens, ohne den Haushaltsgesetzgeber an der Entscheidung über zusätzliche Mittel zu beteiligen. Oder gar zu prüfen, wofür diese zusätzlichen Steuergelder verwendet wurden, so der Bundesrechnungshof.[2]

Eine gute halbe Stunde schneller kommen die Fahrgäste nun von München nach Nürnberg und umgekehrt. Für sehr viel weniger Geld hätte die Bahn die schon bestehende Strecke über Augsburg ausbauen können – so hätte die Fahrt 20 Minuten länger gedauert, beinahe alle Anschlusszüge wären dennoch erreichbar gewesen.

Hannover–Würzburg

Mit Baukosten von 50 Millionen DM pro Kilometer ist diese 1991 fertiggestellte Hochgeschwindigkeitsstrecke für Güter- und Personenverkehr eine der teuersten Eisenbahnstrecken der Welt. Die Trasse konnte sich nicht einfach in die Landschaft fügen – um sie hochgeschwindigkeitstauglich zu machen, musste sie mithilfe eines Laserstrahls quer durchs Mittelgebirge gezogen werden. »Damit hätte man auch Villen zu je einer Million DM im Abstand von zwanzig Metern entlang der Strecke bauen können«, so der Verkehrswissenschaftler Gottfried Ilgmann.[3] Als die Strecke schließlich nach langer Bauzeit eingeweiht wurde, kam den Ingenieuren die Erkenntnis, dass Güterzüge und ICEs sich in den diversen Tunneln eigentlich nicht begegnen dürfen: Durch den starken Luftdruck drohe die Ladung von den Güterzügen zu purzeln. Deshalb sind Güterzüge seither nur noch nachts auf der Strecke erlaubt, mit fatalen Folgen für die Auslastung der Züge.[4]

Und der Zeitgewinn für den Personenfernverkehr? Nach dem Unglück von Eschede konnten monatelang nur 200 Stundenkilometer schnelle IC-Züge auf der Strecke fahren – so lange, bis die Radreifen der ICEs ausgewechselt waren. Seltsam dabei: Die IC-Züge konnten den Fahrplan weitgehend einhalten – unter anderem, weil sie bestens für Berg- und Talfahrten geeignet sind und sich ihre Wagentüren im Vergleich zum ICE an den Bahnhöfen schneller öffnen und schließen lassen.[5]

Frankfurt–Frankfurt-Flughafen–Köln

Eine auf 300 Stundenkilometer ausgelegte Strecke zwischen den Räumen Köln-Rhein/Main für den Personenverkehr sollte her und bekam im Bundesverkehrswegeplan sogar Priorität. Auch hier explodierten die Kosten. Mit 6,4 Milliarden Euro wurde die Strecke doppelt so teuer wie ursprünglich geplant. 4 Milliarden davon hat der Bund berappt.

Das Eisenbahnbundesamt hatte schon während des Vergabeverfahrens vor Kostensteigerungen gewarnt: Die Bahn arbeite mit völlig unrealistischen Gewinnerwartungen.[6] Und tatsächlich: 180 Millionen Euro Verlust werde die Strecke jedes Jahr produzieren, so ein Gutachten der Bundesregierung aus dem Jahr 2003.[7] Ein kalkulatorischer Supergau.

Und was haben die Fahrgäste davon? Wenig, denn obwohl der ICE auf der Strecke Spitzengeschwindigkeiten von bis zu 300 Stundenkilometern fahren kann, vertrödelt er den Zeitgewinn an den Nadelöhren vor Köln und Frankfurt wieder. So liegt die Durchschnittsgeschwindigkeit von Frankfurt Hauptbahnhof bis Köln City bei gerade einmal 140 Stundenkilometern, einem Tempo, das mancher Autofahrer bei einigermaßen fließendem Verkehr auch erreichen kann.

Nürnberg–Erfurt

Die 190 Kilometer lange Hochgeschwindigkeitsstrecke von Nürnberg nach Erfurt durch den Thüringer Wald soll 5,1 Milliarden Euro kosten, allein 80 Kilometer Brücken und Tunnel müssen in die Landschaft gestellt werden. In den Neunzigern ging man noch von 3,75 Milliarden Euro aus. Damals glaubte man aber auch, mit diesem Teilstück die Fahrzeit von München nach Berlin auf unter vier Stunden senken zu können.

Seit 1996 wird an der Strecke immer mal wieder herumgebaut. 2005 sollte sie in Betrieb genommen werden, doch einer Vorlage für die Aufsichtsratssitzung der DB ist zu entnehmen, dass die Strecke wohl erst 2041 ganz fertiggestellt sein wird. Träfe das ein, so hätten die Bauzinsen das Investitionsvolumen längst überschritten. Uns schreibt die Bahn, sie rechne mit einer Inbetriebnahme der Strecke bis 2017, dank zusätzlicher Mittel der EU und aus dem Konjunkturpaket der Bundesregierung werde das Vorhaben nun beschleunigt.

Immerhin: Fertiggestellt ist schon eine Brücke bei Coburg, die den Spitznamen »Soda-Brücke« hat, denn das gewaltige Bauwerk steht einfach nur »so da«. Am Tag ihrer voraussichtlichen Inbetriebnahme wäre die Brücke bereits mehr als dreißig Jahre alt und vermutlich ein Sanierungsfall. Gerade einmal ein Zug pro Stunde wird die teure Trasse in jeder Richtung befahren, nicht gerade eine Spitzenauslastung. Ist das den Aufwand wert? Der Nutzen für die Fahrgäste ist vergleichsweise gering – die Bauwirtschaft aber verdient sich eine goldene Nase. Eine alternative Streckenführung, etwa durch einen Ausbau der Franken-Sachsen-Magistrale, hätte für deutlich weniger Geld mehr mittlere Städte an den Fernverkehr angebunden und dabei noch die Verbindung von Nürnberg nach Prag deutlich verbessert.

Hannover–Hamburg/Bremen

Noch ist die Hochgeschwindigkeitsstrecke nur in Planung, doch schon jetzt ist abzusehen, dass sie sich für die DB zu einem wirtschaftlichen Reinfall entwickeln wird: Die sogenannte Y-Trasse teilt sich von Hannover kommend nach Bremen und Hamburg – gleich einem Y. Doch schon jetzt ist fraglich, ob sie die Kosten von mindestens 1,3 Milliarden Euro je wieder einfährt, denn nördlich von Hannover findet wenig Verkehr statt. Die Reiseersparnis für Passagiere ist äußerst gering: 13 Minuten nach Hamburg und 8 Minuten nach Bremen.[8] Immerhin: Der Güterverkehr könnte ja von der Strecke profitieren, Container aus den Überseehäfen könnten so schneller transportiert werden. Da auf der Strecke keine Tunnel vorhanden sind, dürfen sich Güterzüge und ICEs auch auf freier Strecke begegnen, ohne dass die Ladung der Güterzüge gefährdet wäre, so die Bahn. Experten bezeichnen das als Halbwahrheit, denn die Strecke soll mit dem ICE mit bis zu 300 Stundenkilometern befahren werden – und bei solchen Geschwindigkeiten produziert der ICE auch außerhalb eines Tunnels eine enorme Druckwelle, die Ladung von den Güterwaggons wehen könnte. Das bedeutet, dass entweder die Geschwindigkeit der ICEs gedrosselt werden oder sich auch hier der Güterverkehr mit Nachtschichten begnügen muss.[9]

Das Münchner Verkehrsberatungsbüro Vieregg-Rößler GmbH hatte 2006 für sechs aktuelle Großvorhaben der Bahn ein Gutachten erstellt und die Planungen des Konzerns mit kostengünstigeren Varianten verglichen. Das Ergebnis ist haarsträubend: Die veranschlagten Kosten von insgesamt 11,4 Milliarden Euro werden sich voraussichtlich fast verdoppeln. Alternative Planungen und Streckenführungen könnten für nur 5,7 Milliarden Euro gebaut werden.[10] Doch die DB, so könnte man fast meinen, scheint nicht nur absichtlich Kosten in der Planung zu niedrig anzusetzen, sondern auch bewusst kostengünstige Alternativen zu ignorieren. »Möglicherweise hat die DB AG als planendes Unternehmen und als Nutznießer der Anlagen wenig Interesse an kostengünstigeren Varianten, da aufwendigere Maßnahmen ihre Eigenleistungen erhöhen«, so der Verkehrsexperte Karl-Dieter Bodack.

Überhaupt zeigt sich die DB AG ziemlich dickfellig, wenn es um Expertenmeinungen und unabhängige Gutachten geht. Sogar dann, wenn sie das Gutachten selbst in Auftrag gegeben hat. Die Unternehmensberatung Booz Allen Hamilton hatte im Auftrag der Bahn schon vor Jahren die Entwicklung des Fernverkehrs in Deutschland analysiert und bestätigt, was Experten schon lange voraussagen: Die Fahrgastzahlen im Fernverkehr werden in Zukunft bestenfalls stagnieren, wahrscheinlich aber weiter schrumpfen.

Ganz anders übrigens die Zahlen im Güterverkehr: Hier erwarten sowohl die DB AG als auch unabhängige Experten langfristig einen starken Zuwachs. Doch die Zufahrtsgleise zu den

Seehäfen haben längst nicht genügend Kapazitäten, um den Ansturm zu bewältigen.

In seinem aktuellen Bericht zitiert der Unterausschuss Eisenbahninfrastruktur des Deutschen Bundestags den ehemaligen Chef der DB Netz, Volker Kefer: Rund 15 Milliarden Euro seien nötig, um die Schieneninfrastruktur den zukünftigen Erfordernissen anzupassen. Hinterlegt sei bislang allerdings nur ein Drittel der benötigten Summe.[11]

Möglicherweise wäre es also gar nicht so übel, wenn die DB beim Geldausgeben andere Prioritäten setzen würde. Das würde nicht nur dem Güter-, sondern auch dem Nahverkehr zugute kommen. Etwa in Berlin und Brandenburg, wo laut Hans-Werner Franz vom dortigen Verkehrsverbund (VBB) seit Jahren erhebliche Verschlechterungen in der Netzinfrastruktur zu beobachten sind und die Unterhaltsmittel mehr als halbiert wurden. Insgesamt bestehe der Eindruck, dass weniger Geld in das Netz in Brandenburg fließe, als vom Land an Trassengebühren an die DB gezahlt werde, und dass wenig Interesse bestehe, die Nebenstrecken auch in Zukunft zu erhalten. Der VBB kritisiert, dass die DB den Zustand des Netzes auch noch beschönige: Die Netzzustandsanalyse des VBB ergab, dass sieben Prozent der Strecken in Berlin und Brandenburg in äußerst schlechtem Zustand seien und dadurch ein Reisezeitverlust von mehr als fünftausend Stunden entstünde – das sind mehr als sieben Prozent. Die DB dagegen gibt den Fahrzeitverlust mit nur 2,4 Prozent an. Das liegt daran, dass die DB schlicht anders rechnet als der VBB: Abbrems- und Anfahrwege werden nicht mit einbezogen, ebenso wenig wie seit Jahren nicht reparierte Schäden an den Gleisen.[12]

Der sterbende Intercity

Während die Bahn also Steuermilliarden für sinnlos teure Prestigestrecken verballert, gibt es in Städten wie Potsdam – immerhin eine Landeshauptstadt – schon seit Langem keine Fernverbindung mehr. Und auch in Städten wie Krefeld oder Chemnitz hält nur noch ein Regionalexpress. Die DB AG könne nun mal »nicht jede Milchkanne mitnehmen«, so Hartmut Mehdorn in gewohnt diplomatischer Wortwahl zur 2002 noch drohenden Abkoppelung von Mannheim vom Fernverkehr – einer Stadt mit immerhin mehr als 300 000 Einwohnern.

Wo ein schnittiger ICE durchs Land braust, da wird an den Nebenstrecken gespart, bestätigt auch der Verkehrswissenschaftler Heiner Monheim, Professor an der Uni Trier: »Die Bahn spart zum Beispiel im Rheintal, seit es die Hochgeschwindigkeitsstrecke Frankfurt–Köln gibt. Nur: Diese Strecke ist für Menschen, die von Koblenz nach Köln oder von Düsseldorf nach Mainz wollen, vollkommen unattraktiv. Mit dem InterRegio gab es im Rheintal früher mal einen Viertelstundentakt im Fernverkehr. Jetzt ist das Fernverkehrsangebot mehr als halbiert. Deswegen sind im Rheintal viele auf die Straße abgewandert. Die Bahn darf sich nicht wundern, wenn das Auto für die Leute wieder zur günstigeren Alternative wird.«

Zu Recht, denn Streckenstilllegungen führen auch anderswo zu absurden Bahn-Odysseen, wie der Informatiker Wolfgang Hesse von der Uni Marburg erzählt: »Wer zum Beispiel von Frankenberg nach Gütersloh reisen möchte, legt mit der Bahn 407 Kilometer zurück, muss je nach Verbindung drei- bis fünfmal umsteigen, braucht bis zu fünfeinhalb Stunden und bezahlt zwischen 59 und 78 Euro. Mit dem Auto ist diese Strecke nur 170 Kilometer lang und in gut anderthalb Stunden zu bewältigen.«

Sorgen und Nöte von Provinzbewohnern sind dem Bahnvorstand weitgehend fremd, bestätigt auch Karl-Peter Naumann vom Fahrgastverband Pro Bahn: »Die Bahnoberen fahren vermutlich selbst nicht mit der Bahn oder höchstens mal zwischen den Bahnknoten. Die wissen womöglich gar nicht, wie das ist, mit dem Zug von der einen Provinzstadt in die andere zu müssen. Die sollten das mal machen, inklusive dem Versuch, ohne Hilfe am Automaten ein Ticket zu lösen. Dann würde sich vieles ändern.«

Wer schon längere Zeit in keinem normalen Intercity mehr gesessen hat, dem wird es auch nicht schwerfallen, den Zug zugunsten der teuren ICE-Strecken einfach aussterben zu lassen. Der VCD stellt für Baden-Württemberg fest, dass seit Jahren mit den Fahrplanwechseln immer wieder weitere Fernverkehrszüge, insbesondere im Früh- und Spätverkehr und am Wochenende, entfallen. Seit Juni 2008 wurden noch einmal sieben Zugverbindungen in Baden-Württemberg gestrichen. Auf den Strecken Mannheim–Basel und Mannheim–Stuttgart–Ulm wird das ICE-Angebot – so die VCD-Prognose für das Jahr 2018 – erhalten bleiben. Der übrige IC-Verkehr werde wohl in zehn Jahren eingestellt sein. Die Folgen für die Fahrgäste: längere Fahrzeiten, häufigeres Umsteigen und höhere Fahrpreise.

Die Bahn bestreitet vehement, den Intercity abschaffen zu wollen. Doch Rainer Engel vom Fahrgastverband Pro Bahn sieht den IC innerhalb der nächsten zehn Jahre aussterben – und zwar bundesweit. Die heutigen Intercity-Züge sind fast alle dreißig Jahre alt und werden bald vom Netz genommen. Engel hat daher Ausschreibungen der Bahn für neue Intercity-Züge ausgewertet. Die meisten der neuen Züge, so Engel, werden durch einen neuen ICE-Typ ersetzt, den sogenannten ICx, der zunächst alle Intercity- und Eurocity-Züge und in einem zweiten Schritt die ICEs der ersten und zweiten Generation ersetzen soll. Eine Neubeschaffung, die sich erst einmal rechnen und deswegen pausenlos gefüllt sein muss. Doch das wird nur auf wenigen Strecken funktionieren: zum Beispiel auf der Linie von Hamburg und Hannover über den Rhein-Ruhr-Raum und Frankfurt bis Basel und München. Auch die Verbindung Frankfurt–Stuttgart–München–Salzburg kommt als Ergänzung zum heutigen ICE-Verkehr noch in Betracht. Die anderen Strecken, so die Prognose des Bahnexperten, werden über kurz oder lang aus dem Netz verschwinden. Auf der »Mitte-Deutschland-Verbindung« Düsseldorf–Kassel–Erfurt entfielen bis Ende 2009 von fünf Zugpaaren zwei weitere, sodass nur noch dreimal täglich eine Verbindung besteht.

Aber warum werden so viele Verbindungen einfach gestrichen? Die Antwort ist einfach: Die DB AG ist ein Konzern, der seine Bilanzen für den Börsengang poliert. Das bedeutet: Strecken, die keine ordentliche Rendite erwirtschaften, stehen auf der Abschussliste – und das sind mehr als die Hälfte. Der ehemalige Transnetchef und ehemalige stellvertretende DB-Aufsichtsratsvorsitzende Lothar Krauß bestätigte das in der Anhörung des Deutschen Bundestags zur Bahnprivatisierung im Mai 2008: »Vielleicht darf ich zur Sachaufklärung gerade bei dem Thema Fernverkehr, zumindest was die Deutsche Bahn anbelangt, etwas sagen: Ca. vierzig Prozent der betriebenen Linien sind betriebswirtschaftlich mit einer guten Rendite ausgestattet, das heißt im Umkehrschluss: sechzig Prozent sind das eben nicht.«[13] Und auch uns gegenüber bestätigt die Bahn, dass sie sich in Zukunft auf die gut ausgelasteten Strecken konzentrieren werde: »Da der Fernverkehr eigenwirtschaftlich fährt, orientiert sich das Angebot grundsätzlich an der Nachfrage. Kaum genutzte Fahrten in Schwachlastzeiten werden deshalb vom Markt genommen, wenn selbst durch ein optimiertes Angebot keine signifikanten Nachfragesteigerungen möglich sind.«

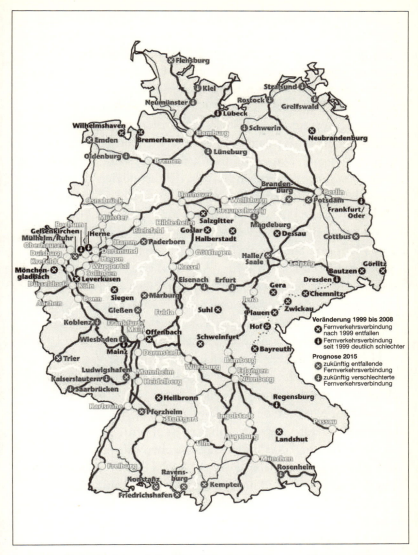

Entwicklung der Fernverkehrsanbindung von Oberzentren. Entnommen aus: Wettbewerber-Report Eisenbahn 2008/2009.

Viele Oberzentren, also Städte mit bis zu 230 000 Einwohnern, haben auf diesem Weg ihre Anbindung an den Fernverkehr ganz verloren, Dutzende Städte müssen eine heftige Ausdünnung ihres Angebots hinnehmen: Potsdam hatte im Jahr 2008 sage und schreibe siebenundachtzig Prozent weniger Abfahrten pro Woche als noch 1999, Magdeburg dreiundfünfzig Prozent, Schwerin fünfzig Prozent, Saarbrücken vierundvierzig Prozent, Dresden vierunddreißig Prozent, Cottbus neunundsiebzig Prozent, Worms fünfundsechzig Prozent, Regensburg neunundvierzig Prozent und Gießen sechsundvierzig Prozent. Besonders am Wochenende sowie frühmorgens und spätabends klaffen oft große Lücken im Fernverkehrsangebot, auf der Linie Hannover–Leipzig beispielsweise sind es zwischen Samstag 17.30 Uhr und Sonntag 9.30 Uhr ganze 16 Stunden.[14]

Für Bahnkunden ein echtes Ärgernis, unternehmerisch dagegen äußerst clever. Denn wo immer mehr Fernverkehrsanbindungen wegfallen, müssen die Kommunen den Mangel mit mehr Nahverkehrsverbindungen ausgleichen – und das wird über Bestellerentgelte aus Steuermitteln finanziert.

Hier und da gibt es aber durchaus auch kleine Verbesserungen im Fernverkehrsangebot – sogenannte Alibifernzüge. Die Bahn kosten sie kaum etwas, weil sie eine bestehende ICE-Linie einfach um einen weiteren Halt verlängern, doch der Prestigegewinn für Städte und ihre Politiker ist enorm. So wurden für das Fahrplanjahr 2009 Lübeck und Aachen mit je einer neuen ICE-Verbindung pro Tag gesegnet – das ist nicht besonders üppig. Und trotzdem können die beiden Städte nun nicht mehr von sich behaupten, vom ICE-Verkehr abgehängt worden zu sein. Auch die neue Spätverbindung zwischen Berlin, Wolfsburg und Hannover, die auf Betreiben des VW-Konzerns eingerichtet wurde, ist sicherlich eine Verbesserung – außer für die Braunschweiger. Da das Gleis um diese Uhrzeit vom Güterverkehr belegt ist, kann der Spätzug nicht auch noch Braunschweig mitnehmen. Ein Nachtbus ab Wolfsburg muss die Versorgungslücke schließen.

Immerhin – es handelt sich bloß um eine Lücke. Für Städte, an deren Bahnhöfen tatsächlich nur noch der Regionalzug hält, ist diese Entwicklung eine soziale und wirtschaftliche Katastrophe. Für Bernd Beushausen, Bürgermeister der Stadt Alfeld (Leine), ist das auch eine Frage des Selbstwertgefühls:

Wir liegen hier an der Bahnverbindung Hannover–Göttingen, an der Nord-Südstrecke. Wir haben derzeit achtzehn IC-Verbindungen, von denen aber nur zwei oder drei langfristig erhalten bleiben sollen. Das kommt einer Komplettstreichung gleich und betrifft auch Tourismusregionen wie den Harz und Teile des Weserberglands, die sind dann vom überregionalen Schienenverkehr völlig abgeschnitten. Wir haben hier alles in Bewegung gesetzt, alles versucht, um die Streichungen zu verhindern. Die betroffenen Städte haben eine gemeinsame Resolution verfasst, die wir an die Deutsche Bahn AG geschickt haben. Die Bahn hat geantwortet, sie werde die Strecke aus wirtschaftlichen Gründen fast komplett einstellen.

Für das Mittelzentrum Alfeld ist das eine einzige Katastrophe. Wir sind eine Stadt mit exzellenten weltweiten Wirtschaftskontakten, etwa in die ehemalige Sowjetunion, nach Südamerika und China. Da ist unsere Anbindung an den Fernverkehr natürlich immens wichtig. Und für die Alfelder und die Region ist es außerdem entscheidend, direkt bis nach Hamburg durchfahren zu können, ohne fünfmal umsteigen zu müssen. Die Qualität unseres Standorts wird erheblich eingeschränkt, das ist auch eine Frage des Selbstwertgefühls. Uns einfach abzuhängen zeigt, dass die Bahn ländliche Bereiche wie uns nicht mehr im Blick hat und sich auf Haupt- und

Schnellfahrtstrecken konzentriert. Das südliche Niedersachsen ist ohnehin stark vom demografischen Wandel betroffen, deswegen müsste man eigentlich alles versuchen, um den Standort so attraktiv wie möglich zu halten.

Mit dem Winterfahrplan 2009/2010 sind wir von den überregionalen Verbindungen abgeschnitten. Wir sind dann praktisch Niemandsland. Das ist für mich als Bürgermeister völlig inakzeptabel. Wir hatten die Hoffnung, dass die Bahn unter dem neuen Bahnchef Grube wieder mehr auf den ländlichen Raum guckt. Nach seiner Amtseinführung haben wir noch einmal einen Versuch unternommen, aber die Antwort war dieselbe und scheint unumstößlich.

Auch Harald Fichtner, Oberbürgermeister der Stadt Hof, fühlt sich von Bahn und Bund im Stich gelassen:

Hof ist eine traditionelle Eisenbahnerstadt. Verkehrstechnisch gesehen hat unsere Stadt auch heute noch eine Brückenfunktion zwischen Bayern und Sachsen. Unser Hauptbahnhof ist eine Art Drehscheibe im Personenverkehr, hier wird sehr viel umgestiegen. Leider wird Hof derzeit aber nur vom Nahverkehr bedient. Der ICE, der hier vorher hielt, wurde von der DB wegen technischer Probleme wieder eingestellt.

Wir spüren natürlich den Verlust des Fernverkehrs. Und es ist schwer geworden, in unserem historischen Bahnhof Geschäfte anzusiedeln. Bei den Streckenverbindungen fühlen wir uns vom Bund und von der Bahn im Stich gelassen. Wir kämpfen in der Region für eine rasche Schließung der Elektrifizierungslücken Richtung Süden. Aber auch nach Norden und Osten gibt es Verbesserungsbedarf bei der Infrastruktur. Wenn 2012 der Citytunnel in Leipzig fertiggestellt ist, dürfen keine Dieselloks mehr auf dieser Trasse fahren. Dann entfällt die Direktverbindung Hof–Leipzig und damit der Anschluss an den ICE nach Berlin. Damit wären wir auch Richtung Norden abgekoppelt.

Für Hof als Logistikstandort ist die Entwicklung ebenfalls problematisch. Die Elektrifizierung ist für unser ständig wachsendes Containerterminal enorm wichtig. Die Betriebe unserer Region brauchen eine gute und wirtschaftliche Anbindung an das Schienennetz, sonst geraten wir komplett ins Hintertreffen.

Auch für Firmen ist der Rückbau der Bahninfrastruktur ein echtes Manko. Seit der Bahnreform 1994 hat der Konzern über achttausend Privatgleisanschlüsse abgebaut, das sind satte achtundsechzig Prozent. Viele dieser Gleisanschlüsse waren Jahrzehnte zuvor mit öffentlichen Mitteln geschaffen worden, um Industriegütern den schnellstmöglichen Weg auf die Schiene zu ermöglichen. Glück für die Bahn, dass wieder mal der Steuerzahler einspringt, jetzt, da Prognosen eine Verdopplung des Güterverkehrs in den nächsten Jahren voraussagen und LKW-Maut und hohe Benzinpreise die Schiene wieder deutlich attraktiver erscheinen lassen. Jährlich 99,5 Millionen Euro stellt das Bundesverkehrsministerium zur Verfügung, um stillgelegte Firmengleisanschlüsse zu reaktivieren oder neu zu bauen. Große Firmen wie BASF und der Stahlhersteller Schütz, aber auch Mittelständler wie die Schnapsbrennerei Berentzen reaktivieren ihre seit den Neunzigern stillgelegten Gleisanschlüsse – mit messbarem wirtschaftlichem Erfolg.

Wie die Karlsruher Straßenbahn
den ICE überholt

Eines haben die Bahnvorstände und die frustrierten Bürgermeister abgehängter Städte gemeinsam: Sie alle schauen voller Neid nach Karlsruhe. Hier hat der Ingenieur Dieter Ludwig mit ein paar cleveren und günstigen Maßnahmen das Bahnnetz saniert und ausgebaut. So erfolgreich, dass die Region Karlsruhe in ihren Stadtbahnen im Jahr 2008 stattliche 172 Millionen Fahrgäste verzeichnen konnte – zum Vergleich: Im selben Jahr benutzten Fernreisende 124 Millionen Mal die Bahn – und zwar bundesweit.

Dabei waren die Strecken, als sie noch von der Bahn mehr schlecht als recht betrieben wurden, praktisch stillgelegt. Nach Heilbronn fuhren sonntags gerade mal zwei Züge, die Strecke nach Wildbad hatte die Bahn ganz aufgegeben, und auch die Verbindung ins Murgtal hing am seidenen Faden. Im stärksten Streckenabschnitt hatte die Bahn 2500 Passagiere. Jetzt sind es auf derselben Strecke bis zu 18 000 an einem Werktag. Traumzahlen für die Deutsche Bahn, die schon minimale Verbesserungen ihrer Passagierzahlen stolz verkündet. Vierhundert Prozent mehr Fahrgäste verzeichnete dagegen das Karlsruher Modell allein auf der Strecke Karlsruhe–Bretten im Vergleich zum vorherigen Betreiber, der Deutschen Bahn AG. Das Erfolgsmodell basiert auf wenigen einfachen Prinzipien, so Ludwig. »Erstens: Der Regionalverkehr muss so kundenfreundlich wie möglich sein. Zweitens: Die Zugfahrt muss schneller sein als die Fahrt mit dem Auto, damit der Kunde das Auto stehen lässt. Und drittens: Der Mensch steigt einfach nicht gern um.« Aus diesen Erkenntnissen entwickelte Ludwig ein Verkehrsmodell, bei dem Straßenbahnnetz und Eisenbahnnetz »verheiratet« wurden. Die neuen Straßenbahnen des Karlsruher Verkehrsverbunds wurden so gebaut, dass sie sowohl auf den städtischen Straßenbahnschienen mit 750 Volt als auch auf den Gleisen der Bahn unter 15 000 Volt fahren können. So kommen die Menschen ohne Umsteigen aus der Stadt in die Region.

»Unsere Bahn kommt zu den Leuten – nicht umgekehrt. Wir bringen unsere Passagiere überall aus den Dörfern direkt ins Zentrum von Karlsruhe, aus der Stadt ins Umland und auch ganz unkompliziert in die Nachbarstadt«, so Ludwig, der sich mit seinem Konzept den Spitznamen »Mr. 15 000 Volt« eingehandelt hat. Dazu wurden viele neue Haltepunkte errichtet, denn »wir müssen halten, wo die Menschen sind. Es läuft doch heute niemand mehr zum Bus, fährt dann mit der Eisenbahn, um dann mit der Straßenbahn in die City von Karlsruhe zu fahren«.

Die Karlsruher Stadtbahn fährt regelmäßig und in kurzen Abständen, mittlerweile sogar die ganze Nacht durch. Auf 47 Strecken erschließt sie so die gesamte Region Mittlerer Oberrhein und stellt die Verbindungen in Nachbarregionen her.

Auch für die angrenzenden Städte wurde das »Karlsruher Modell« attraktiv. Paul Metzger, Oberbürgermeister von Bretten, hält es für eine äußerst lukrative Investition: »Die Stadtbahn hat aus der maroden Stadt in den Achtzigern eine sehr wirtschaftsstarke Stadt gemacht. Die Wirtschaftskraft hat sich von 350 Euro pro Kopf auf 1600 Euro pro Kopf erhöht. Wir haben die gesamte Stadtplanung inzwischen auf die Stadtbahn ausgerichtet.«

Ein so simples wie geniales Konzept. Doch bis er es endlich realisieren durfte, musste Ludwig – damals Chef des Karlsruher Verkehrsverbunds – zähe Kämpfe mit der Bahn austragen: »Die DB hatte für jede Lösung, die wir hatten, das passende Problem. So wollte die Deutsche Bahn nicht, dass wir auf ihren Schienen fahren. Eine Stadtbahn, die neben dem ICE fahre – das sei doch unmöglich.« Andere Signale, andere Stellwerke, 750 anstatt 15 000 Volt. Doch Ludwig ließ nicht locker, entkräftete alle Einwände und freut sich heute: »Ich werde nie das verdutzte Gesicht eines Lokführers vergessen, an dem wir links vorbeigefahren sind. Sein ICE wurde von einer Straßenbahn überholt! Das war für ihn eigentlich unvorstellbar.«

Deutschlandtakt: Warum die Bahn immer schneller fährt und wir trotzdem später ankommen

Es gibt ein Land, in dem das Reisen mit der Bahn für jeden Bürger ein erschwingliches Vergnügen ist. Wo Züge pünktlich abfahren und ihre Fahrgäste an nahezu jeden Ort befördern. Wo Bus-, Nah- und Fernverkehr so aufeinander abgestimmt sind, dass Reisende nie länger als ein paar Minuten auf einen Anschluss warten müssen, egal, wie abgelegen ihr Ziel auch sein mag. Nein, die Rede ist leider nicht von Deutschland, sondern von der Schweiz.

Der Alpenstaat ist ein Musterland für effizienten Bahnverkehr, ein Eldorado für alle, die gern das Auto stehen lassen. In der Schweiz wird heute doppelt so viel Bahn gefahren wie in Deutschland. Trotz der vielen Berge hat die Schweiz, bezogen auf die Fläche, ein um zwanzig Prozent dichteres Eisenbahnnetz als Deutschland. Bezogen auf die Bevölkerungszahl ist das Schweizer Netz sogar um dreiundfünfzig Prozent dichter. Das Schweizer General-Abo wird jedes Jahr rund 380 000 Mal verkauft, in Deutschland gönnen sich gerade einmal rund 29 000 Bahnfahrer die Streckennetzkarte BahnCard100. Das Projekt Bahn 2000, das den Schweizer Zugverkehr seit dem Jahr 2004 derart revolutioniert und effizient gemacht hat, hat die Schweiz gerade mal 4 Milliarden Euro gekostet.[15] Das ist in etwa so viel wie die Baukosten der deutschen Hochgeschwindigkeitsstrecke zwischen Nürnberg und München.

Ärgerlich für die Deutsche Bahn! Da hat sie nun viel, viel Geld in Hochgeschwindigkeitsstrecken und -züge investiert, die mit 300 Stundenkilometern durchs Land donnern, und die Bürger fahren trotzdem nicht häufiger mit den schnellen Zügen. Das mit der Bahnreform 1994 formulierte Ziel, mehr Verkehr auf die Schiene zu bringen, ist bislang nicht erreicht worden: Der Anteil der Bahn am Gesamtverkehrsaufkommen ist nahezu konstant geblieben, im Fernverkehr ist er sogar gesunken. Das mag daran liegen, dass Hochgeschwindigkeitsstrecken das Reisen mitnichten schneller machen. Der Verband Netzwerk Privatbahnen hat sich angeschaut, wie schnell ein ICE-Passagier wirklich ist. Das Fazit: Die Zeit, die die Züge durch die Raserei auf freier Strecke einsparen, verbummeln sie dann an den diversen Langsamfahrstellen und in Flaschenhälsen vor den Knotenbahnhöfen. Im Durchschnitt ist der ICE deshalb auch nur halb so schnell unterwegs, wie es seine Höchstgeschwindigkeit eigentlich erlauben würde. Da die mittlere Reiseweite eines ICE-Passagiers nur etwa 300 Kilometer beträgt, macht es sich in seiner Reisezeit kaum bemerkbar, wenn auf einer Strecke kurz gerast wird. Denn wenn dann ein Anschluss zu einem Regionalexpress verpasst wird, werden aus einer Reisezeit von zwei Stunden mit 150 Stundenkilometern leicht mal drei Stunden mit 100 Stundenkilometern.

Es kommt häufig vor, dass Fahrgäste ihren Anschlusszug gerade abfahren sehen, während sie noch aus dem Zug steigen. Wer etwa von Köln nach Göttingen fährt, verpasst seinen direkten Anschlusszug in Hannover häufig um gerade mal zwei Minuten, muss stattdessen oftmals 20 Minuten warten und auf dem Weg in Hildesheim erneut umsteigen. Wer von Bielefeld nach Nürnberg fährt, verpasst seinen Anschlusszug in Hannover ebenfalls häufig um genau zwei Minuten – und muss sich eine geschlagene Stunde im Bahnhof die Beine vertreten, bis er die Reise fortsetzen kann.

Wie kommt es also, dass die Schweizer ganz ohne eigene Hochgeschwindigkeitszüge und bombastische Streckenneubauten so viel schneller und entspannter mit dem Zug ans Ziel kommen? Das Wundermittel heißt »integraler Taktfahrplan«. Das bedeutet, dass im Schweizer Netz flächendeckend mit hoher Taktung und vielen Knotenbahnhöfen die Züge so aufeinander abgestimmt werden, dass minimale Umsteigezeiten entstehen. Dazu müssen die Züge gar nicht unbedingt immer schneller fahren, sie müssen nur verlässlich zu bestimmten Zeiten in den Bahnhof ein- und wieder ausfahren, rechnet Bahnexperte Wolfgang Hesse vor: Fernzüge müssten an Knotenbahnhöfen aus beiden Richtungen jeweils kurz vor der vollen oder halben Stunde ankommen und den Bahnhof kurz nach der vollen oder halben Stunde wieder verlassen. Jeweils kurz vor den Fernzügen müssten Zubringerzüge aus allen Richtungen im Bahnhof einfahren und den Bahnhof kurz nach den Fernzügen wieder verlassen. So entstehen optimale Umsteigebedingungen mit vielen Anschlussmöglichkeiten – ganz ohne langes Warten.

In der Schweiz wurde seit dem Beschluss des neuen Konzepts im Jahr 1982 sehr gezielt Geld für einzelne Streckenabschnitte ausgegeben, Flaschenhälse an Knotenbahnhöfen wurden beseitigt, und vor allem wurde in ein breites regionales Netz investiert. »So schnell wie nötig« – und eben nicht so schnell wie möglich – ist das Motto des Schweizer Projekts. Ganz im Gegensatz zu Deutschland, wo der regionale Fernverkehr in den letzten Jahren immer weiter ausgedünnt und der Fokus auf spektakuläre Hochgeschwindigkeitsstrecken zwischen Großstädten gelegt wurde.

Bei Ex-Bahnchef Hartmut Mehdorn hatte die Initiative »Deutschlandtakt«, die für eine Einführung des Schweizer Modells kämpft und so innerhalb von zehn Jahren die Fahrgastzahlen der Bahn verdoppeln will, kein Gehör gefunden. Mit den Schweizer Bummelzügen wollte er seine sexy Highspeed-Eisenbahn nicht verglichen wissen, außerdem sei das Schweizer Netz kaum größer als die Münchener S-Bahn – was natürlich Unfug ist: Das Münchener S-Bahn-Netz ist 442 Kilometer, das Schweizer Bahnnetz 5140 Kilometer lang. Die Schweizer, daran gewöhnt, von den großspurigen Deutschen nicht für voll genommen zu werden, denken sich ihren Teil. Und kommen verlässlich und pünktlich ans Ziel, während die schwarz-gelbe Bundesregierung sich immer noch zu nichts Weiterem durchringen kann, als das Projekt Deutschlandtakt »zu prüfen«, wie es im schwarz-gelben Koalitionsvertrag heißt.

Zu erfolgreich für die Bahn? Wie der Konzern den InterRegio kaltstellte

Ach, die Schweiz – gelobtes Land aller Eisenbahnfans. Man mag es kaum glauben, doch es gab auch in Deutschland einst einen Zug, der dem erfolgreichen Schweizer Modell recht nahe kam: der InterRegio. Er fuhr in hoher Taktung, verband mit 424 Zügen täglich fast vierhundert Groß-, Mittel und Kleinstädte zu günstigen Tarifen, hatte ein BordBistro, Großraumwagen mit flexiblen Sitzgruppen und erhöhten Kindersitzen. Und vor allem: Er hatte jede Menge treue Fans. Jährlich zweiundsechzig Millionen Reisende nutzten die vierundzwanzig InterRegio-Linien Mitte der neunziger Jahre. Zahlen, von denen der ICE mit seinen jährlich dreiundzwanzig Millionen Fahrgästen damals nur träumen konnte.

Traurig für den schicken ICE! So traurig, dass sich der Bahnvorstand zum Handeln gezwungen sah. Um seinem teuren, schnellen Lieblingskind den sehnlichst gewünschten Erfolg zu ermöglichen, musste der allseits beliebte InterRegio sterben – und das möglichst leise und unauffällig. Darauf deutet jedenfalls alles hin.

1996 begann der schleichende Tod des InterRegio: Plötzlich wurde der Zug von der DB nicht mehr beworben. Die Software für die Fahrplanauskunft wurde so umgestellt, dass bevorzugt ICE-Verbindungen angegeben wurden – auch dann, wenn IR-Verbindungen deutlich günstiger oder bequemer gewesen wären. Die Züge wurden nicht mehr gewartet, die Bistrowagen reduziert, der Fahrplan wurde ausgedünnt und so verschlechtert, dass an vielen Orten Anschlusszüge nicht mehr erreicht werden konnten. Und siehe da: Die Nachfrage nach IR-Verbindungen sank. Was die Bahn wiederum zum Anlass nehmen konnte, ganze IR-Linien einfach abzuschaffen oder zu Intercity-Verbindungen umzufunktionieren – zu höheren Preisen und mit weniger Haltepunkten.

Im Juni 2006 war der InterRegio endgültig tot, sprich: aus dem Angebot der DB AG verschwunden. Er hinterließ eine ratlose Trauergemeinde, die künftig teuer IC oder ICE fahren oder in unkomfortablere Nahverkehrszüge mit oft deutlich längeren Fahrzeiten umsteigen musste. Jede Menge mittelgroße Städte, aber auch Tourismusregionen wie der Schwarzwald, die Eifel, die Mecklenburgische Seenplatte, Ost- und Nordsee oder das Alpenvorland wurden weitgehend vom Schienenfernverkehr abgeschnitten. Wer mit Familie und Gepäck Urlaub mit dem Zug plant, kommt seither oft nur mit dem Regionalexpress ans Ziel – ohne Reservierungsmöglichkeiten, Gepäckablagen, Bistro und Personal.

Für die Tröstung der trauernden IR-Fans, die zum Teil wütend protestierten oder einfach wieder aufs Auto umstiegen, erklärte sich die DB AG für nicht zuständig. Schließlich werde der InterRegio auch von Nahverkehrskunden genutzt. Und für die Finanzierung des Nahverkehrs seien die Länder verantwortlich. Sollten die doch für Ersatz sorgen! Ein Scheinargument, denn die durchschnittliche Reiseweite im InterRegio lag bei mehr als 100 Kilometern. Das ist doppelt so viel wie die gesetzlich definierte Reiseweite im Nahverkehr. Trotzdem blieb den Bundesländern nichts anderes übrig, als für die weggefallenen IR-Linien mit Steuergeldern weitere Nahverkehrsverbindungen bei der DB zu bestellen.

Und? Hat das alles nun dem ICE genützt? Nein. Die Fahrgastzahlen im Fernverkehr stagnierten, die Auslastung des ICE lag 2008 im Schnitt bei gerade einmal vierundvierzig Prozent. Zum Vergleich: Die Fernzüge der französischen SNCF sind zu sechsundsiebzig Prozent ausgelastet, der japanische Shinkansen sogar zu achtundneunzig Prozent.

Die Bahn hat also – ganz ohne Not – eines ihrer erfolgreichsten Produkte abgeschafft, den Steuerzahler erneut zur Kasse gebeten und massenhaft treue Kunden vergrault. Und sie lässt Volksvermögen vergammeln: Mehrere hundert noch gut einsatzfähiger InterRegio-Wagen stehen ungenutzt auf Abstellgleisen, obwohl sie höchsten Fahrgastkomfort aufweisen und mit sehr geringen Mitteln wieder aktiviert werden könnten, so Karl-Dieter Bodack, einst bei der Bahn Mitentwickler des InterRegio.

Und wieder einmal schauen Bahnfahrer wehmütig in Richtung Schweiz: Dort fährt der InterRegio seit Jahren erfolgreich, er ist beliebt und rentabel. Und niemand käme auf die Idee, ein derartig profitables Produkt einfach aufs Abstellgleis zu schieben.

Betonkrebs auf der Prestigestrecke –
Gratis-Donuts für die Fahrgäste

Drei Monate lang konnten sich die täglich rund zehntausend Fahrgäste der Strecke Hamburg–Berlin im Frühjahr 2009 über einen vom Personal euphorisch angekündigten »Inklusiv-Service« freuen: einen Orangensaft und eine Schinken-Käse-Stange, wahlweise auch einen Donut, zum Nachtisch noch einen Schokotrüffel, alles gratis. Eine kleine Entschädigung für die circa 45 Minuten längere Fahrzeit, die die Komplettsperrung der Hochgeschwindigkeitsstrecke zwischen den beiden Metropolen mit sich brachte. Der ICE, sonst mit 230 Stundenkilometern in schnellen 90 Minuten von der Elbe an die Spree unterwegs, musste den Umweg über Stendal und Uelzen nehmen.

Doch wie kann es sein, dass eine Neubaustrecke, noch dazu eine der wichtigsten, nur vier Jahre nach ihrer Fertigstellung zu einem derart großen Sanierungsfall wird? Weil eine Krankheit namens »Betonkrebs« die Schwellen der Hochgeschwindigkeitsgleise befallen hat – sie zerbröseln einfach, ausgelöst durch eine chemische Reaktion der Betonmischung. Deshalb musste die Bahn rund 250 000 Betonschwellen austauschen.

Gut, könnte man sagen, Krebs ist eine tückische Angelegenheit, wie hätte die Bahn ahnen können, als sie damals für rund 650 Millionen vom Bund spendierte Euro die Strecke ausbaute, dass die dort bereits liegenden Betonschwellen von dieser tödlichen Diagnose betroffen sein würden? Die traurige Wahrheit ist: Die Bahn wusste schon seit Ende der achtziger Jahre, dass der Beton wegbröckelte. Beim Ausbau der Strecke wurden die betroffenen Schwellen jedoch einfach liegen gelassen – in der Annahme, sie würden schon noch eine Weile halten, trotz der hohen Belastung durch immer schnellere Züge.

Die fehlerhaften Schwellen stammen aus dem Betonwerk Rethwisch in Mecklenburg-Vorpommern. Dort hat man eine gewisse Erfahrung mit dem Phänomen Betonkrebs: Schon die DDR-Reichsbahn erhielt aus dem Werk Betonschwellen, die in Rekordgeschwindigkeit zerbröselten. Aufwendig musste damals ein großer Teil des Schienennetzes saniert werden. Glück für das Werk, dass die Bahn auf millionenschwere Entschädigungsforderungen verzichtete – man habe sich außergerichtlich geeinigt, ließ der Konzern in einem ungewöhnlichen Anfall von Großmut wissen. Und bestellte die neuen Schwellen gleich wieder in Rethwisch.

Ein bisschen mehr Großmut hätte auch die genervten Fahrgäste erfreut – viele von ihnen Pendler, die drei Monate lang täglich mit Schinken-Käse-Stangen beglückt wurden, leider jedoch nicht mit einem günstigeren Fahrpreis. Und sollten vom tollen »Inklusiv-Service« noch ein paar Paletten Gratis-Orangensaft übrig geblieben sein, so hat die Bahn demnächst neue Verwendungsmöglichkeiten: Auch die Neubaustrecke Hannover–Berlin muss 2011 aufwendig saniert werden – man habe »Schäden an Betonelementen« entdeckt, ließ die DB AG verlauten.

Shoppingwelt mit Gleisanschluss: Was der Bahn ihre Bahnhöfe wert sind – und was nicht

Klotzen kann die Bahn – wenn sie will. Wer am Berliner Hauptbahnhof aus dem Zug steigt, findet sich in einem Palast aus Glas und Stahl wieder, einem architektonischen Meisterstück und einem Konsumtempel, der dem berühmten Kaufhaus des Westens Konkurrenz machen könnte: In den rund achtzig Geschäften gibt es von Austern über Edelkosmetik bis hin zu Hertha-BSC-Bettwäsche so ziemlich alles, was das Herz konsumfreudiger

Berlinbesucher begehren könnte. In gläsernen Aufzügen schweben Reisende von Ebene zu Ebene, rund 375 Bahnmitarbeiter informieren, verkaufen Tickets und sorgen für Sicherheit und allgemeines Wohlbefinden auf den Bahnsteigen.

Wer allerdings eine Toilette benutzen muss, wird hier, wie auf beinahe allen deutschen Bahnhöfen, kräftig zur Kasse gebeten, und das, obwohl eine kostenlose Toilette in öffentlichen Gebäuden eigentlich Standard ist. Auch dass Berliner Taxifahrer gern über ihren »fliegenden Bahnhof« spotten, seit dort während eines Orkans im Januar 2007 eine tonnenschwere Stahlstrebe von der Fassade krachte, dass die Anbindung des Wunderbauwerks an den öffentlichen Berliner Nahverkehr mies ist und jeder, der nur kurz jemanden abholen oder zum Bahnhof bringen möchte, dafür in eines der Parkhäuser fahren muss – geschenkt! Der Berliner Hauptbahnhof ist ein Prestigeobjekt der Bahn AG, dessen Bau inklusive der nötigen Tunnel rund 1,2 Milliarden Euro gekostet hat.

Nur wenige Kilometer weiter im Berliner Umland sieht es deutlich trister aus. Verrammelte Wartehallen, Graffitibeschmierte Wände, unkrautüberwucherte Bahnsteige, kaputte Zuganzeiger, fehlende Notrufsäulen, mit Glück ein funktionierender Fahrscheinautomat. Und weit und breit kein Personal. Denn während Prestigebahnhöfe wie Berlin, Dresden oder Stuttgart zu glitzernden Shoppingwelten mit Gleisanschluss mutieren, können Bahnfahrer auf dem flachen Land oft froh sein, wenigstens einen Regenunterstand auf ihrem Bahnhof zu finden, wenn es überhaupt noch einen Anschluss an das Schienennetz gibt. Das große Geld verdient die Bahn in Kaffs wie Templin und Seelow-Gusow nämlich nicht, und nur ungern erinnert sie sich daran, dass sie als Eigentum des Steuerzahlers eigentlich die Aufgabe hat, diesen zu befördern – selbst dann, wenn er nicht das Glück hat, in einer Großstadt zu wohnen.

Länder und Kommunen stecken schon seit Jahren Millionen in den Erhalt und die Instandhaltung kleinerer und mittlerer Bahnhöfe – während die DB Milliarden in den Neubau von Prunkbahnhöfen pumpt. Trotzdem gibt es in Deutschland ein großes Bahnhofssterben: Wurden seit 1994 bereits rund 1300 Bahnhofsgebäude verkauft und mehrere hundert daraufhin stillgelegt, sollen langfristig von den verbliebenen 1600 Bahnhofsgebäuden der DB AG noch 600 bis 800 übrig bleiben.[16] Viele der Gebäude aus der Gründerzeit entsprächen in Größe und Funktionalität nun einmal nicht mehr den heutigen Anforderungen, ließ uns die Bahn in einem Schreiben wissen.

In einigen Fällen erfuhren die Kommunalpolitiker erst aus der Zeitung, dass der Bahnhof ihrer Stadt an einen privaten Investor verkauft worden war, wie im Fall von Hunderten von Bahnhöfen, die der Konzern 2007 an das Hamburger Unternehmen »Procom Invest« verscherbelte. Gern hätten Gemeinden die »Sahnestücke« in der Innenstadt selbst gekauft – schließlich butterten sie ja ohnehin schon seit Jahren Steuergelder in den Erhalt der Gebäude und Anlagen. Doch auch wenn die Bahn beteuerte, man habe die Gebäude den Kommunen zuerst zum Kauf angeboten, fühlten sich viele schlicht übergangen. Ein internes Papier der Bahn beschreibt, wo die Reise hingehen soll: Einfache Stationen sollten eine Mindestnutzung von hundert, Bahnhöfe mit Mittelbahnsteig an mehrgleisigen Strecken sogar von tausend Ein-, Aus- und Umsteigern pro Tag aufweisen. Bei geringerer Auslastung sei ein Erhalt der Bahnhofsanlage »volkswirtschaftlich nicht zu vertreten«.

Die Ödnis der Provinz schreckt die Deutsche Bahn, die gern in schicke DB-Lounges für Business-Kunden investiert, den Pendler-Pöbel aber gern an zu »Haltepunkten« degradierten Bahnsteigen im Regen stehen lässt. So dokumentiert beispielsweise die aktuelle Qualitätsanalyse des Verkehrsverbunds Berlin-Brandenburg (VBB) den schlechten Zustand und mangelnden Service an sechsundsechzig ausgewählten Bahnhöfen der Region. Bei der Hälfte dieser Bahnhöfe sieht der VBB erheblichen Handlungsbedarf seitens der DB AG: kaputte Uhren und Zuganzeiger, fehlende Lautsprecherdurchsagen, keine Information über Zugausfälle oder Streckenänderungen – und natürlich kein Personal. Dazu erfasst der VBB weitere Bahnhöfe, auf denen Mängel aus der Qualitätsanalyse des vorausgegangenen Jahres immer noch nicht behoben waren – obwohl die Bahn dies zugesagt hatte.

»Wohlfühlbahnhöfe sind unser Ziel« – so die bahneigene DB Station & Service AG. Merkwürdigerweise kann sich der Konzern bei aller Kritik am erbärmlichen Zustand seiner Provinzbahnhöfe darauf berufen, geltende Qualitätsstandards einzuhalten. Kein Wunder: Die Standards hat die Bahn sich selbst gesetzt. Alle Stationen werden in sechs Kategorien unterteilt, für jede Kategorie stehen eigene Ausstattungsmerkmale. So gibt es nur noch an den Bahnhöfen der Kategorie 1 und 2 »personenbedienten Service« – demnach existieren in Deutschland gerade mal 83 Bahnhöfe, an denen Fahrgäste einen Ticketschalter mit Bahnpersonal vorfinden. Wer das Pech hat, an einem der über 3200 Haltepunkte der Kategorie 6 zu wohnen, hat auf seinem Bahnsteig unter Umständen weder eine Uhr noch eine Sitzgelegenheit oder gar ein Wetterschutzhäuschen. »Die Ausstattung beschränkt sich auf das Notwendige, was auch den Erwartungen der Reisenden entspricht«, so die Bahn in ihrem Internetauftritt.

Schön, wenn man die niedrigen Erwartungen enttäuschter Kundschaft für sich zu nutzen weiß. Denn es kommt noch schlimmer: Dort, wo es entgegen den Qualitätskriterien der Bahn doch eine Bank oder gar ein Wetterschutzhäuschen gibt, vielleicht sogar einen funktionierenden Zuganzeiger, könnten diese Annehmlichkeiten, die man eigentlich für Grundausstattung halten sollte, in Zukunft weder repariert noch sauber gehalten, im Zweifel sogar einfach abgebaut werden. Die Bayerische Eisenbahngesellschaft (BEG) hat errechnet, dass bei konsequenter Anwendung der Qualitätsstandards der Bahn von den neunhundert Bahnstationen in Bayern dreiundachtzig Prozent den Wetterschutz verlieren und fast sechzig Prozent ohne Sitzgelegenheit sein werden – und das, obwohl das Land jährlich mehrere Millionen Euro an »Stationsentgelt« an die DB zahlt, also Gebühren für den Betrieb der Bahnhofsanlagen – eine Summe, der »oftmals keine nachvollziehbaren Leistungen gegenüberstehen«, so das Bundesamt für Güterverkehr.

Da kommt die Geldspritze aus dem Konjunkturpaket der Bundesregierung gerade recht: 300 Millionen Euro stellt der Bund für die Sanierung von Bahnhöfen in Deutschland bereit. »Längst überfällig«, nennt das Bündnis »Allianz pro Schiene« den Geldsegen, prognostiziert jedoch gleich, dass das Geld nicht reichen werde. Und auch der Verkehrsverbund Berlin-Brandenburg freut sich zwar über das Geld, kritisiert aber, dass mit Steuergeldern finanziert werden muss, was genau genommen ureigene Aufgabe der Bahn ist: »Umfassende Fahrgastinformationen, Wetterschutz und Barrierefreiheit sind ein Standard, der eigentlich selbstverständlich sein müsste. In den letzten Jahren hat die Deutsche Bahn die Ausstattung auf vielen Bahnhöfen eher zurückgefahren. Viel Geld der Bundesregierung fließt deshalb nun auch in die Wiederherstellung alter Zustände.«[17]

Doch auch da scheint der Bund den Bahnmanagern ein wenig entgegengekommen zu sein, wie das Magazin *Focus* enthüllte: Eine im November 2008 dem Parlament vorgelegte »Leistungs- und Finanzierungsvereinbarung« für DB-Investitionen in Höhe von 2,5 Milliarden Euro sah als Bedingung für die Geldspritze noch die Einhaltung von Qualitätszielen wie Wetterschutz und stufenfreien Zugang zu den Bahnsteigen vor.

Doch wenige Wochen später hatten Bund und Bahn die Vereinbarung erheblich geändert – zugunsten der Bahn, die nun doch keine allzu strengen Bahnsteignormen einhalten muss. Das Verkehrsministerium dagegen sprach von ausschließlich »redaktionellen« Änderungen.[18]

Auf den Steuerzahler, auf ihre Kunden und auf Bahnliebhaber, die den Verfall der Eisenbahnkultur in Deutschland nur schwer mit ansehen können, kann sich die Bahn verlassen. Zum Beispiel auf Menschen wie Manfred Reiner. Der Rentner ist ehrenamtlicher Pate des Bahnhofs Dinslaken: Er sammelt Müll auf, entfernt und übermalt Schmierereien, jätet Unkraut, meldet zerschmissene Scheiben. Und das alles täglich und gratis. Viele Bahnhöfe in Nordrhein-Westfalen haben das Glück, einen Bahnhofspaten zu haben. Ein vielversprechendes Modell für die Bahn, die ihre simpelsten Instandhaltungspflichten damit kostengünstig auf ihre Kunden abwälzt: Der Konzern sucht »dringend« nach weiteren ehrenamtlichen Helfern.

Wie die Bahn mit ihrer Nazi-Vergangenheit Kasse machte

Es gibt Situationen, da sorgt sich der Bahnvorstand geradezu rührend um das Seelenheil seiner Kunden. Nichts soll sie auf Deutschlands Vorzeigebahnhöfen vom entspannten Shopping abhalten. Oder sie gar dazu verleiten, einen ausnahmsweise pünktlich eingefahrenen Zug zu verpassen. Erst recht keine Ausstellung, die Bahnkunden daran erinnern könnte, dass mit deutschen Eisenbahnen Millionen Juden in die Vernichtungslager der Nazis transportiert wurden. Dass die SS Männer, Frauen und Kinder in enge Viehwaggons trieb, während am Nachbargleis ganz normale Bürger auf ihren Zug in die Sommerfrische warteten. »Das Thema Holocaust ist viel zu ernst, als dass man sich brötchenkauend und in Eile auf dem Weg zum Zug damit beschäftigen kann«, so Ex-Bahnchef Mehdorn im Jahr 2006 zu einer geplanten Ausstellung über die Rolle der Reichsbahn im Holocaust, die auf deutschen Bahnhöfen gezeigt werden sollte.

Es ist eine Posse, die seit Jahren die Gemüter erhitzt und die die Bahn – ganz ohne Not – viele Sympathien gekostet hat: Anstatt Vereine und Bürgerinitiativen, die sich um die Aufarbeitung der NS-Vergangenheit der deutschen Eisenbahnen kümmern, zu unterstützen, behinderte und untergrub die DB AG dieses Engagement. Ja, sie hat sogar noch richtig Geld damit verdient.

Seit November 2007 rollt nach einigem Hin und Her nun der »Zug der Erinnerung« durchs Land. In den von einer Dampflok gezogenen Ausstellungswagen können sich Besucher über das Schicksal von Kindern informieren, die mit den Zügen der Reichsbahn in Vernichtungslager deportiert wurden. Das geschah übrigens auf eigene Kosten, denn die Deportierten mussten für die Fahrt eine Fahrkarte lösen. Nur Kinder unter vier Jahren fuhren gratis ins Gas. In der Ausstellung sind Fotos, Dokumente und Briefe zu sehen, die von den Kindern aus den rollenden Zügen geworfen wurden. Wie etwa der von Hertha Aussen, die am 17. September 1943 an ihre beste Freundin schrieb: »Mein liebes Nettchen, die letzte Abschiedskarte bekommst Du aus dem Zug. Wie Du sehen kannst. Wir sitzen hier mit vierzig Menschen und Gepäck und es ist sehr stickig in dem Viehwaggon. Wir sind voll guter Hoffnung auf ein baldiges Wiedersehen in unserem geliebten, kleinen Holland. Leb wohl, ein Kuss. Hertha.« Es ist ihr letztes Lebenszeichen. Unmittelbar nach ihrer Ankunft in Auschwitz wird das Mädchen zusammen mit seiner Familie vergast.

Und noch ein Kapitel wird im »Zug der Erinnerung« beleuchtet: wie ungestört die beteiligten Funktionäre auch nach dem Krieg bei der Bahn Karriere machen konnten. Etwa der Fahrplanorganisator der Ostbahn, Walter Stier, der erklärte, Treblinka sei für ihn einfach »ein Ziel« gewesen, »weiter nichts«. Er war Leiter der Gruppe »Sonderzüge«, blieb nach Kriegsende straffrei und war bei der Bundesbahn in Frankfurt am Main dann ebenfalls Spezialist für Sonderzüge. Oder Martin Zabel, bei der Reichsbahn Fahrplanreferent für Güterzüge in Krakau. In den achtziger Jahren hatte er es bis zum Vizepräsidenten der Bundesbahndirektion in Kassel gebracht. Zu seiner Verantwortung für die Deportationen sagte er: »Ich habe mal meine Unterschrift gegeben, aber zuständig war ich nicht. Zuständig war vielmehr ein Herr Meyer – welcher Herr Meyer, weiß ich heute allerdings auch nicht mehr.« Oder Albrecht Zahn, der Fahrpläne für Reichsbahntransporte in das Konzentrationslager Treblinka unterzeichnete. Er erklärte: »Möglich, dass die Fahrplananordnung 565 meine Unterschrift trägt, aber sie geriet sicherlich nur versehentlich in meinen Aktenstapel und ist nichts ahnend von mir unterschrieben worden.« Nach dem Krieg wurde Zahn Bundesbahndirektor in Stuttgart.[19]

Der »Zug der Erinnerung« ist ein Riesenerfolg. 330 000 Besucher auf 70 Bahnhöfen in Deutschland und Polen haben die Ausstellung bis zum Sommer 2008 gesehen. Ein Erfolg ist das auch für die Bahn, denn sie hat an der Ausstellung kräftig verdient. Rund 150 000 Euro hat sie von den Machern der Ausstellung bislang kassiert, denn der Verein muss für die Nutzung von Schienen und Bahnhöfen Gebühren an die DB AG zahlen. Das macht 3,50 Euro pro Schienenkilometer, 45 Euro pro Stunde, die der Zug auf einem Bahnhof verbringt. 50 Euro kostet die Nachtabstellung des Gedenkzugs. Dazu kommen Gebühren für Strom und Kabelnutzung.

Tatsächlich ist die DB AG laut Allgemeinem Eisenbahngesetz

der Bundesrepublik zur Erhebung dieser Gebühren gesetzlich verpflichtet. Nichts hindert sie jedoch daran, sie dem Verein in Form einer Spende einfach wieder rückzuüberweisen. Sowohl der Verkehrs- als auch der Petitionsausschuss des Bundestags haben der DB AG schon seit Langem eine solche Lösung nahegelegt. Doch erst steigender öffentlicher Druck und ein Wechsel an der Bahnspitze konnten schließlich etwas bewirken: Im Juli 2009 überreichte Bahnchef Rüdiger Grube der Stiftung »Erinnerung, Verantwortung, Zukunft« einen Scheck über 175 000 Euro. Dem »Zug der Erinnerung« sollen aus dieser Summe Mittel für weitere Projekte zur Verfügung gestellt werden. Warum der Konzern dem »Zug der Erinnerung« nicht einfach direkt eine Spende zukommen lassen konnte, wollte die DB AG uns auf Nachfrage nicht beantworten.

Für Menschen wie Josef Jakubowicz eine längst überfällige Geste. Der 83-Jährige steht dem »Zug der Erinnerung« als Zeitzeuge zur Verfügung, erzählt den Besuchern von seinem Schicksal: Mit dem gezackten Stiel eines Suppenlöffels sägte er sich 1944 durch die Bretter eines reichsbahneigenen Viehwaggons. Auf der Flucht wurde er verraten und zur Zwangsarbeit verurteilt. In Schlesien musste er bei minus 30 Grad Eisenbahnschienen verlegen, die Hände froren ihm an Eisenzangen fest, von den Vorarbeitern der Reichsbahn wurde er schikaniert und misshandelt. Acht Zwangsarbeiter- und Konzentrationslager erlebte Jakob Jakubowicz. Doch die Arbeit bei der Reichsbahn sei die härteste gewesen.

150 DM pro Haftmonat hat er als Entschädigung bekommen. Mitte der neunziger Jahre schrieb er einen Brief an die Bahn und bat um eine Freifahrkarte. Der Konzern lehnte ab, »aufgrund der Vielzahl der an uns herangetragenen Bitten«. Man bot ihm stattdessen eine BahnCard 50 an.

Jakubowicz verzichtete.

»Mitarbeiter der Reichsbahn haben eine Mitschuld an den Verbrechen an den jüdischen Menschen«

Interview mit Charlotte Knobloch, Präsidentin des Zentralrats der Juden in Deutschland

Hat sich die Deutsche Bahn als historische Nachfolgeorganisation der Reichsbahn genügend mit ihrer Vergangenheit im National-sozialismus auseinandergesetzt?

Viele Firmen, Einrichtungen und Organisationen haben unabhängige Gutachter eingesetzt und ihre Vergangenheit aufgearbeitet. Das ist bei der Deutschen Bahn nie passiert. Daher ist die Aufarbeitung der Vergangenheit der Reichsbahn ein gesamtgesellschaftlicher Auftrag. Dafür ist es höchste Zeit! Auch die Verantwortlichen, die bei der Deutschen Reichsbahn an den Verbrechen beteiligt waren und sie sogar erst ermöglicht haben, müssen endlich beim Namen genannt werden. Die Deutsche Bahn AG als Nachfolgerin der Reichsbahn hat dafür ganz klar die moralische Verantwortung.

Glauben Sie, dass der Führungswechsel an der Konzernspitze eine Aufarbeitung begünstigen wird?

Ich habe das Gefühl, dass sich die neue Führung der Deutschen Bahn mit Herrn Dr. Grube an der Spitze dieser Verantwortung stellt. Herr Dr. Grube hat an die Stiftung »Erinnerung, Verantwortung und Zukunft« einen Scheck in Höhe von 175 000 Euro übergeben, um damit das Engagement der Macher des »Zugs der Erinnerung« zu würdigen und die Bahngebühren zu bezahlen. Ein richtiges Signal.

Ist damit der geschichtlichen Auseinandersetzung Genüge getan worden? Reicht das?

Nein, das reicht bei Weitem nicht. Die Rolle der Reichsbahn

im Nationalsozialismus muss klar aufgearbeitet werden. Im Vordergrund muss dabei stehen, warum niemand der Verantwortlichen zur Rechenschaft gezogen wurde. Das muss sehr bald geschehen, die Zeit läuft sonst davon. Es ist nicht zu verstehen, dass verantwortliche Reichsbahnmitarbeiter lange Jahre unbehelligt ihr Leben einfach so weiterführen konnten. Vor zwei Jahren erst hat das Bundesverkehrsministerium damit begonnen, das Thema aufzuarbeiten. Damit hat es das Bild der Reichsbahn als unpolitische Behörde mit unpolitischen Beamten erstmals korrigiert. Dass das erst jetzt beginnt, ist empörend.

Welche Rolle hat denn die Deutsche Reichsbahn bei der Deportation der Juden gespielt?
Die Deutsche Reichsbahn war ein ganz zentraler Bestandteil der nationalsozialistischen Vernichtungsmaschinerie, denn sie hat die jüdischen Menschen in die Vernichtungslager verfrachtet. Ohne die Logistik der Reichsbahn hätte der Holocaust so nicht stattfinden können.

Hat die Reichsbahn denn vom Holocaust profitiert?
Die Deutsche Reichsbahn war nicht nur ein Kollaborateur, sie hat sogar noch Kapital aus der Deportation geschlagen. Das muss man sich mal vorstellen, dass jeder jüdische Mensch eine reguläre Eisenbahnfahrkarte für seine Deportation kaufen musste. Zynischerweise hat die Reichsbahn wegen der fürchterlichen Überfüllung der Waggons sogar Preisnachlässe gewährt.

Und wir wissen außerdem, dass viele jüdische Menschen schon auf dem Weg in die Vernichtungslager ermordet wurden – ermordet durch die katastrophalen Zustände in den Zügen der Deutschen Reichsbahn. In den Waggons herrschten die schlimmsten hygienischen Umstände, die Menschen froren oder kamen vor Hitze um, hungerten, hatten Durst. Wer den »Zug der Erinnerung« besucht, kann davon ein sehr gutes Bild bekommen, wie die Menschen schon halbtot in den Vernichtungslagern ankamen, wegen ihres schlechten gesundheitlichen Zustands gleich aussortiert und ermordet wurden. Ich gehe davon aus, dass die Helfershelfer, die ganz offenkundig keinerlei Mitleid mit den Deportierten hatten, Bescheid wussten und damit die Todesmaschinerie der Nationalsozialisten in Gang gehalten haben. Damit haben Mitarbeiter der Reichsbahn eine Mitschuld an den Verbrechen an den jüdischen Menschen auf sich geladen.

Stuttgart 21 – Deutschlands modernstes Milliardengrab

Es waren düstere Prophezeiungen, die der baden-württembergische Landesvater Günther Oettinger seinem Volk überbrachte: Das Land werde in seiner Wirtschaftskraft und in seiner Standortattraktivität ins letzte Jahrhundert zurückfallen, wenn das Großprojekt »Stuttgart 21« nicht realisiert werde. Seit über zehn Jahren plant Baden-Württemberg an einem gigantischen Bauvorhaben, mit dem der Stuttgarter Hauptbahnhof und seine Zubringergleise unter die Erde verlegt, der Flughafen einen Fernverkehrsanschluss bekommen, hundert Hektar Gleisfläche als Bauland erschlossen und aus dem Kopfbahnhof ein Durchgangsbahnhof gemacht werden sollen. Kosten, inklusive einer neuen Schnellfahrstrecke zwischen Stuttgart und Ulm: mehr als fünf Milliarden Euro, so jedenfalls die Schätzungen des Bundesrechnungshofs. Diese fünf Milliarden tragen zu einem Großteil Bund und Land, sprich: der Steuerzahler.

Der ist aber in seiner Mehrheit ganz und gar nicht für den neuen schicken unterirdischen Hauptbahnhof: Umfragen haben ergeben, dass vierundsechzig Prozent der Stuttgarter gegen das Bauvorhaben sind. Diverse Initiativen und Vereine gegen die Realisierung wurden gegründet, die GRÜNEN – erbitterte Gegner von Stuttgart 21 – konnten bei den Kommunalwahlen im Juni 2009 ein Rekordergebnis von 23,8 Prozent verbuchen. Der Verkehrsclub Deutschland, der Fahrgastverband Pro Bahn, die Gewerkschaft der Lokführer GDL und die Naturschützer von BUND und NABU sind gegen das Projekt. Ihre Argumente: Stuttgart ist auch ohne Durchgangsbahnhof an das europäische Fernverkehrsnetz angeschlossen. Die wenigen Minuten Fahrzeitersparnis werden durch den zusätzlichen Halt am Flughafen wieder aufgebraucht. Die geplanten acht Gleise des neuen Bahnhofs (der bestehende Stuttgarter Bahnhof hat 15 Gleise) sind viel zu wenig, um einen reibungslosen, weniger störanfälligen Bahnverkehr mit gut getakteten Anschlussverbindungen zu gewährleisten. Und die versprochene Verbesserung im Nahverkehr könne nur ein leeres Versprechen sein: Geld für weitere Investitionen, ausgerechnet für den sonst gern vernachlässigten Nahverkehr, dürfte nach dem gigantischen Großprojekt kaum noch übrig sein. Die Aussicht auf zehn Jahre Großbaustelle mitten in der Innenstadt, mit zusätzlichem enormem LKW-Verkehr, großer Beeinträchtigung des Schlossgartens und möglicherweise auch der Mineralwasserquellen unter der Stadt, sorge nicht gerade für Begeisterung.

Würde nur ein Bruchteil der veranschlagten Investitionen in die Sanierung des teilweise denkmalgeschützten Bahnhofs, in die Verbesserung des Nahverkehrs und die Gleisinfrastruktur fließen, wäre den Reisenden, Pendlern und Bürgern in und um Stuttgart weit mehr geholfen – und Arbeitsplätze im Baugewerbe wären so auch gesichert.

Immense Kosten, geringer Kundennutzen – warum nur wollen Bahn und Politik das Projekt Stuttgart 21 unter allen Umständen durchsetzen? Weil so viele der Entscheider und Befürworter über die von ihnen vertretenen Unternehmen und Institutionen direkt und indirekt davon profitieren – unter ihnen auffallend viele Personen mit Verbindungen zu Baufirmen und Banken. Schließlich werden für Stuttgart 21 Bauaufträge in Milliardenhöhe vergeben, die von diversen Banken solide finanziert werden müssen, so Gangolf Stocker, Sprecher der Initiative »Leben in Stuttgart – gegen Stuttgart 21« und Begründer der Protestbewegung. Er zeigt auf, wer dem illustren Unterstützerkreis angehört: zum Beispiel Martin Herrenknecht, dessen Firma in Europa Marktführer für Tunnelbohrmaschinen ist. Aufsichtsratsvorsitzender der Herrenknecht AG ist der frühere Ministerpräsident Lothar Späth, einer der Anführer des Unterstützerkreises. Mit dabei sind auch der Geschäftsführer von Bilfinger Berger, einer der größten Baufirmen des Landes, der Hauptgeschäftsführer des Hauptverbands der Deutschen Bauindustrie, der Präsident des Industrieverbands Steine und Erden Baden-Württemberg e. V. sowie Aufsichtsräte, Vorstände und Manager der Südwestbank AG, der Landesbank Baden-Württemberg, des Deutschen Sparkassen- und Giroverbands, der Landeskreditbank Baden-Württemberg, der Baden-Württembergischen Bank, des Sparkassenverbands Baden-Württemberg und der Deutschen Bank.

Landesvater Günther Oettinger, der am 2. April 2009 stolz die Finanzierungsvereinbarung für das Projekt unterzeichnete, dürfte als Vorsitzender des Aufsichtsrats der Landesbank Baden-Württemberg doppelt froh über die baldige Realisierung des Projektes sein. Und Stuttgarts Oberbürgermeister Wolfgang Schuster, der im Aufsichtsrat des Verkehrsverbunds und des Stuttgarter Flughafens sitzt sowie Vorsitzender des Kreditausschusses der Landesbank Baden-Württemberg ist, darf sich ebenfalls freuen. Und er lässt die DB AG gleich an seiner überschäumenden Freude teilhaben, indem er beziehungsweise die

Stadt Stuttgart in Vorleistung geht und der Bahn schon einmal die meisten Grundstücke auf den bald zu Bauland werdenden Gleisanlagen abgekauft hat – für 500 Millionen Euro. Und das, noch bevor die Realisierung von Stuttgart 21 wirklich zweifelsfrei feststeht.

Das große Geld – wie ein Sanierungsfall seine Bilanzen schönt

Klar denken wir bei der DB AG in erster Linie an die deutsche Eisenbahn. Dies sei und bleibe auch in Zukunft die Kernkompetenz des Unternehmens, beteuert das Unternehmen immer wieder. Eigentlich eine Binsenweisheit, schließlich steht schon im Grundgesetz, die Bahn habe »dem Wohl der Allgemeinheit, insbesondere den Verkehrsbedürfnissen« zu dienen. Weshalb sonst sollte der Bund jährlich Milliarden an Steuergeldern in ein Transportunternehmen stecken als zu dem Zweck, damit Steuerzahler von A nach B zu transportieren? Falsch gedacht. Denn was der Berufspendler, der auf einem verwahrlosten Provinzbahnhof im Nieselregen auf einen verspäteten Zug wartet, möglicherweise gar nicht weiß, ist, dass die DB AG sein Geld in chinesische, amerikanische und europäische Firmen investiert. Mit zweitausend Standorten in hundertdreißig Ländern ist die DB AG eine der weltweit größten Logistikfirmen, der größte Straßenspediteur Europas, der weltweit zweitgrößte Luftfrachttransporteur und in naher Zukunft wohl auch ein Branchenriese im Seeverkehr. In den Jahren unter Hartmut Mehdorn war die Bahn in einem wahren Shoppingrausch: 2,5 Milliarden ließ sie sich beispielsweise die Spedition Stinnes kosten, kaufte für 950 Millionen den US-amerikanischen Logistiker BAX Global Inc., legte 335 Millionen Euro für ein britisches Schienengüterverkehrsunternehmen auf den Tisch, noch einmal 97 Millionen für den rumänischen Spediteur Romtrans, kaufte für 135 Millionen eine Mehrheit am spanischen Logistikkonzern Transfesa und für einen dreistelligen Millionenbetrag eine private polnische Güterbahn, um nur einige »Schnäppchen« zu nennen.

Die Deutsche Bahn AG transportiert also Pakete durch Australien, Bustouristen durch Dänemark und Frachtgüter in LKWs durch Osteuropa. Demnächst wird sie eine 260 Kilometer lange Bahntrasse in der Südmongolei bauen. Sechzig Prozent des Konzernumsatzes werden inzwischen mit Leistungen erzielt, die mit der deutschen Eisenbahn rein gar nichts zu tun haben. Im Bahnvorstand ist man mächtig stolz auf den Global Player, den man sich da geschaffen hat, und rechtfertigt so auch die eigenen Bezüge in Millionenhöhe.

Kurz vor seinem Abschied durfte Hartmut Mehdorn dann auch noch einmal »Rekordergebnisse« für das Jahr 2008 vermelden: einen Umsatz von 33,5 Milliarden Euro. Davon machen die Umsätze der DB AG im Schienenverkehr Deutschlands gerade einmal die Hälfte aus. Der Gewinn lag vor Zinsen und Steuern bei knapp 2,5 Milliarden Euro.

Experten halten diese Bilanz für Augenwischerei. Denn die vom Bahnvorstand präsentierten Zahlen sind mit diversen Bilanzierungstricks schöngerechnet und verschleiern einen tatsächlichen Rückgang der Gewinne, kritisiert das Netzwerk Privatbahnen. Auch die Tatsache, dass die Bahn noch immer mehr als 15 Milliarden Euro Schulden hat und dennoch munter weiter in den globalen Logistikmarkt investiert, schmälert die angeblich so sensationelle Bilanz. Zumal die Wirtschaftskrise besonders der Logistiksparte mächtig zusetzt und die teuer gekauften Firmen schon jetzt deutlich weniger wert sind.

Doch der eigentliche Skandal ist, dass der einzige wirklich rentable Bereich der großen DB AG ausgerechnet der sträflich vernachlässigte Nahverkehr ist. Hier erzielte die Bahn 2008 einen Gewinn vor Zinsen und Steuern von etwa 900 Millionen Euro. Etwa zwei Drittel der Einnahmen dieser Sparte stammen direkt aus der Bundeskasse, in Form der von den Ländern gezahlten sogenannten Bestellerentgelte. Darüber hinaus bekommt die Bahn jährlich rund 3,5 Milliarden Euro Steuermittel für den Erhalt der Infrastruktur: eine Milliarde für den Neubau von Strecken, 2,5 Milliarden für den Erhalt der bestehenden Infrastruktur.

Eine stolze Summe, die die maroden Gleise und verrottenden Bahnhöfe eigentlich in neuem Glanz erstrahlen lassen könnte – würde sie von der Bahn sachgemäß ausgegeben. Doch die Bahn zieht immer mehr Kapital aus dem System Eisenbahn ab, kritisiert der Verkehrsökonom Christian Böttger, Professor für Wirtschaftsingenieurwesen an der HTW Berlin: »In den letzten Jahren sind die Nettoinvestitionen im Bereich der deutschen Eisenbahn sogar unter die Abschreibungsbeträge gefallen. Unterm Strich hat die Bahn in den letzten Jahren keinen Cent in das deutsche Eisenbahnnetz investiert.« Stattdessen fließt viel Geld, zusammen mit den Erlösen aus dem Verkauf des konzerneigenen Tafelsilbers (hochprofitable Firmen wie Arcor, Scandlines, Aurelis und Eisenbahn-Reklame), in Geschäfte außerhalb Deutschlands, vor allem in die Logistikbranche. »Für einen Manager ist es viel interessanter, nach New York zu fliegen und mit Investoren, die einen zum Essen einladen, über Milliardenkredite zu verhandeln, als sich darum zu kümmern, warum die Bahnhofsanzeige in Belzig nicht funktioniert«, meint Christian Böttger. »Das Topmanagement der Bahn ist am glamourösen internationalen Logistikgeschäft viel stärker interessiert als an der deutschen Eisenbahn. Und das ist eine gefährliche Entwicklung.«

Der frühere Bahnchef Mehdorn zeigte sich gern sichtlich genervt von der Kritik an seinem mangelndem Engagement für den Schienenverkehr und dem ausbleibenden wirtschaftlichen Erfolg seit der Bahnreform: »Ich muss daran erinnern, dass Bundesbahn und Reichsbahn Tag für Tag rund 40 Millionen Mark Verlust erwirtschaftet haben.« Dass Deutschland heute eine wirtschaftlich gesunde und leistungsfähige Bahn habe, sei eine Erfolgsgeschichte.

Vor allem ist es eine Erfolgsgeschichte trickreicher Bilanzierung, so der Verkehrswissenschaftler Karl-Dieter Bodack, einst selbst führender Entwicklungsingenieur bei der DB AG: »Die Verluste verschwanden mit Inkrafttreten der Bahnreform, also in der Silvesternacht 1993/94. Das Anlagevermögen wurde in der Bilanz um 100 Milliarden Mark herabgesetzt, die Abschreibungskosten verringerten sich damit von fünf auf etwa zwei Milliarden DM, und so konnten schon 1994 satte 181 Millionen DM Gewinn ausgewiesen werden. Würde die DB AG dies korrigieren und die inzwischen vom Bund finanzierten Anlagen im Wert von etwa 60 Milliarden Euro erfassen und abschreiben – so wie es Bundesbahn und Reichsbahn taten –, hätte sie mindestens eine Milliarde Euro Verlust zu verbuchen.«

Es ist also der Steuerzahler, der den Expansionsdrang des Bahnmanagements subventioniert – und selbst am wenigsten davon hat. Denn die mit der Bahnreform 1994 gesetzten Ziele, mehr Verkehr auf die Schiene zu bringen und die Bahn in Deutschland effizient, serviceorientiert und rentabel zu machen, hat das Management bislang deutlich verfehlt. »Ohne die jährlich rund 10 Milliarden Euro aus der Bundeskasse wäre die Bahn nicht existenzfähig«, sagt der SPD-Politiker und ehemalige Berliner Finanzsenator Thilo Sarrazin. Er muss es wissen, schließlich war er einst selbst im Vorstand des Konzerns. Und er weiß: »Die Bahn vernachlässigt seit Jahren den Unterhalt ihrer Infrastruktur und fährt ihre Anlagen auf Verschleiß. Damit erhöht sie kurzfristig ihre Gewinne.« Auch der Bundesrechnungshof stellte 2007 fest, dass die Bahn bewusst die Instandhaltung ihres Netzes verschleppt und zwischen 2002 und 2005 sage und schreibe 1,5 Milliarden Euro zu wenig in das Netz investiert hat.

Und es ist nicht nur die Staatskasse, die die Bahn am Leben hält, es ist darüber hinaus ihre nach wie vor unangefochtene Monopolstellung. Denn die Tochtergesellschaft DB Netz AG, zuständig für die Bahninfrastruktur, kann auch deshalb Rekordgewinne verbuchen, weil ihre Kunden kaum eine Alternative haben. »Ohne die rücksichtslose Ausnutzung ihrer Monopole ist die DB mit ihren weltweiten, eisenbahnfremden Engagements gar nicht lebensfähig«, empört sich Arthur-Iren Martini, Geschäftsführer von Netzwerk Privatbahnen. Doch es gibt auch Fälle, wo die Bahn sich einfach ihre eigene Konkurrenz schafft und Kunden guten Gewissens von der Schiene weglockt: Auf der Strecke Berlin–Dresden, die wegen diverser Langsamfahrstellen zu den sanierungsbedürftigsten Trassen des Landes zählt, haben die Kunden seit Mai 2009 eine Alternative: Das DB-Tochterunternehmen Bayern Express bietet täglich sechs Busverbindungen zwischen den beiden Städten an, Ticketpreis ab 9 Euro. Und mit zweieinhalb Stunden dauert die Fahrt nur wenige Minuten länger als die mit dem Zug.

DIE BAHN
UND IHRE MITARBEITER

Wie der Konzern seine Mannschaft verheizt

Eisenbahner sind ein eigenes Völkchen. Es gibt wenige Unternehmen, die das Glück haben, eine Belegschaft zu haben, die sich selbst als »Familie« bezeichnet. Doch wann immer in letzter Zeit von der großen »Eisenbahnerfamilie« die Rede ist, schleicht sich Wehmut ein. Denn hunderttausend gestrichene Jobs, ein Datenskandal, der seinesgleichen sucht, und Mitarbeiter, die von ihren Vorgesetzten im Stich gelassen werden – all das schafft ein Arbeitsklima voller Frust und Misstrauen. Es sind die rund 240 000 Mitarbeiter der Bahn, die jeden Tag im Zug, in den Werkstätten, in den Reisezentren und auf den Bahnhöfen den Kopf für die Entscheidungen des Bahnmanagements hinhalten, die nicht nur den Ärger und den Spott der Kunden abkriegen, sondern die zunehmend auch körperlicher Gewalt ausgesetzt sind und teilweise bis zur totalen Erschöpfung schuften – für ein Gehalt, für das das Bahnmanagement wohl morgens nicht mal aus dem Bett steigen würde. Und trotzdem: Die meisten Bahnmitarbeiter machen ihren Job gern. Sie bemühen sich um Kundenfreundlichkeit, geben sich beim Service größte Mühe und wären sicher an der einen oder anderen Stelle noch viel kulanter, säße ihnen nicht die Angst vor ständigen Kontrollen durch ihre Vorgesetzten im Nacken. Der Druck ist groß bei der Bahn. Und wer seine Leistung nicht bringt, wird gnadenlos fallen gelassen.

Umso bitterer für die Belegschaft, wenn sie auch noch Opfer boshafter Satire wird. Mit fiktiven Erlebnissen eines Bahnfahrers, die sich hauptsächlich um angeblich unfähiges, unzurechnungsfähiges und unfreundliches Bahnpersonal drehen, gelang zwei Autoren vor Jahren ein Bestseller. So etwas findet man offensichtlich auch in der Politik saukomisch. Achim Großmann, Staatssekretär im Verkehrsministerium unter Wolfgang Tiefensee, verteilte zur Erheiterung der Kollegen das Buch *Senk ju vor träwelling* an sämtliche Mitglieder des Verkehrsausschusses.

Immer auf Achse: Wie die Arbeitsbedingungen bei der Bahn die Mitarbeiter zermürben

Dass der Berufswunsch »Lokführer« bei kleinen Jungen nicht mehr ganz so hoch im Kurs steht wie noch vor einigen Jahren, mag Zufall sein. Fakt ist jedoch, dass auch bei den Eisenbahnern selbst der Enthusiasmus für ihren Beruf schwindet. Gründe sind der steigende Arbeitsdruck, unsicher werdende Arbeitsverhältnisse und der Schichtdienst, der ein Familienleben zunehmend unmöglich macht. Unter dem Deckmantel notwendiger Modernisierung gehen immer mehr Arbeitsplätze verloren – wie in Chemnitz, wo die Arbeit von dreiundsiebzig Mitarbeitern im Stellwerk demnächst von Computern erledigt wird. Ex-Bahnvorstand Thilo Sarrazin rechnete in einer Anhörung des Verkehrsausschusses vor, dass bei allen Varianten der Bahnprivatisierung weitere sechzigtausend Arbeitsplätze vernichtet werden könnten.[1]

Die Bahn behauptet, von dauerhaften und größeren Personalengpässen könne keine Rede sein. Doch Mitarbeiter klagen uns gegenüber von immer größerem Arbeitsdruck, der sie regelrecht in den Burn-out treibt. Es scheint, dass die Bahn nicht besonders viel in ihre Mitarbeiter investiert. Von der nicht gerade überragenden Bezahlung unterhalb der Managerkaste einmal ganz abgesehen, klagen viele über die zahlreichen kleinen Schikanen im Berufsalltag. Wie konnte es zum Beispiel in einem durchdesignten Hightechzug wie dem ICE passieren, dass es keine eigene Toilette für den Lokführer gibt?

»Dann pinkelt man eben in die Thermoskanne, das ist ganz normal«

Zwei Lokführer erzählten uns aus ihrem Alltag. Die Namen haben wir auf ihren Wunsch hin geändert – wie bei allen DB-Mitarbeitern, die aus Angst vor Repressalien lieber anonym bleiben wollten.

Uwe Jansen*: *Ob ich heute noch mal Lokführer werden würde, weiß ich nicht. Ich habe den Beruf von der Pike auf gelernt, früher kannte man sich noch in allen Bereichen der Bahn aus. Heute funktioniert alles über den Computer.*

Karsten Stuck*: *Das Problem ist doch: Der Verwaltungsapparat ist in den letzten Jahren unglaublich aufgebläht worden. Die Büros im Bahn-Tower wurden immer voller, nur bei den Eisenbahnern an der Basis wurde gespart. Heute hat – überspitzt gesagt – jeder seinen eigenen Controller. Es gibt bei der Bahn viele studierte Bürokraten, die bunte Kurven zeichnen und Statistiken erstellen können. Deren Gehälter aber müssen wir Eisenbahner im täglichen Geschäft erwirtschaften. Wir sind ja jetzt auch alle »Bahner« – das klingt modern. »Eisenbahner« ist denen zu altbacken. Viele von denen haben wahrscheinlich noch nie eine Lok von innen gesehen. Die den-*

---

* Name geändert. Kürzel: UJ

* Name geändert. Kürzel: KS

ken doch, wir schieben nur jeden Tag einen Hebel hin und zurück. Die wissen gar nicht, was unser täglich Brot ist.

UJ: *Lokführer wird man ja nicht mal eben so. Wir müssen anspruchsvolle Einstellungstests bestehen, geistige, körperliche und psychologische Eignung beweisen. Dann warten harte Trainingsmonate, oft mit Computersimulationen, und eine Abschlussprüfung. Und auch dann ist der Job noch lange nicht garantiert. Ich finde es auch unverschämt, dass Lokführer so wenig verdienen, wir tragen ja schließlich eine hohe Verantwortung. Immer heißt es, mehr sei halt nicht drin. Aber wenn die Manager so viel verdienen, dann geht es der Deutschen Bahn offenbar recht gut. Im Ausland wird ja auch jede Menge investiert. Aber die Bahn als Global Player – das interessiert den echten Eisenbahner nicht. Wir brauchen keine Büros auf der ganzen Welt. Wir sind eine Eisenbahn für die Menschen in Deutschland. Die muss attraktiv sein, und da haben wir noch genug zu tun.*

KS: *Die Bürokraten wissen ja auch nicht, wie es ist, sechs Wildschweine zu überfahren. Die wiegen so viel wie ein Riesen-Betonklotz. Da ist mir mal die Lok fast auseinandergeflogen. Ich musste mitten in der Nacht den Zug evakuieren, einen Ersatzzug und Hilfszug anfordern, die Lok sichern und den Schaden begutachten. Da rückt dann der Feierabend für mich in ganz schön weite Ferne.*

UJ: *Die Wechselschichten sind wirklich knallhart, aber auch die kurzfristige Dienstplangestaltung, die Sonntagsarbeit, die andauernde Konzentration, zum Beispiel bei Nebel oder Schneetreiben. Da sind Sichtweiten von 30 bis 40 Metern nicht selten, am schlimmsten ist es im November oder Dezember. Wenn es dann zu einer brenzligen Situation, einer Zwangsbremsung oder zu einer anderen Störung kommt, dann braucht man Hände wie ein Klavierspieler, dann muss* man die Ruhe behalten. Oft ist man ja der Einzige auf der Strecke – der Fahrdienstleiter sitzt vielleicht 150 Kilometer weit weg. Dann bin ich die Kommunikationszentrale: Ich muss den Zugbegleiter, die Betriebszentrale, den Lokdienst benachrichtigen, die Störung beheben, einschätzen, wie lange es dauert. Anschließend muss ich in den Maschinenraum und alle möglichen Schalthandlungen vornehmen. Das dauert.

KS: *Die Typen am Schreibtisch haben eben keine Ahnung, wie es in einer Lok so zugeht, die denken sich dann die beklopptesten Sachen aus. Zum Beispiel im ICE 3. Da können die Leute uns durch eine Scheibe bei der Arbeit zugucken. Ich sitz da wie in einer Vitrine! Wir dürfen die Scheibe auch nicht blind machen – gehört ja zum Service. Da kommt es schon mal vor, dass Fahrgäste mit einer Tüte Chips und einer Flasche Cola eine Ewigkeit hinter mir stehen und mir auf die Finger gucken. Und es gibt da keine eigene Einstiegstür für mich, ich muss über die Fahrgäste klettern, um zu meinem Arbeitsplatz zu gelangen. Dabei habe ich meist nur wenige Minuten Zeit für ein Übergabegespräch, um die Systeme hochzufahren, die Bremsfunktionen zu prüfen, den Funk einzustellen und die aktuellen Unterlagen durchzuschauen.*

UJ: *Noch so ein Problem: Für Lokführer gibt es keine Toilette. Da rechnen schon viele Kollegen, wie viel Kaffee sie während der Schicht trinken können und ab wann. Die Aufenthalte in den Bahnhöfen sind auch sehr kurz. Aber manchmal muss man halt.*

KS: *Jeder Wohnwagen hat heute eine Toilette – wir nicht. Wenn ich aufs Klo gehe, weiß das ganz Deutschland, weil ich das in der Betriebszentrale melden muss. Dann muss ich den Zug sichern und manchmal, wenn die Toiletten der Fahrgäste besetzt sind, eine ganze Weile suchen, bis ich eine freie Zugtoilette gefunden habe. Viele Kollegen gehen gar nicht mehr* pinkeln, trinken weniger – obwohl wir ja viel trinken sollen. Viele haben auch ganz praktische Ideen: Sie pinkeln in den Kaffeebecher oder in die Thermosflasche. Denn wir sind sonst schuld an einer Verspätung – und dann kommt vielleicht bald die Frage von den Vorgesetzten, ob meine Blase überhaupt schnellzugtauglich sei.

UJ: *Heute fahren die Züge ja doppelt so weit und doppelt so schnell wie früher, oft ist eine Tour über 1200 Kilometer lang. Das heißt: hin- und zurückrasen in zehn oder zwölf Stunden. Wenn jemand ausfällt, finden Sie immer einen Lokführer, der einspringt. Das gehört zum Berufsethos, keiner von uns lässt eine Lok stehen, daher muss auch die Bahn keine Rufbereitschaften zahlen. Damit müssen die Familien der Lokführer umgehen können. Die Scheidungsrate ist hoch, viele Geschiedene finden sich unter Eisenbahnern.*

KS: *Doch, ich hab mal eine Lok stehen lassen. Einmal ist mir die Heizung auf der Lok ausgefallen, auch die Notheizung, im Winter, bei Eiseskälte. Ich hab erst noch gedacht, es ist Freitag, die Leute wollen nach Hause, ich fahr erst mal los. Es war eisig. Der Fahrtwind drückte durch die Klimaanlage, es zog und pfiff an jeder Ecke. Ich hatte dicke Arbeitshandschuhe an, damit mir die Finger nicht blau wurden. Da saß ich nun zusammengekauert in meinem Führerraum. Einen Ersatzzug gab es natürlich nicht. Als mir dasselbe noch mal passierte, hab ich einen vollen ICE stehen gelassen und mich dienstunfähig gemeldet – dann kann die Bahn nix machen, da haben die gestaunt. Aber man kann doch nicht alles mit sich machen lassen!*

UJ: *Immerhin ist die Betreuung nach Suizidfällen viel besser geworden. Heute muss kein Lokführer mehr weiterfahren nach einem solchen Unfall. Etwa fünf Prozent aller Lokführer werden jährlich mit einem Suizid konfrontiert. Ausweichen*

kann man ja nicht, und ein Zug, der 250 Stundenkilome-
ter fährt, braucht eine Minute, bis er steht. Am schlimms-
ten ist das unwiederbringliche Ereignis. Man sitzt da und ist
vollkommen hilflos. Pfeifen, voll bremsen, sanden – alles ist
sinnlos, und man weiß: Gleich knallt's. Viele Lokführer kön-
nen damit ganz gut umgehen. Aber ich kenne jemanden, der
hatte dreizehn Selbstmörder, und der Vierzehnte hat ihn aus
den Latschen gehoben. Wichtig ist, dass man drüber spricht,
man darf das Ereignis nicht verdrängen, sonst kommt es im-
mer wieder hoch. Während seiner Laufbahn muss jeder Lok-
führer damit rechnen, mindestens einen Menschen tödlich zu
überfahren.

Ein Job bei der Bahn ist manchmal körperliche und seelische
Schwerstarbeit. Und obendrein nicht besonders gut bezahlt.
Reich wird bei der Bahn nur das gehobene Management. Die
Mitarbeiter in den Zügen und an den Bahnhöfen begnügen
sich mit Gehältern, von denen sie kaum eine Familie ernähren
können. Lokführer etwa, die immerhin im Schichtdienst hoch-
komplexe Maschinen bedienen und Verantwortung für mehrere
hundert Menschen tragen, verdienen im allerbesten Fall etwas
mehr als 3000 Euro brutto, nach mindestens fünfundzwanzig
Jahren Betriebszugehörigkeit. Wer gerade erst dabei ist und einer
schlechteren Besoldungsgruppe angehört, verdient etwas mehr
als 2000 Euro brutto. Ein Zugchef, immerhin verantwortlich
für das gesamte Team an Bord und am besten firm in mehreren Fremdsprachen, verdient bei einer 40-Stundenwoche nach
fünfundzwanzig Jahren im Betrieb 2500 Euro brutto. Und ein
Servicepoint-Mitarbeiter am Bahnhof verdient bei einer Vierzig-
Stunden-Woche zwischen 1900 und 2100 Euro brutto.[2]
    Besonders miese Karten haben dabei die Mitarbeiter im
Bordrestaurant: Sie bekommen nur ein Grundgehalt von etwa

1000 Euro, der Rest muss über Trinkgelder und in Form von Provisionen verdient werden. Die DB-Gastro-Mitarbeiterin Katja Richter* erzählt, wie sie ständig von Gästen angebrüllt wird:

Seit über zehn Jahren arbeite ich in den Bordrestaurants der Bahn. Die meisten Fahrgäste können sich das nicht vorstellen, aber das ist wirklich ein knallharter Job. Manchmal arbeite ich bis zehn Uhr abends und muss nachts um halb vier wieder auf dem Zug sein. Es gibt Schichten, die sind fünfzehn Stunden lang. Klar, dazwischen sind Pausen, die sitze ich dann an irgendeinem Bahnhof ab. Der Dienstbeginn ist immer zu einer anderen Zeit. Das ist natürlich auch eine Belastung fürs Privatleben. Da braucht man schon einen Freund, der das mitmacht. Wir sind immer unterwegs und werden oft ausgepresst wie eine Zitrone. Aber krank werden sollte man bei der Bahn nicht: Es gibt unangekündigte Hausbesuche und auch Anrufe, wann man denn endlich wieder zum Dienst erscheint.

Unser Job ist nicht ohne gesundheitliches Risiko: Wenn die Weiche gewechselt wird, dann ruckelt der Zug. Und wir haben uns alle schon mal am Kaffee und am Backofen verbrannt. Ich hatte schon Verbrennungen zweiten Grades, die Narben sieht man heute noch. Danach gehört man dazu.

Manchmal sind wir nur zwei Leute im Restaurant, manchmal sind wir sogar allein. Das ist der totale Stress. Viele Kunden haben dafür kein Verständnis und geben kaum Trinkgeld. Dabei ist das Trinkgeld ein Teil unseres Verdiensts. Das Grundgehalt liegt so um die 1000 Euro. Wir arbeiten dazu auf Provision, das heißt, wir sind abhängig von Umsatz und

---

* Name geändert

Trinkgeld. Das ist nicht viel. Und die 100 Euro Wechselgeld müssen wir aus eigener Tasche zur Verfügung stellen. Wenn die Kasse nach der Fahrt nicht stimmt, müssen wir die Differenz aus dem privaten Wechselgeld erstatten.

Die Bahn will natürlich möglichst viel Umsatz in den Restaurants, uns wird da ziemlicher Druck gemacht. Aber wenn einer nur einen Kaffee trinken will, dann lasse ich den auch in Ruhe, ich bin ja keine »Vorwerk«-Verkäuferin. Es gibt aber Gäste, die wirklich dreist sind: Da bringen manche ihre Weinflasche mit ins Restaurant oder ihr Brötchen, das sie noch billig am Bahnhof gekauft haben, und essen das dann heimlich. Ich krieg schon die Krise, wenn ich das Rascheln der Bäckertüte höre. Die Leute kapieren nicht, dass sie in einem Restaurant sitzen. Man bringt ja auch nicht die Pizza mit zum Italiener. Und das sind nicht irgendwelche armen Schlucker, nein, da sind ganz viele Schlipsträger dabei.

Viele Kunden sind einsilbig, kriegen kaum ein »Guten Morgen« heraus oder fragen schlecht gelaunt: »Sind Sie in der Lage, mir einen Kaffee zu bringen?« Bahnmitarbeiter werden halt gern herablassend behandelt. Wir stehen den ganzen Tag an der Front. Wenn die Gäste schlechte Laune haben, kriegen wir das ab. Die glauben, sie hätten mit der Fahrkarte alles bezahlt, auch, dass sie ihren Frust an uns rauslassen können.

Ich bin schon oft angebrüllt worden. »Du dumme Schlampe«, hat mal eine Besucherin zu mir gesagt. Die hatte schon die ganze Zeit rumgezickt und die anderen Gäste mit ihrer Nörgelei genervt. Mir ist echt der Kragen geplatzt. Ich hab die Ärmel hochgekrempelt und hab sie gefragt, ob wir das nicht auf dem nächsten Bahnsteig klären möchten. Daraufhin haben alle anderen Gäste geklatscht.

Immer wieder kriegen Kolleginnen auch einen Klaps auf den Hintern oder werden am Ärmel gezogen, wenn Gäste *zahlen möchten. Fassen Sie einen Kellner an, wenn Sie in einem normalen Restaurant zahlen möchten? Im Bahnrestaurant wollen viele Gäste sofort bedient werden – auch wenn sie sehen, dass der Teufel los ist.*

Damit kein Missverständnis entsteht: Ich mache meinen Job sehr gern, manchmal hat man auch schöne Erlebnisse. Eine Gruppe von Fußballfans fühlte sich von mir so gut umsorgt, dass sie mir am Bahnsteig noch ein Ständchen gesungen haben. Einmal habe ich mit einem Feuerwehrmann Walzer im Bordbistro getanzt. Und ein zufriedener Fahrgast hat mir mal einen Blumenstrauß geschickt. Der wurde nur vergessen, mir weiterzuleiten, und verwelkte in der Niederlassung.

Jedes Jahr gibt es bei der Bahn schätzungsweise 1000 Personenunglücke, in den allermeisten Fällen Suizide. Das macht jeden Tag zwei bis drei Selbstmörder, die sich vor einen Zug werfen. Für das Zugpersonal eine traumatische Erfahrung, die immer mehr zu ihrem Berufsalltag gehört. Zwar gibt es vonseiten der Bahn psychologische Betreuung, doch der Druck, schnell wieder einsetzbar zu sein, ist groß. Denn Personalmangel ist ein enormes Problem, Mitarbeiter werden im Schichtdienst schlichtweg verheizt. Peter Förster*, Zugchef und Betriebsrat, erzählt uns aus seinem Alltag. Am schlimmsten ist es für ihn, wenn spielende Kinder überfahren wurden.

Viele Fahrgäste wissen gar nicht, was wir Zugchefs für einen harten Job haben. Wenn sich zum Beispiel ein Mensch vor den Zug wirft, müssen wir raus und gucken, ob der Selbstmörder noch lebt und Erste Hilfe braucht. Das kommt oft vor. Einem Kollegen ist mal eine Frau vor den Triebkopf des ICE gesprun-

---

* Name geändert

gen und wieder zurück auf den Bahnsteig geknallt. Er musste Erste Hilfe leisten, das ist seine Pflicht. Da können die Minuten, bis der Krankenwagen kommt, unheimlich lang werden. Gerade wenn die Blutlache immer größer wird und der Schädel offen ist. Es gab auch einen Fall, da lebte der Selbstmörder noch – dem waren beide Beine abgefahren worden. Er hat meinen Kollegen dann noch angeguckt, und der hat nur gedacht: Warum machst du das? Warum?

Einem Kollegen sind auf einer Tour gleich drei Selbstmörder vor den Zug gesprungen. Das Schlimmste war, dass sich dann auch noch Fahrgäste über die Verspätungen aufgeregt haben. Da hat der Kollege fast die Nerven verloren und gesagt: »Ich nehme Sie gerne mit zur Leiche! Da durchwühlen wir den Toten nach dem Pass, und dann können Sie die Beschwerde an ihn richten!« Danach ist es dann auf einmal ganz still gewesen.

Ein Zugchef hatte gleich mehrere Fälle innerhalb weniger Tage. Der ist dann zusammengebrochen. Die Bahn hat ihn damals total im Stich gelassen. Keiner hat ihn abgeholt, keiner hat sich um ihn gekümmert. Der war fix und fertig und hatte Angst, dass ihm einer vors Auto springt. Einige müssen sich eine Kur und eine Betreuung nach den Suiziden immer noch selber organisieren. Wer sich nicht selbst darum kümmert, ist verloren. Für die Bahn als Arbeitgeber zählt nur, dass wir so schnell wie möglich wieder im Dienst sind – kein Wunder bei unserem Personalmangel. Dabei ist es verdammt wichtig, dass wir ordentlich behandelt werden. Irgendwann müssen wir ja wieder auf den Zug. Und ich kriege auch schon Angst, wenn der Zug wieder eine Vollbremsung macht. Dann denke ich: Jetzt ist es wieder passiert. Gerade nachts ist es wirklich schrecklich, wenn man mit der Taschenlampe am Zug entlanggeht und nach den Toten sucht. Kollegen von mir haben auch schon spielende Kinder überfahren, das ist natürlich das Grausamste, was passieren kann.

Im Normalbetrieb habe ich als Zugchef ganz schön zu tun: Ich bin verantwortlich für die Zugbetreuer, kümmere mich um die technischen Probleme und das Schließen der Türen und natürlich um die Zugabfahrt. Für die Fragen der Kunden muss ich jederzeit ansprechbar sein. Zwischendurch mache ich dann noch die Durchsagen der Verspätungen und der Anschlusszüge und lade die Fahrgäste ein, ins Restaurant zu kommen. Diese Durchsage muss ich auch machen, wenn das Restaurant längst überfüllt ist. Das ist halt die Vorschrift. Überhaupt die Durchsagen: Andauernd müssen wir die Fahrgäste beschallen – kein Wunder, dass das die Kunden nervt.

Ganz oft sind wir zu wenig Leute, dann muss ich auch noch die Fahrkarten kontrollieren, den Fahrgästen in der ersten Klasse Zeitungen, Getränke und Snacks anbieten und Bestellungen für das Zugrestaurant durchgeben.

Im ICE-Sprinter gibt es ja sogar richtiges Essen – da schieben wir dann einen siebzig Kilo schweren Trolley durch die Gänge. In der Regel sind wir zu viert – ein Zugchef und drei Betreuer für fast zweihundert Gäste in der ersten und über fünfhundert Gäste in der zweiten Klasse. Das ist eigentlich fast nicht zu schaffen.

Verdeckte Kontrolleure überprüfen unsere Arbeit. Die sitzen dann getarnt als normale Fahrgäste im Zug und checken, ob wir alle Ansagen ordentlich durchgeben und ob wir nach jeder Station ordentlich Fahrkarten kontrollieren. Das ist total unrealistisch, bei unserem Personalmangel. Aber so will man eben Druck auf uns ausüben. Ich bekomme ja sogar eine Zugchefprämie, je besser ich kontrolliere oder je mehr Verzehr-Umsatz in der ersten Klasse gemacht wird. Ich nenne das

Kopfgeldprämie – die wollen doch nur, dass ich mein Team antreibe und den Druck weitergebe. Das mach ich nicht mit. Der DB geht es nur um den Profit – die wollen ja immer noch an die Börse, das hat der Grube ja schon angekündigt! Ich sage Ihnen: Der Börsengang ist unsere Krankheit. Bei uns herrscht oft ein Klima der Angst! Kein Wunder, dass viele Zugchefs die Kollegen total unter Druck setzen. Aber was bringt es denn, wenn mir ein Kollege zusammenbricht. Das ist mir schon passiert, da musste ich den Notarzt holen. Viele Kollegen sind auch krank. Früher hatten sie einen Schnupfen oder ein Bein gebrochen – heute leiden wahnsinnig viele unter dem Burnout-Syndrom, die haben dann manchmal richtig Angst, auf den Zug zu steigen. Die sind vollkommen am Ende.

Das liegt auch an den Schichten. Die Schichten machen uns psychisch und nervlich kaputt. Die Scheidungs- und Trennungsquote ist sehr hoch bei uns. Außerdem ist der Job total kinderfeindlich, gerade für die Kolleginnen ist das ein großes Problem. Manchmal habe ich gegen 17 Uhr Feierabend und muss am anderen Morgen um 5 Uhr schon wieder auf dem Zug sein. Ordentliche Ruhezeiten gibt es für mich kaum. Oft ruft man mich an den freien Tagen noch an, ob ich nicht doch fahren könne – im Moment schieb ich über hundert Überstunden vor mir her.

Viele von uns sind an unseren Grenzen angekommen. Das alles wissen auch die Bahn-Betriebsärzte. Doch bei den mir bekannten Fällen haben die Ärzte keinen Alarm geschlagen – man muss dazu wissen, dass die Ärzte von der DB bezahlt werden.

Manchmal bin ich so fertig, dass ich nach den Zugdurchsagen gar nicht mehr weiß, was ich gerade gesagt habe – daran sollten die Fahrgäste mal denken, wenn sie sich darüber lustig machen, dass wir uns versprechen.

Was wir uns von Fahrgästen manchmal anhören müssen, ist hart. Die Aggressivität der Leute ist extrem gestiegen: Kolleginnen sind schon als Hure, Schlampe und Nutte beschimpft worden.

Manchmal reicht es den Kollegen, und dann halten sie den Zug an und holen die Bundespolizei. Zum Beispiel, wenn randalierende Kunden die Scheiben der Einstiegstür vom ICE eintreten wollen. Einmal war ein Kollege froh, dass die Bundespolizei zufällig an Bord war. An diesem Tag war ein Mann unter den Sitz gekippt und regte sich nicht mehr – da hat er natürlich den Notarzt gerufen und den Zug angehalten. Stellen Sie sich vor: Viele Fahrgäste haben ihn angebrüllt, er solle endlich weiterfahren. »Das ist unterlassene Hilfeleistung«, hat er entgegnet. »Das interessiert mich nicht, ich bin BahnCard-First-Inhaber und will meinen Anschlusszug kriegen« – so und so ähnlich haben die Kunden ihn angeschrien. Der eine ist richtig handgreiflich geworden, da ist dann die Bundespolizei dazwischengegangen. Stellen Sie sich das mal vor: Da liegt einer am Boden, ringt mit dem Tod, seine kleine Tochter steht weinend neben ihm, und der Fahrgast interessiert sich nur für seinen Anschlusszug. Unglaublich! Und es wird noch besser: Dieser Fahrgast hat sich dann auch noch über meinen Kollegen beschwert!

Immer wieder kommt es vor, dass Eltern ihre allein reisenden Kinder bei uns abgeben. Die kommen vor der Abfahrt zu uns, drücken uns ihre Kleinen in die Arme, und wir sollen dann auf sie aufpassen. Das kann ich gar nicht, ich muss manchmal über siebenhundert Fahrgäste betreuen, da kann ich nicht nebenher noch ein Kind beaufsichtigen! Klar, bei Fluggesellschaften gibt es extra Personal dafür – bei uns aber nun mal nicht.

Natürlich hab ich auch schon viel Lob bekommen. Denn

viele Fahrgäste kriegen ja mit, wenn ich mich für sie einsetze. Einmal habe ich einen Zug stehen lassen, der war zu voll. Er war zu zweihundert Prozent besetzt, hatte also doppelt so viele Fahrgäste an Bord, als eigentlich reinpassen. Es kommt oft vor, dass der bestellte Zug nicht kommt, weil er mal wieder kaputt ist. Dann kommen viel zu kurze Ersatzzüge, und das am Freitagabend – das ist die Hölle.

Die Leute standen also in den Gängen in Zweierreihen, und draußen standen noch über hundert Fahrgäste. Ich bin dann nicht abgefahren, das war mir zu gefährlich. Niemand hatte eine Lösung für mich. Einer aus der Leitung hat vorgeschlagen, den Zug von der Bundespolizei räumen zu lassen. Absurd. Ewig habe ich mit denen rumdiskutiert. Ich hab dann ganz in Ruhe eine Durchsage gemacht und das Problem geschildert, und viele Leute haben daraufhin freiwillig den nächsten Zug genommen. Irgendwann sind wir dann tatsächlich losgefahren, und plötzlich hatten wir heiß gelaufene Achsen. Der Lokführer hatte vor einem Signal zu scharf gebremst. Jetzt stellen Sie sich mal vor, ich hätte den Zug so völlig überfüllt losfahren lassen – dann wäre der Druck auf die Achsen noch größer gewesen. Wenn dann was passiert wäre, wäre ich in den Knast gekommen.

Ich habe später viel Lob von den Fahrgästen bekommen, dass ich mich durchgesetzt habe. Im Gegensatz zu anderen Zugchefs: Die machen die Augen zu und fahren los. Man bekommt ja auch Druck: »Warum haben Sie den Bahnhof lahmgelegt? Musste das sein?« Vor diesen Fragen haben viele Angst. Aber die technischen Störungen sind ein Riesenproblem. Einmal hab ich einen Zug bekommen, bei dem viele Bremsen ausgeschaltet waren. Da denkt man doch: Lieber Gott, lass uns heil ankommen! Heftig ist: Diese Züge werden so bereitgestellt, die kommen so aus den Werken. Einmal wa-

121

ren alle Toiletten kaputt – da musste ich sogar einen Nothalt einlegen für eine Pinkelpause.

Viele Bahnmitarbeiter, die unter dem psychischen Druck und der Arbeitsbelastung schließlich zusammenbrechen, landen in der Vital-Klinik Buchenholm in Bad Malente bei Kiel. Hier ist man besonders auf die Erlebnisse von Eisenbahnern spezialisiert – körperliche Übergriffe, Suizide, Unfälle. In einer speziellen Traumabehandlung können sie ihre Erlebnisse verarbeiten und lernen, mit belastenden Situationen in Zukunft besser umzugehen.

Andreas Kickstein, einer der behandelnden Psychologen, weiß, dass die wenigsten mit solchen Erlebnissen allein fertig werden, und berichtet aus seinem Arbeitsalltag:

Jedes Jahr nehmen wir über hundert Eisenbahner auf, die ein extrem belastendes Ereignis erlebt haben. Zum Beispiel Zugbegleiter, die Opfer von tätlichen Übergriffen waren, oder Lokführer, die Menschen überfahren haben. Diese traumatischen Erlebnisse sind seelische Schocks, mit denen Menschen nur selten allein fertig werden.

Wir hatten in der Klinik einen Lokführer, der drei Kinder, die im Gleisbett gespielt haben, überfahren hat. Er hatte gar keine Chance, konnte aufgrund des langen Bremswegs nicht rechtzeitig zum Stehen kommen. Kinder weichen solchen Situationen nicht aus, weil sie denken: »Ach, der Lokführer will mir ja nix Böses, der sieht mich ja!« Der Lokführer wurde dann als Notfall hier eingeliefert, da er auch vor der Presse geschützt werden musste. Er war dann mehrmals bei uns in Behandlung und in einer weiteren langjährigen Psychotherapie. Nach diesem Erlebnis ist er nie wieder auf eine Lok gestiegen.

Dann gibt es Lokführer, die denken, sie hätten ein Tier überfahren, und erfahren dann von der Fahrdienstleitung, dass es ein Mensch gewesen ist. Es kommt auch vor, dass Selbstmörder von Brücken springen und auf der Frontscheibe des Zuges landen – das sind grauenhafte Eindrücke für den Lokführer. Häufig stehen Selbstmörder mit offenen Armen vor dem heranrasenden Zug und stellen so einen Augenkontakt zu dem Lokführer her, was als besonders belastend empfunden wird. Das sind Erlebnisse, an die viele Patienten immer wieder ungewollt denken müssen. Sie können ihre Erinnerung nicht mehr steuern – eines der Hauptkennzeichen der sogenannten »posttraumatischen Belastungsstörung«. Normalerweise kann man sich sagen: Daran will ich jetzt denken, daran nicht. Patienten mit posttraumatischer Belastungsstörung können das nicht mehr. Da genügt manchmal schon ein kleiner Auslöser, zum Beispiel, wenn sie einen Zug hören oder bestimmte Eindrücke unbewusst die Erinnerung anregen, und schon haben sie die belastenden Bilder vor Augen, erleben Flashbacks, sind dauernd innerlich angespannt und nervös, schreckhaft, ziehen sich zurück und können oft ihren Dienst nicht mehr ausüben.

Auch das Privatleben ist betroffen. Es kann bei Weiterbestehen der Beschwerden zu Überforderungen der Familien und des näheren Umfelds kommen. Wenn die Lokführer zu Hause erzählen: »Ich hab da diese Bilder«, und die Frau sagt immer nur: »Ach, das geht schon wieder, da kommst du schon drüber weg!«, dann spricht man irgendwann nicht mehr darüber und zieht sich zurück. In der Folge kann es zu weiteren Problemen wie Ehekrisen oder Alkoholmissbrauch kommen.

Auch Zugpersonal, das Opfer von Übergriffen wurde, ist eine immer größer werdende Patientengruppe bei uns. Es fängt bei Pöbeleien und Rempeleien an. Es gibt auch Bahn-

mitarbeiter, die mit dem Messer bedroht worden sind oder – ein extremes Beispiel – mit einer Pistole.

Für diese Traumapatienten haben wir in unserer Klinik ein spezielles Programm. Wir bieten in einer Gruppenbehandlung die Gelegenheit, sich über die Folgen von traumatischen Erlebnissen auszutauschen. Dadurch wird den Patienten bewusst, dass sie »normal auf ein unnormales Ereignis reagieren« – das ist der traumatherapeutische Ansatz. Es verschafft ihnen eine erste, wichtige Entlastung. Viele erleben ein verbreitetes Unverständnis ihrer Umwelt. Da hilft es, wenn sie in einer geschlossenen Gruppe mit Menschen sprechen können, die Ähnliches erlebt haben. Dabei wird auch über Gefühle wie Angst, Hilflosigkeit, Trauer und Schuld gesprochen. Gefühle, die sie vor dem Ereignis gar nicht kannten. Die Patienten lernen bei uns, die negativen Gedanken über sich selbst und die Umwelt, die als Folge der Traumatisierung aufgetreten sind, aber auch Schuldgefühle und Versagensängste zu relativieren.

Die Therapien dauern drei bis acht Wochen und sind oft der Beginn einer langwierigen Behandlung. Einen Großteil der Patienten müssen wir an niedergelassene Psychologen weiterverweisen. Denn wer einmal ein so einschneidendes Erlebnis hatte, ist manchmal Jahre in Therapie. In erster Linie ist es auch wichtig, dass sich der Arbeitgeber um die betroffenen Mitarbeiter kümmert. Das ist bei der Bahn deutlich besser geworden im Vergleich zu früher, aber auf der lokalen Ebene gibt es vereinzelt Betreuungsdefizite. Das ist ein Problem, denn dann können die Patienten sekundär traumatisiert werden: Die Betroffenen haben das Gefühl, sie würden nicht akzeptiert in ihrem Leid. Es meldet sich keiner, niemand fragt nach, man wird vielleicht abschätzig behandelt, nach dem Motto: Der hat ja gar nichts. Das ist ein häufiges Problem bei psychischen Erkrankungen: Man sieht nichts. Für die be-

troffenen Lokführer, Zugbegleiter oder Bahnpolizisten ist das in mehrfacher Hinsicht enttäuschend, da sie vor dem Trauma ihren Beruf sehr gern ausgeübt und eine hohe Identifikation mit dem Unternehmen haben.

Arbeiten in der Gefahrenzone: Wie Bahnmitarbeiter misshandelt und von der DB AG im Stich gelassen werden

Bahnmitarbeiter leben gefährlich. Manchmal sogar lebensgefährlich, wie eine sechsundvierzigjährige Schaffnerin im Januar 2008 erfahren musste. Sie kontrollierte Fahrkarten im ICE von Hamburg nach Hannover, als ihr ein Fahrgast plötzlich ein zwölf Zentimeter langes Messer in den Bauch stieß. Der Grund: Er hatte keine Fahrkarte. Die Frau musste mehrere Stunden notoperiert werden und überlebte, trotz lebensgefährlicher Verletzungen.

Attacken dieser Art schaffen es in die Tagespresse, eine Weile schwappt Empörung durchs Land. Kaum beachtet werden dagegen die täglichen großen und kleineren Übergriffe auf Zugbegleiter, Busfahrer, Lokführer und Servicepersonal. Die Gewerkschaften Transnet und GDBA haben für eine Studie mehr als tausend Bahnmitarbeiter befragt, und das Ergebnis spricht nicht dafür, dass die Mitarbeiter der DB AG morgens entspannt in den Tag starten: Neunundvierzig Prozent der Befragten gaben an, sich während der Ausübung ihres Berufs nicht sicher zu fühlen, siebenundfünfzig Prozent gaben an, die Angst bedroht zu werden, sei groß. Die Angst scheint berechtigt zu sein, denn siebzig Prozent gaben an, selbst schon einmal Opfer eines Übergriffs gewesen zu sein.[3]

Was Bahnmitarbeiter innerhalb von gut zwei Monaten so

alles erleben, zeigt ein Auszug aus streng geheimen Protokollen der DB aus zwei Bundesländern:

- Sicherheitskraft rücklings angegriffen und zu Boden gerissen
- Sicherheitsmann angegriffen nach unberechtigtem Ziehen der Notbremse
- Mitarbeiter zur Seite gestoßen – Übelkeit und Magenschmerzen
- Mitarbeiter erlitt Prellung beim Versuch, einen Schwarzfahrer festzuhalten
- Mitarbeiter ins Gesicht geschlagen
- Mitarbeiter angespuckt
- Mitarbeiter mit Messer bedroht und ins Gesicht geschlagen
- Mitarbeiter mit Schottersteinen beworfen
- Mitarbeiter mit Flasche beworfen
- Mitarbeiter von Fahrgast mit Kampfhund bedroht
- Mitarbeiter auf andere Wagenseite geschubst
- Mitarbeiterin erhielt Stoß gegen die Brust
- Mitarbeiterin wurde angedroht, sie vor den Zug zu werfen
- Mitarbeiter musste nach massiven Beschimpfungen in Führerstand flüchten
- Mitarbeiter mit Nothammer bedroht

Außerdem dokumentiert das Protokoll Beleidigungen wie: »Fick dich, fette Kuh!«, »Schwanzlutscher«, »Hurensohn«, »Wichser«, »Pisser«, »Faschist«, »Arschloch«, dazu sexuelle Belästigungen, diverse Stinkefinger, Pöbeleien und mehrere Schlägereien im Zug.

Wahrlich kein besonders angenehmes Arbeitsklima, zumal die DB-Mitarbeiter mit ihrer Angst und den Folgen eines Übergriffs oft alleingelassen werden. »Vorfälle werden offensichtlich vielfach nicht mehr zur Anzeige gebracht, weil die Erfahrung gemacht wurde, dass seitens der vorgesetzten Dienststelle kein Interesse an einer Verfolgung des jeweiligen Vorfalls besteht oder Mitarbeiter mit der Antwort: ›Das ist Ihre persönliche Angelegenheit‹ beschieden wurden«, so die Bahngewerkschaft Transnet. Auch juristischen, therapeutischen oder medizinischen Beistand können die DB-Mitarbeiter nur in den seltensten Fällen erwarten, viele fühlen sich von ihren Vorgesetzten nicht ernst genommen und sich selbst überlassen.

Immerhin, es gibt ab und zu Deeskalationsschulungen für die Mitarbeiter. Doch deren Nutzen darf bezweifelt werden, wenn ein Zugbegleiter einer Horde feiernder Fußballfans oder pöbelnder Jugendlicher gegenübersteht – ohne Diensthandy, ohne Funkgerät und vor allem ohne einen anderen Kollegen. Denn das ist nach wie vor die Regel, besonders im Regionalverkehr. Nur sechzehn Prozent der Befragten gaben in der Sicherheitsstudie der Transnet an, zum Zeitpunkt der Tat mit einem Kollegen zusammen gewesen zu sein. Die Bahn sagt dazu, dass die Besetzung der Züge mit Begleitpersonal in der Regel durch die Besteller der Verkehre, also die öffentlichen Aufgabenträger, bestimmt werde, und weist jede Verantwortung von sich.

Die DB kann wahrlich dankbar sein für die Arbeitsmoral ihrer Mitarbeiter. Krank sein wird im Konzern gar nicht gern gesehen. Kein Wunder also, dass nur 16,6 Prozent in der Transnet-Befragung angaben, sich einen oder mehrere Tage krankgemeldet zu haben, nachdem sie angepöbelt, angespuckt oder geschlagen wurden.

Den Kopf hinhalten und trotzdem Spaß an seinem Job haben, geht das überhaupt? Für Prüfdienstmitarbeiter Alexander Holten* gleichen manche Fahrgäste tickenden Zeitbomben:

---

* Name geändert

Ich bin seit dreißig Jahren bei der Bahn, seit einiger Zeit arbeite ich bei der S-Bahn im Prüfdienst. Das heißt, ich kontrolliere Fahrkarten und fische Schwarzfahrer raus. Ich mache meine Arbeit gern, mein Ziel ist es, den Leuten so freundlich zu begegnen, das ich von ihnen auch ein Lächeln bekomme. Nicht alle Kollegen machen das so, viele behandeln Schwarzfahrer sehr abwertend, dementsprechend ist dann auch der Ton. Deshalb arbeite ich auch lieber allein, weil meine Erfahrung ist, dass ich dann viel weniger Stress bekomme.

Man lernt in dem Job viele Menschen kennen, und man bekommt ein Gefühl dafür, wie man mit wem umgehen soll. Jeder tickt anders, und manchmal wird es richtig unangenehm. Man sieht das den Leuten nicht an, die sitzen da ganz ruhig in ihren Anzügen, und wenn man sie dann anspricht, merkt man: Das sind tickende Zeitbomben, so aggressiv sind die.

Ich werde häufig bedroht: »Dich stech ich ab!« oder: »Ich mach dich platt!« Vor einiger Zeit bin ich innerhalb weniger Tage zweimal tätlich angegriffen worden. Das erste Mal war, als so ein junger Typ es völlig normal fand, keine Fahrkarte zu haben. Er wollte mir auch seine Personalien nicht geben und wurde direkt laut. Ich hab nicht lockergelassen, bei so was werde ich zum Terrier, das ziehe ich dann durch. Dann hat er mich angespuckt und vor die Brust getreten.

Klar, ich könnte mich dann auch zurücknehmen, aus Selbstschutz. Aber das kann ich nicht, so einen laufen lassen aus Angst, mir eine einzufangen, und dann einer Oma, die einfach nur vergessen hat, ihre Fahrkarte zu stempeln, ein Knöllchen aufdrücken. Das ist doch Scheiße! Die Typen, die absichtlich schwarzfahren und dann auch noch rummucken, die greife ich mir. Die nehmen sich immer mehr raus. Wenn da niemand etwas unternimmt, nehmen solche Typen doch überhand.

Beim zweiten Mal, nur ein paar Tage später, war es das Gleiche: Ein junger Mann hatte keine Fahrkarte, wollte mir seine Personalien nicht geben und hat dann versucht, mir eine reinzuhauen. Es gab einen richtigen Ringkampf, zum Glück war zufällig ein Polizist im Zug, der hat mir geholfen. Ich war so wütend, wenn der Polizist mich nicht abgehalten hätte, dann hätte ich dem Kerl eine verpasst. Da habe ich mich schon gefragt, wie das passieren konnte, dass ich selber so wütend geworden bin. Vielleicht, weil mir die erste Geschichte noch so in den Knochen saß.

Abends ist der Dienst besonders schlimm. Ab 21 Uhr müssen S-Bahnen mit einem uniformierten Mitarbeiter besetzt sein. Da ist dann richtig Randale: besoffene Jugendliche, Fußballfans. Die reißen die Sitze raus, pinkeln gegen die Türen, schmeißen ihre Bierflaschen kaputt. Da kontrolliert man dann nicht mehr, wenn einem so eine grölende Masse gegenübersteht. Einer Kollegin sind so mal die Zähne ausgeschlagen worden, die konnte danach nie wieder in ihrem Job arbeiten.

Von der Bahn wird man danach ziemlich alleingelassen, die stehen nicht wirklich hinter einem. Wer keine Leistung mehr bringt, den lassen die fallen. Da wird man dann zur DB-Zeitarbeit abgeschoben, oder die setzen einen auf eine Stelle in einer ganz anderen Stadt, sodass man am Ende von selber geht. Es müsste viel mehr Fürsorge herrschen. Das ist nämlich nicht so ohne, was wir da machen.

Dass sich Bahnmitarbeiter körperlicher Gewalt aussetzen müssen, ist das eine. Doch es gibt eine Gruppe, die tagtäglich sogar unter Lebensgefahr arbeitet: Bauarbeiter, die für Firmen arbeiten, die im Auftrag der Bahn das Schienennetz reparieren und ausbauen. Häufig sind sie schlecht oder gar nicht ausgebildet, schieben Zwölf-Stunden-Schichten an sieben Tagen der Woche, ohne Pausen, für einen Hungerlohn. Die Bahn gelobt zwar, dass »der Vorstand der DB AG keine Beschäftigungsverhältnisse [duldet], auch nicht im Rahmen von Leistungsverträgen, die gegen bestehendes Arbeits- und Sozialrecht verstoßen«. Nach Recherchen des Vereins Mobifair e. V., der für faire Arbeitsbedingungen in der Mobilitätsbranche kämpft, fragt die DB als Auftraggeber aber bisweilen bei den Arbeitsbedingungen nicht allzu genau nach, wenn nur der Preis stimmt. Denn den Zuschlag erhält bei einer Ausschreibung oft die billigste Firma, was zu Lohn- und Sozialdumping, illegalen Beschäftigungsverhältnissen und Verstößen gegen das Arbeitszeitgesetz führt. Im Klartext heißt das: Eine Firma, die ihre Mitarbeiter anständig behandelt und bezahlt, hat gegen die Billigkonkurrenz keine Chance. Letztlich steht so nicht nur die Sicherheit der Gleisbauarbeiter auf dem Spiel, sondern auch die von Fahrgästen, wie Ereignisse auf einer Baustelle am Bahnhof Herne beweisen. Allein in der Zeit vom 18. bis zum 27. Juni 2009 gab es dort drei Vorfälle, die nur mit Glück nicht zu Toten oder Verletzten geführt haben:

- Ein ICE fährt auf ein mit Baufahrzeugen besetztes Gleis. Ein Mitarbeiter der dort arbeitenden Baufirma hatte das Gleis freigegeben. Nur weil über Funk eine Notbremsung veranlasst wurde, gab es keinen Zusammenstoß.
- Ein Baustellenfahrzeug entgleist, nachdem es einen Hemmschuh überfahren hat.
- Eine Baulok überfährt ein Haltesignal und beschädigt so eine Weiche.

Eine Befragung der siebzehn auf der Baustelle arbeitenden Personen ergab, dass mehrere von ihnen Zwölf-Stunden-Schichten ohne Pause fahren mussten. Die Fahrdienstleiter auf dem Stellwerk berichteten von großen Problemen in der Zusammenarbeit. Und der Mitarbeiter von Mobifair, der die Baustelle besuchte, schrieb in seinem Bericht: »Ich habe in den letzten Jahren viele Baustellen dieser Art und noch größere kontrolliert. Aber eine solche Baustelle habe ich noch nicht erlebt. [Hier] fehlt jegliche ordnende Hand. Man fühlt sich wie im Wilden Westen: Hauptsache, die Baustelle wird fertig. Egal, wie!«

Mobifair zählt verschiedene Firmen auf, die im Auftrag der Bahn Gleisbauarbeiten ausführen oder ausgeführt haben und von Arbeitnehmerrechten offensichtlich nicht viel halten. Wie etwa die Firma L., die für ihre Mitarbeiter Wohnungen anmietet, deren Kosten sie den Arbeitern pauschal und ohne gesonderte Abrechnung vom Lohn abzieht, egal, wie viele Mitarbeiter dort untergebracht werden. Arbeitszeiten werden erheblich überschritten, Pausen gibt es nicht. Teilweise arbeiten Mitarbeiter monatelang täglich elf Stunden an sieben Tagen in der Woche. Verbotene Doppelschichten werden nicht in die Arbeitsbücher eingetragen.

Oder die Firma D., die von der Firma L. offensichtlich unerlaubterweise als Subunternehmer beschäftigt wurde. Sie beschäftigt Slowaken für 1,50 Euro die Stunde, Tschechen erhalten 400 Euro im Monat. In ihren Stellenangeboten gibt die Firma an, für die Arbeit eines Sicherheitspostens, genannt Sipo, bedürfe es keiner speziellen Ausbildung – dabei liegt die Verantwortung für die Unversehrtheit der Gleisbauarbeiter in ihren Händen.

Da wäre noch eine Firma, die ihren Mitarbeitern Dixi-Klos oder leere, fensterlose Container als Aufenthaltsräume zuweist. Was nicht weiter auffällt, denn Pausen dürfen ohnehin keine gemacht werden, Arbeitnehmer der Firma S. arbeiten bis zu dreihundert Stunden im Monat bei einem Stundenlohn zwischen 3,50 Euro und 6,50 Euro.

Oder die Firma, die ihren Mitarbeitern keine Toiletten zur

Verfügung stellt, bei der Lohnauszahlung teilweise Monate im Rückstand ist und ihre Leute bis zu 26 Schichten hintereinander ohne Ruhetag arbeiten lässt.

Nun kann sich die DB AG natürlich darauf berufen, von diesen Zuständen nichts zu wissen und von ihren Vertragspartnern selbstverständlich sowohl Tariftreue als auch die Einhaltung von Arbeitsschutzbestimmungen zu verlangen. Aber rechnen können die Verantwortlichen im Konzern ja bekanntlich sehr gut, und da sollte ihnen aufgefallen sein, dass als Kostenfaktor für den Einsatz eines Sicherheitspostens bei Anrechnung aller Betriebskosten und Sozialabgaben zwischen 25 und 30 Euro anzusetzen sein müssten. Laut Mobifair liegt jedoch der Satz, um überhaupt in den engeren Kreis der Vergabeauswahl zu kommen, bei 17 bis 19 Euro.

Das Argument, man sei dazu verpflichtet, im Sinne des Steuerzahlers das wirtschaftlich günstigste Angebot zu nehmen, zieht genauso wenig. Denn das billigste Angebot muss noch längst nicht das wirtschaftlich günstigste sein: Wenn Gleisanlagen von überarbeiteten, schlecht ausgebildeten und schlecht bezahlten Arbeitern repariert werden, leidet auch die Qualität und damit die Sicherheit. Und das kann im Zweifel nicht nur zu höheren Kosten, sondern auch zum Verlust von Menschenleben führen. Eigentlich sollte es für ein Staatsunternehmen selbstverständlich sein, dass nicht in erster Linie der Preis, sondern Qualität und Sozialstandards entscheidende Vergabekriterien sind. Und dass das auch regelmäßig überprüft wird, nicht nur stichprobenartig.

Immerhin: Mobifair konnte die DB AG nun zusammen mit Interessenvertretern, Fachjuristen und Verantwortlichen der Vergabestellen zur Gründung eines »Fairness-Ausschusses« bewegen, der für mehr Transparenz bei der Vergabe von Gleisbauaufträgen sorgen soll.

Besser als die Stasi: Wie die Bahn
ihre Mitarbeiter ausspähte

Das gab es in der Geschichte der Bundesrepublik noch nie: einen Staatskonzern, der mit illegalen Methoden in großem Ausmaß gegen Datenschutzgesetze und Persönlichkeitsrechte verstößt. Im Januar 2009 erschüttert ein immenser Datenskandal die Deutsche Bahn AG: 173 000 Mitarbeiter des Konzerns waren in eine Art Rasterfahndung ihres Arbeitgebers geraten. In fast fünfhundert Fällen wurde massiv bespitzelt, die Computer und Festplatten wurden durchsucht, manche sogar manipuliert, E-Mails wurden ausgespäht oder gelöscht, persönliche Daten und Bankverbindungen gesammelt und sogar Kontobewegungen registriert.

Alles nur zur Korruptionsbekämpfung, so der damalige Bahnchef Mehdorn. »Das unbefugte Ausspähen von E-Mails hat es bei der DB nicht gegeben«, erklärte er noch am Tag seines Rücktritts.

Und das ist noch nicht alles. Die geheimen Untersuchungsberichte der juristischen Sonderermittler – die Unternehmensberater von KPMG sowie die Anwälte der renommierten Kanzlei Baum, Reiter & Collegen, zusammen mit der ehemaligen Justizministerin Herta Däubler-Gmelin – zeigen, wie Gewerkschaftsarbeit unterminiert, unbescholtene Mitarbeiter um ihre Reputation und ihren Job gebracht und wie ein Klima von Angst, Verdächtigungen und Misstrauen geschaffen wurde. Und nicht zuletzt: wie die Bahnjuristen alles daransetzten, die Hälse der Konzernchefs aus der juristischen Schlinge zu ziehen.

Mit seinem Amtsantritt versprach der neue Bahnchef Grube, den Skandal kompromisslos aufzuklären und die Verantwortlichen zur Rechenschaft zu ziehen. Ein paar hochrangige Manager mussten ihre Posten räumen – wirklich fallen gelassen wurden die wenigsten. Und das, obwohl die DB AG zwischen 1998 und 2008 mit hohem Personal- und Kostenaufwand die systematische Bespitzelung ihrer Mitarbeiter betrieben und gegen geltendes Recht verstoßen hat.

Massenscreenings im Namen der Korruptionsbekämpfung

Korruption ist für jeden Großkonzern ein wichtiges Thema. Bei der Bahn, wo jährlich Aufträge in Milliardenhöhe an externe Firmen vergeben werden, ist es naheliegend, dass sich hier und da Mitarbeiter bei der Auftragsvergabe kräftig schmieren lassen oder Firmen bevorzugen, an denen sie selbst beteiligt sind. Die DB AG geht davon aus, dass dem Konzern und damit auch dem Steuerzahler durch Korruption ein Schaden im mehrstelligen Millionenbereich entsteht.

Zur Korruptionsbekämpfung gibt es in Konzernen ein simples Mittel: den Vergleich von Mitarbeiteradressen und Kontonummern mit den Adressen und Kontonummern von Lieferanten und externen Dienstleistern. Finden sich hier Übereinstimmungen, so könnte das ein Hinweis auf Korruption sein.

Normalerweise sollten bei einem solchen Datenabgleich der Datenschutzbeauftragte und der Betriebsrat involviert sein. Spätestens hinterher sollten auch die Mitarbeiter davon erfahren. Bei der Deutschen Bahn geschah nichts dergleichen: Zwischen 1998 und 2006 gab es bei der Bahn fünf Massenscreenings von Mitarbeiterdaten und teilweise auch der Daten von deren Angehörigen. 173 000 Mitarbeiter der Bahn wurden so überprüft, unter ihnen Lokführer, Schaffner und Werkstattmitarbeiter, die mit der Vergabe von Aufträgen gar nichts zu tun und deshalb auch kaum Gelegenheit hatten, sich der Korruption schuldig zu machen. Datenschutzbeauftragte und Betriebsrat wurden nicht gefragt, und von den überprüften Mitarbeitern erfuhr im Nachhinein ebenfalls niemand von dem Screening.

Tatsächlich konnten auf diesem Weg einige Fälle von Korruption aufgedeckt und zur Anzeige gebracht werden, die Erfolge stehen jedoch in keinem Verhältnis zum betriebenen Aufwand und dem damit einhergehenden Datenmissbrauch. Trotzdem dachte man sich wohl bei der Bahn: Könnte, was so dufte funktioniert hat, nicht auch zu ganz anderen Zwecken genutzt werden? Beispielsweise, um unliebsame Mitarbeiter auszuspionieren und loszuwerden, um Presseinformanten zu enttarnen, konzerninterne Gegner von Hartmut Mehdorn und dessen Börsenplänen kaltzustellen und die Arbeit der Gewerkschaften zu torpedieren.

In einem Brief an alle Mitarbeiter verkündete Hartmut Mehdorn am 25. April 2005 in scharfem Ton, man habe sich entschlossen, »dem Verrat von Firmengeheimnissen ebenso energisch zu begegnen wie der Korruption – und zwar mit allen uns zur Verfügung stehenden Mitteln«. Im Nachhinein stellte sich heraus, von welchen Mitteln die Rede gewesen sein könnte: In beinahe fünfhundert Fällen wurden E-Mail-Postfächer und Laufwerke ausgespäht, in mehreren Fällen wurden lokale Festplatten heimlich kopiert und ausgewertet, Daten wurden einfach gelöscht. Der gesamte E-Mail-Verkehr der DB AG wurde bis Mitte 2008 permanent auf mehr als hundert ständig aktualisierte Suchbegriffe gefiltert. Das heißt: Wer bestimmten Journalisten, Politikern oder kritischen Bahnexperten eine E-Mail schrieb oder bestimmte »verdächtige« Begriffe verwendete, blieb in einem internen Sicherheitsnetz hängen. Die Mails wurden gelesen und ausgewertet, auch dann, wenn sie eindeutig privaten Inhalts waren.

In mehreren Fällen liegt der Verdacht nahe, dass kritischen und unliebsamen Mitarbeitern heimlich kompromittierende

Dateien wie Pornos oder Nazihetzschriften auf den Rechner gespielt wurden, um einen Vorwand für eine fristlose Kündigung zu schaffen. Alles in allem eine beispiellose Spitzelaktion, für die der Konzern ein paar ausgebuffte Experten brauchte.

Externe »Dienstleister« übernehmen die Drecksarbeit

Von den sechs Detekteien, die der Bahn im Rahmen der Korruptionsbekämpfung zur Seite standen, fallen zwei durch besonders zweifelhafte Methoden auf: die Firma Argen und die Firma Network Deutschland.

Die Argen GmbH ist eine in Köln ansässige Detektei, geführt von einem ehemaligen Mitarbeiter des britischen Auslandsgeheimdienstes MI6. Spezialität der Firma mit besten Geheimdienstkontakten ist die Beschaffung von Kontobewegungsdaten und Originalkontoauszügen – Informationen, die auf legalem Wege wohl kaum zu bekommen sind. Um den Korruptionsverdacht gegen mehrere Mitarbeiter der DB AG zu erhärten, spähte die Argen zwischen 1999 und 2002 Kontobewegungen aus, beschaffte sogar Kontoauszüge im Original. Aus den Bankunterlagen gingen unter anderem Kontostände und Kreditlinien hervor, wie viel Unterhalt die Mitarbeiter an ihre Kinder zahlten, welche Arzthonorare sie überwiesen, welche Mieteinnahmen sie hatten. Dazu lieferte Argen Informationen zum privaten Wohnsitz der Verdächtigten, zu deren Einkommensteuererklärungen, Wohnverhältnissen, Büroräumen, Grundbucheintragungen und Kfz-Zulassungsdaten. Jede Menge privatester Informationen also – nur den Beweis, dass tatsächlich Schmiergelder geflossen sind, konnte die Argen nicht erbringen. Trotzdem wurden sämtliche Daten von der DB AG gespeichert, Daten, wohlgemerkt, die illegal beschafft worden sein könnten.

In noch größerem Maße war die Firma Network Deutschland

GmbH in das Spitzelnetzwerk der Bahn eingebunden. Zwischen 1998 und 2007 hat die Berliner Detektei in dreiundvierzig »Projekten« mit der Bahn zusammengearbeitet und damit insgesamt rund 800 000 Euro verdient. Wie bei der Firma Argen soll es auch mit Network Deutschland keinerlei schriftliche Vereinbarungen gegeben haben. Bemerkenswert: Da erteilt ein Konzern mündlich Aufträge im Wert von 800 000 Euro und lässt sich das nicht einmal schriftlich bestätigen? Hätte es nicht einen Vertrag geben müssen, der wenigstens den Umgang der Firma Network mit den sensiblen Daten der Bahnmitarbeiter regelte? Doch Vorgaben zur Umsetzung der Aufträge gab es nicht, es zählte allein das Ergebnis. Wie die Firma Network ermittelte und was genau eigentlich mit den Daten nach Abschluss der jeweiligen Projekte geschah, war für die Verantwortlichen bei der Bahn offenbar zweitrangig. Weder der Datenschutzbeauftragte noch der Konzernbetriebsrat wurden involviert. Auch von der Möglichkeit, die Daten zu anonymisieren, um wenigstens ein Mindestmaß an Datenschutz sicherzustellen, machten die Verantwortlichen keinen Gebrauch.

Hier einige der Projekte, die Network im Auftrag der Bahn ausführte:

- Projekt »Eichhörnchen«: Im Jahr 2003 übergab die Bahn der Firma Network die Stammdaten von 774 Führungskräften sowie rund 500 Datensätze von nahen Angehörigen der Mitarbeiter, die aus einer Datenbank mit Informationen über Fahrvergünstigungen stammten. Network glich die Daten mit Firmen- und Handelsregisterdatenbanken ab, um Übereinstimmungen und damit mögliche Hinweise auf Vorteilsnahme und Korruption zu finden.
- Projekt »Babylon«: Die Firma Network verglich 204 000 Datensätze von 173 000 Bahnmitarbeitern mit rund 80 000

Lieferantendaten und erstellte eine Liste mit 220 höchstwahrscheinlichen und 96 möglicherweise bestehenden Lieferantenbeziehungen. Die Bahn ermittelte daraufhin intern weiter.

■ Projekt »Rubens«: Nachdem im Jahr 2002 ein anonymer Hinweis auf Bestechlichkeit von vier Mitarbeitern eingegangen war, half die Firma Network der Konzernrevision der Bahn bei heimlichen Bürodurchsuchungen und bei der Sicherstellung und Auswertung von Daten und Material. Network prüfte die Internetseiten, die die Mitarbeiter von ihrem Firmenrechner aus besucht hatten, und die Analyse der Festplatten brachte Aufschluss über private Kontobewegungen, Reisen und Familienverhältnisse. Tatsächliche Beweise, die den Korruptionsverdacht erhärtet hätten, fand man allerdings nicht.

■ Projekt »Uhu«: 2002 ging bei mehreren Steuerbehörden ein anonymer Hinweis auf Grundsteuerdelikte der Bahn ein. Network erhielt den Auftrag, Schriftstilgutachten bei mehreren Mitarbeitern durchzuführen, die als anonymer Hinweisgeber infrage kamen und die als kritisch und aufmüpfig galten. Auch der E-Mail-Verkehr der Mitarbeiter wurde ausgewertet, darunter eindeutig private Schreiben, in denen Informationen zu Mietverhältnissen und Krankenkassenmitgliedschaften zu finden waren sowie Korrespondenzen mit dem Betriebsrat. Ein als Hinweisgeber identifizierter Mitarbeiter wurde entlassen, die Bahn verlor jedoch den anschließenden Arbeitsgerichtsprozess und musste die Kündigung zurücknehmen.

■ Projekt »Sonnenblume«: Im Jahr 2003 erhielt die Bahn den Hinweis, ein Mitarbeiter habe als Gegenleistung für eine Auftragserteilung ein Auto geschenkt bekommen. Network überprüfte daraufhin die Kfz-An- und Abmeldungen von drei verdächtigen Mitarbeitern sowie von deren Ehefrauen und

Kindern. Eine Abfrage von Halterdaten beim Kraftfahrzeug-bundesamt ist aber nur dann zulässig, wenn die Daten beispielsweise zur Aufklärung von Straftaten im Straßenverkehr benötigt werden. In mindestens einem Fall spähte Network auch das Grundstück eines Verdächtigen aus, um das vermeintliche Auto dort zu finden. Beweise für die Anschuldigungen fand Network nicht.

In vielen weiteren Projekten beschaffte Network unter anderem Informationen über Kfz-Halter, Immobilien und Verwandtschaftsverhältnisse von Bahnmitarbeitern – Informationen, die nicht so ohne Weiteres zugänglich sind. Doch wer war mit der Beauftragung der Detekteien und dem Ausbau des internen Spionagesystems befasst?

Das Spitzelteam

Drei Abteilungen der Deutschen Bahn AG waren für das Ausspionieren der Mitarbeiter zuständig: die Abteilung Konzernsicherheit, die Revisionsabteilung und der »Lenkungsausschuss Compliance« als Arbeits- und Entscheidungsgremium.

Die Konzernsicherheit hat eigentlich die Aufgabe, Computerprogramme und Mitarbeiter so zu kontrollieren, dass Daten nicht verschwinden oder manipuliert werden können. Sie ist ein wichtiges Instrument zur Korruptionsbekämpfung. Chef der Konzernsicherheit während der Datenaffäre war Jens Puls, ein früherer Kriminalkommissar und BKA-Mann. Er berichtete direkt an Hartmut Mehdorn, formell unterstand seine Abteilung dem Bahnvorstand Otto Wiesheu. Seine Abteilung war es, die spätestens seit 2005 den gesamten E-Mail-Verkehr der Mitarbeiter nach bestimmten Suchbegriffen filtern und ausspionieren ließ.

Die Revisionsabteilung kontrolliert alle anderen Abteilungen und stellt sicher, dass sich die Angestellten des Konzerns an konzerneigene Bestimmungen und an die Gesetze halten. Chef der Revision war Josef Bähr, der ebenfalls direkt Hartmut Mehdorn unterstellt war. Bähr gilt als Schlüsselfigur im Datenskandal: Er vergab die Aufträge an Network Deutschland, veranlasste die illegalen Datenabgleiche und ließ den E-Mail-Verkehr sowie die Computerfestplatten von Hunderten von Mitarbeitern ausspähen. Die ersten Namen der zu bespitzelnden Mitarbeiter kamen vom Leiter der Konzernstrategie, Alexander Hedderich – von allen anderen Spitzelaktionen will der heutige Schenkerchef jedoch angeblich nichts gewusst haben.

Eine der Revisions-Unterabteilungen heißt GII, damals geleitet von Daniel Gläser. Die GII kontrolliert die Informationstechnik und hat beinahe uneingeschränkten Zugriff auf alle Computer und Netzwerke des Konzerns. Die Revision war Mehdorns Kampftruppe, bei seinem Amtsantritt hatte er veranlasst, dass ihm die Abteilung direkt unterstellt wurde.

Zusammengeführt wurden die Ermittlungsergebnisse im Lenkungskreis Compliance, zu dessen Mitgliedern die Abteilungsleiter gehörten und der sich im unmittelbaren Kontakt zum Bahnvorstand befand.

Mitglied im Lenkungsausschuss war Vorstandsmitglied und Personalchefin Margret Suckale, die während des Lokführerstreiks 2007 zu bundesweiter Berühmtheit gekommen war. Außerdem saß im Lenkungsausschuss Compliance Regina Puls, die Ehefrau des Konzernsicherheitschefs Jens Puls. Auch sie war lange Zeit beim BKA gewesen und startete ihre Karriere bei der Bahn 2001 als Chefin der Abteilung »Ermittlungen und besondere Aufgaben«.

Prominentester und oberster Korruptionsbekämpfer der Bahn war seit 2007 »Chief-Compliance-Officer« Wolfgang Schaupensteiner, der zuvor als Frankfurter Staatsanwalt mit vielen Korruptionsfällen der Bahn befasst gewesen war. In seinem neuen, gut dotierten Job sollte ihm bald aufgegangen sein, dass viele der Beweise gegen korrupte Mitarbeiter der Bahn, die er damals als Staatsanwalt dankend angenommen hatte, mit illegalen Mitteln beschafft worden waren.

Die Ermittlungsabteilungen erstellten »Fallakten« über mehrere hundert Mitarbeiter, in denen sie ausspionierte E-Mails, heimlich kopierte Dateien und weitere Informationen sammelten. Die Abteilungen der Konzernrevision und -sicherheit sowie der Lenkungskreis Compliance waren in die systematische Überwachung der Mitarbeiter eingebunden. Und: Sie berichteten direkt an Konzernchef Hartmut Mehdorn. Der will von nichts, rein gar nichts gewusst haben – obwohl mehrere Befragte von den regelmäßigen Arbeitstreffen Mehdorns vor allem mit Josef Bähr berichten.

Den Sonderermittlern der KPMG gab der Bahnchef Auskunft. Im geheimen Antwortprotokoll heißt es:

Dass [...] ein Datenabgleich gemacht wurde in dieser Größe, hat mich nie erreicht. Es gab immer mal wieder Kontakte mit Hr. Bähr. Aber diese Gespräche waren weniger inhaltlich, sondern bezogen sich eher darauf, dass Hr. Bähr mehr Ressourcen benötigte oder Vorträge halten wollte. [...] Ich habe vielleicht drei oder vier Mal im Olympiastadion zum Fußball eingeladen. Da habe ich sicherlich mit Hr. Bähr, sozusagen bei Brezel und Bratwurst, über das Thema gesprochen. Es hat aber keine Sitzung oder Aufträge gegeben. [...] Da ist nie über Ermittlungstechniken geredet worden. Hr. Bähr hat ja eine Tätigkeit, die es ihm erschwert, irgendwo zu glänzen. Er bewegt keine Geschäfte. Solche Personen sitzen immer ein bisschen abseits. Ich schließe nicht aus, dass er zeigen wollte, dass auch er einmal etwas Wichtiges vorgetragen hatte. [...] Das Thema war nie in meinem Fokus. Hr. Bähr war bei mir aufgehängt, weil es so üblich ist, dass die Revision beim Vorstandsvorsitzenden angehängt ist. Selbst in der Berichterstattung war es nie üblich, in Inhalte zu gehen. Ich habe nie mit Hr. Bähr einen Revisionsbericht erörtert oder mich über seine Arbeitsweise unterhalten. [...] Wenn Hr. Bähr bei mir war, dann dauerte das nie länger als 15 Minuten. Solche Sachen sind nicht besprochen worden; schon gar nicht Verfahrensweisen. Das ist einfach kein Thema. [...] Das ist etwas, wovon ich erst hinterher erfahren habe und worüber ich auch ein bisschen perplex bin. Ob das nun rechtens war oder nicht. Wenn mich einer dazu gefragt hätte, hätte ich davon abgeraten. Aber das hat niemand je thematisiert. Mich hätte so etwas nicht erreicht. Da bin ich völlig im Reinen mit mir.

Und noch zwei weitere Figuren spielen eine wichtige Rolle: die Rechtsanwälte Rainer Buchert und Edgar Joussen. Beide waren Ombudsmänner der DB AG, also Ansprechpartner, an die sich DB-Mitarbeiter vertrauensvoll mit Sorgen, Nöten und Verdachtsmomenten wenden können. Einer der beiden – wer genau, lässt sich nicht mehr nachweisen – beauftragte im Jahr 2000 die Detektei Argen mit der Recherche von Kontobewegungsdaten von DB-Mitarbeitern.

Eine hübsche, kleine, gut vernetzte Truppe hatte sich Hartmut Mehdorn da zusammengestellt, die unter dem Mantel der Korruptionsbekämpfung ein flächendeckendes Kontrollnetzwerk installierte. Was Mitarbeitern geschah, die in die Fänge dieses Netzwerks gerieten, schildern die folgenden Fälle.

Ausgespäht und rausgemobbt:
Der Fall »Lärmzug«

Am 9. Oktober 2007 erscheint auf *Spiegel-Online* eine Meldung über einen Streit zwischen Bahnmanagern. Es geht um einen Termin der Bahner mit Bundestagsabgeordneten, auf dem eine besonders geräuscharme Bremstechnik demonstriert werden sollte. Im E-Mail-Wechsel, der *Spiegel-Online* zugespielt wurde, beschuldigen sich die Manager gegenseitig, den Termin schlecht vorbereitet zu haben. Keine große Sache, sollte man meinen, doch bei der Bahn war man alarmiert: Wer hatte da Betriebsinterna an die Presse verraten?

Noch am selben Tag informierte der Bereichsleiter Politische Beziehungen der Bahn, Jürgen Illing, den Chef der Abteilung Konzernsicherheit. Der wiederum veranlasste eine Überprüfung des Verteilerkreises der zitierten E-Mail und die Untersuchung, an wen diese weitergeleitet worden war. Das Ergebnis: Niemand aus dem direkten Verteilerkreis hatte die Mail an den *Spiegel* weitergeleitet, sie wurde überhaupt nur dreimal weitergeleitet: einmal durch Jürgen Illing selbst und zweimal von Herrn M. Der schickte das Schreiben dem ehemaligen bayerischen Finanzminister Georg von Waldenfels, einem Rechtsberater der DB AG, der laut Hartmut Mehdorn als »Quasi-Ombudsmann« des Konzerns fungierte und »in die Organisation« des Konzerns eingebunden, also ein wirklich enger Mitarbeiter sei. Außerdem schickte er eine Mail an seine Freundin, in der er ihr mitteilte, dass man sich doch zum Mittagessen treffen könne, der Termin mit den Abgeordneten sei geplatzt. Die Betreffzeile »Lärmzug« ließ M. stehen, löschte jedoch den ursprünglichen Inhalt der Mail.

Einen Monat später erhält Herr M. die fristlose Kündigung wegen Verrats von Betriebsgeheimnissen – trotz heftiger Proteste des Betriebsrats. Die DB AG verliert den darauf folgenden

Prozess in erster und zweiter Instanz, eine Zeit, in der der Konzern sich weigert, Herrn M. weiterzubeschäftigen. Auch nach dem gewonnenen Prozess machte man dem ehemals geschätzten Mitarbeiter klar, dass man ihn nicht mehr haben wolle: Auf Betreiben von Jürgen Illing wird M. angewiesen, sich jedes externe Telefongespräch von seinem Vorgesetzten genehmigen zu lassen, man weist ihm ein Büro außerhalb seiner Abteilung zu, verwehrt ihm den Zugang zum Intranet.

Die juristischen Sonderermittler kommen in ihrem Bericht zu dem Eindruck, »dass trotz gescheiterter Ermittlung der Konzernsicherheit ein vermeintlich Verantwortlicher gefunden werden sollte. Die für die Weitergabe an den *SPIEGEL* verantwortliche Person konnte nicht ermittelt werden«. Sprich: M. war unschuldig, und die Bahn wusste das. Doch sie brauchte dringend ein Bauernopfer.

Im Prozess gegen M. wurde aus Georg von Waldenfels, dem Rechtsberater und Vertrauensmann Mehdorns, plötzlich ein »unbefugter Externer«, das Weiterleiten der Mail an ihn durch M. komme »einer direkten Weitergabe an die Presse gleich«, tönten die Bahn-Anwälte. Und weiter: »Der Kläger meint scheinbar, seine schwere arbeitsvertragliche Pflichtverletzung überwinden zu können, indem er einen externen Berater kurzerhand in die DB AG eingemeindet.« Ein weit hergeholter Vorwurf, darüber muss sich auch der DB-Anwalt bewusst gewesen sein. In einem ersten Entwurf seines Schriftsatzes warnte er: »MERKE: Wir können nicht bestreiten, dass die Kontakte zu den Beratern eng waren, ohne zu riskieren, dass diese Berater als Zeugen vor Gericht geladen werden, woran kein Interesse bestehen dürfte.«

Nach dem verlorenen Prozess macht der Bahn-Anwalt M.s Vorgesetzten klar, wie der Mitarbeiter zukünftig am sinnvollsten kaltzustellen sei: »Eine Verfahrensniederlage abzupuffern würde bedeuten, dem Kläger einen Arbeitsplatz zusammenzustellen, der das Stigma des Vertrauensverlustes nicht von ihm nimmt und diesen Status quo auch nach außen hin dokumentiert. Denn die schlechteste aller Beendigungen dieses Konfliktes dürfte sein, zum einen das Verfahren zu verlieren und zum anderen dann präzise diese Verfahrensniederlage auch umzusetzen durch zukünftige Beschäftigung.« Eine klare Anregung zum gezielten Mobbing.

Das muss man sich in allen Einzelheiten auf der Zunge zergehen lassen: Ein Konzern, dessen Eigentümer die Bundesrepublik Deutschland ist, verstößt wissentlich und mit System gegen das Fernmeldegeheimnis und gegen datenschutzrechtliche Bestimmungen, weigert sich nach verlorenem Prozess, dem betroffenen Mitarbeiter seinen ursprünglichen Job zurückzugeben, und lässt sich auch noch rechtlich beraten, wie man den nachweislich unschuldigen Mann aus dem Konzern mobben kann.

Nicht nur nach Ansicht der Sonderermittler um Ex-Innenminister Baum ist all das »mit rechtstaatlichen Maßstäben unvereinbar«.

Ein Arbeitstag voll Porno

Manchmal reicht es schon, mit den falschen Leuten in der Kantine gesehen zu werden, damit eine Karriere begraben werden kann. Herr O., Mitarbeiter der DB-Revisionsabteilung, galt im Konzern als enger Bekannter eines Mitarbeiters, den die DB wegen der unerlaubten Weitergabe vertraulicher Dokumente fristlos entlassen hatte. »Gleich und Gleich gesellt sich gern«, dachte sich das bahneigene Spionageteam wohl und unterzog auch den bis dahin unbescholtenen Mitarbeiter O. einer besonderen Kontrolle. Seine Mail-Dateien und die Festplatte seines Computers sowie die Daten seines Notebooks wurden heimlich gefilzt – ergebnislos. Es gab keinerlei Hinweise darauf, dass Herr O. interne Dokumente an Dritte herausgegeben hätte.

Schade, denn die Konzernrevision wäre den unbequemen, kritischen Mitarbeiter wohl gern auf einfachem Wege losgeworden. Aber wenn man ihn schon nicht wegen Geheimnisverrats drankriegen konnte, so die Vermutung, musste eben etwas anderes her. Und die IT-Spezialisten der Bahn, daran hat Herr O. keinen Zweifel, lieferten einen Grund: Auf der Festplatte des Herrn O. sollen sich mehrere pornografische Dateien befunden haben, bis zu viereinhalb Stunden täglich soll sich Herr O. im Internet Tierpornos angesehen haben – in einem Büro, in das jederzeit Kollegen spazieren konnten, wo der Computerbildschirm von der Tür aus gut einzusehen war, und zu Zeiten, an denen sich Herr O. nachweislich auf Dienstreise befand.

Herr O. ist sich sicher: Um ihn loszuwerden, hat man ihm die kompromittierenden Dateien auf den Rechner gespielt. Der Betriebsrat weigert sich, der fristlosen Kündigung von Herrn O. zuzustimmen, schließlich seien die angeblichen Beweise gegen ihn auf illegalem Wege beschafft worden. Und auch vor dem Arbeitsgericht gewinnt Herr O. in allen Instanzen. Seinen Job müsste er nun zurückbekommen, aber wer will schon in einem Unternehmen arbeiten, das einen als Tierpornoglotzer brandmarkt? Herr O. geht freiwillig, auch um seiner ebenfalls bei der Bahn angestellten Frau keine Schwierigkeiten zu machen. Die Bahn schreibt O. ein Arbeitszeugnis, das vor Lob nur so trieft. Darin heißt es: »Herr O. besitzt ein hervorragendes, jederzeit verfügbares Fachwissen und löste durch seine sehr sichere Anwendung selbst schwierigste Aufgaben, er überblickt schwierige Zusammenhänge schnell und erkennt stets das Wesentliche. Seine folgerichtige Denkweise kennzeichnet seine sichere Urteilsfähigkeit in allen Zusammenhängen. [...] Sein persönliches Verhalten gegenüber Vorgesetzten, Kollegen und Kunden war stets einwandfrei.« Sehr bedaure man das freiwillige Ausscheiden aus dem Konzern und wünsche Herrn O. für die Zukunft alles Gute.

Streiken? Nicht mit der Deutschen Bahn.
Der Fall »GDL«

Die Gewerkschaft der Lokführer (GDL) hat das Management der Bahn im Herbst 2007 jede Menge Nerven gekostet. Mit ihrem Streik störte sie den reibungslosen Zugverkehr erheblich – und hatte auch noch die Sympathien der Kunden auf ihrer Seite.

Am 4. Oktober 2007 verschickte die GDL an etwa zwanzig Personen eine Mail, angehängt waren Dokumente zu Verhaltensregeln im Streikfall, eine Streikerfassungsliste und ein Aushang mit örtlichen Streikleitern. Die Mail wurde »zur Prüfung des strafrechtlichen Anfangsverdachts« von der Konzernsicherheit abgefangen, der Arbeitskreis Konfliktmanagement verfügte schließlich die Löschung der Mail aus dem System.

Begründet wurde die Löschung später damit, dass das Versenden von Massen-E-Mails den Mail-Server des Konzerns lahmlegen könnte – wobei bei zwanzig Empfängern, von denen maximal vier eine Bahn-E-Mail-Adresse hatten, wohl kaum von Masse geredet werden kann. Verwunderlich fanden die Sonderermittler auch, dass sich ausgerechnet der Arbeitskreis Konfliktmanagement mit so profanen Dingen wie Serversicherheit befasst – dafür gibt es auch bei der Bahn eine eigene IT-Abteilung.

Nein, es war wohl der Inhalt der Mail, der der Bahn nicht passte. Mit der Löschung hat die Bahn jedoch nicht nur das Fernmeldegeheimnis verletzt. Wäre sie noch eine Behörde, hätte sie sich wegen der rechtswidrigen Löschung von Daten sogar strafbar gemacht.

Der Feind in meinem Rechner

Im August 2004 wurde die Bahnmitarbeiterin Frau L., eine IT-Spezialistin, Zeugin merkwürdiger Vorgänge auf ihrem PC: Beim Lesen ihrer Mails scrollte der Bildschirm plötzlich nach oben und unten, ganz ohne ihr Zutun. Der Bildschirm begann

```
C:\WINNT\system32\cmd.exe   netstat -a 15                              _|6|X|
  TCP    ffmcp30xfp:1175        bkusrd60108.bku.db.de:1026    WARTEND
  TCP    ffmcp30xfp:1176        bkusrd60108.bku.db.de:epmap   WARTEND
  TCP    ffmcp30xfp:1177        bkusrd60103.bku.db.de:1026    WARTEND
  TCP    ffmcp30xfp:1178        bkusrd60420.bku.db.de:sapsp64 WARTEND
  TCP    ffmcp30xfp:1179        bkusrddak6e.bku.db.de:sapsp61 HERGESTELLT
  UDP    ffmcp30xfp:401         *:*
  UDP    ffmcp30xfp:402         *:*
  UDP    ffmcp30xfp:microsoft-ds *:*
  UDP    ffmcp30xfp:1029        *:*
  UDP    ffmcp30xfp:1049        *:*
  UDP    ffmcp30xfp:1055        *:*
  UDP    ffmcp30xfp:1104        *:*
  UDP    ffmcp30xfp:netbios-ns  *:*
  UDP    ffmcp30xfp:netbios-dgm *:*
  UDP    ffmcp30xfp:isakmp      *:*

Aktive Verbindungen

  Proto  Lokale Adresse         Remoteadresse              Status
  TCP    ffmcp30xfp:epmap       ffmcp30xfp.bku.db.de:0     ABHÖREN
  TCP    ffmcp30xfp:microsoft-ds ffmcp30xfp.bku.db.de:0    ABHÖREN
  TCP    ffmcp30xfp:1042        ffmcp30xfp.bku.db.de:0     ABHÖREN
  TCP    ffmcp30xfp:1053        ffmcp30xfp.bku.db.de:0     ABHÖREN
  TCP    ffmcp30xfp:1069        ffmcp30xfp.bku.db.de:0     ABHÖREN
  TCP    ffmcp30xfp:1090        ffmcp30xfp.bku.db.de:0     ABHÖREN
  TCP    ffmcp30xfp:1116        ffmcp30xfp.bku.db.de:0     ABHÖREN
  TCP    ffmcp30xfp:1126        ffmcp30xfp.bku.db.de:0     ABHÖREN
  TCP    ffmcp30xfp:1129        ffmcp30xfp.bku.db.de:0     ABHÖREN
  TCP    ffmcp30xfp:1179        ffmcp30xfp.bku.db.de:0     ABHÖREN
  TCP    ffmcp30xfp:sapsp60     ffmcp30xfp.bku.db.de:0     ABHÖREN
  TCP    ffmcp30xfp:sapsp65     ffmcp30xfp.bku.db.de:0     ABHÖREN
  TCP    ffmcp30xfp:6129        ffmcp30xfp.bku.db.de:0     ABHÖREN
  TCP    ffmcp30xfp:1116        ffmcp30xfp.bku.db.de:6139  HERGESTELLT
  TCP    ffmcp30xfp:6139        ffmcp30xfp.bku.db.de:0     ABHÖREN
  TCP    ffmcp30xfp:6139        ffmcp30xfp.bku.db.de:1116  HERGESTELLT
  TCP    ffmcp30xfp:netbios-ssn ffmcp30xfp.bku.db.de:0     ABHÖREN
  TCP    ffmcp30xfp:1090        bkusva31001.bku.db.de:microsoft-ds HERGESTELLT
  TCP    ffmcp30xfp:1126        binsr10105.bku.db.de:1352  HERGESTELLT
  TCP    ffmcp30xfp:1129        hmiara.unix.db.de:1352     HERGESTELLT
  TCP    ffmcp30xfp:1140        bkusrd60108.bku.db.de:epmap WARTEND
  TCP    ffmcp30xfp:1141        bkusrd60108.bku.db.de:1026 WARTEND
  TCP    ffmcp30xfp:1142        bkusrd60108.bku.db.de:kerberos WARTEND
  TCP    ffmcp30xfp:1143        bkusrd60108.bku.db.de:epmap WARTEND
  TCP    ffmcp30xfp:1144        bkusrd60103.bku.db.de:1026 WARTEND
  TCP    ffmcp30xfp:1145        bkusrd60108.bku.db.de:epmap WARTEND
  TCP    ffmcp30xfp:1146        bkusrd60108.bku.db.de:1026 WARTEND
  TCP    ffmcp30xfp:1147        bkusrd60108.bku.db.de:epmap WARTEND
  TCP    ffmcp30xfp:1148        bkusrd60108.bku.db.de:1026 WARTEND
  TCP    ffmcp30xfp:1151        ffmcp30xfp.bku.db.de:0     ABHÖREN
  TCP    ffmcp30xfp:1151        bkusva31001.bku.db.de:netbios-ssn HERGESTELLT
  TCP    ffmcp30xfp:1152        bkusrd60108.bku.db.de:kerberos WARTEND
  TCP    ffmcp30xfp:1155        ffmcp30xfp.bku.db.de:0     ABHÖREN
  TCP    ffmcp30xfp:1155        bkusva62013.bku.db.de:netbios-ssn HERGESTELLT
  TCP    ffmcp30xfp:1156        bkusrd60108.bku.db.de:kerberos WARTEND
  TCP    ffmcp30xfp:1158        bkusrd60420.bku.db.de:sapsp64 WARTEND
  TCP    ffmcp30xfp:1165        bkusrd60108.bku.db.de:epmap WARTEND
  TCP    ffmcp30xfp:1166        bkusrd60108.bku.db.de:1026 WARTEND
  TCP    ffmcp30xfp:1167        bkusrd60108.bku.db.de:epmap WARTEND
  TCP    ffmcp30xfp:1168        bkusrd60103.bku.db.de:1026 WARTEND
  TCP    ffmcp30xfp:1169        bkusrd60108.bku.db.de:epmap WARTEND
  TCP    ffmcp30xfp:1170        bkusrd60108.bku.db.de:1026 WARTEND
  TCP    ffmcp30xfp:1171        bkusrd60420.bku.db.de:sapsp64 WARTEND
  TCP    ffmcp30xfp:1172        bkusrd60108.bku.db.de:epmap WARTEND
  TCP    ffmcp30xfp:1173        bkusrd60108.bku.db.de:1026 WARTEND
  TCP    ffmcp30xfp:1194        bkusrd60108.bku.db.de:epmap WARTEND
  TCP    ffmcp30xfp:1175        bkusrd60108.bku.db.de:1026 WARTEND
  TCP    ffmcp30xfp:1176        bkusrd60108.bku.db.de:epmap WARTEND
  TCP    ffmcp30xfp:1177        bkusrd60108.bku.db.de:1026 WARTEND
  TCP    ffmcp30xfp:1178        bkusrd60420.bku.db.de:sapsp64 WARTEND
  TCP    ffmcp30xfp:1179        bkusrddak6e.bku.db.de:sapsp61 HERGESTELLT
  UDP    ffmcp30xfp:401         *:*
  UDP    ffmcp30xfp:402         *:*
  UDP    ffmcp30xfp:microsoft-ds *:*
  UDP    ffmcp30xfp:1029        *:*
  UDP    ffmcp30xfp:1049        *:*
  UDP    ffmcp30xfp:1055        *:*
  UDP    ffmcp30xfp:1104        *:*
  UDP    ffmcp30xfp:netbios-ns  *:*
  UDP    ffmcp30xfp:netbios-dgm *:*
  UDP    ffmcp30xfp:isakmp      *:*
```

Einblick in einen Mitarbeiter-PC.

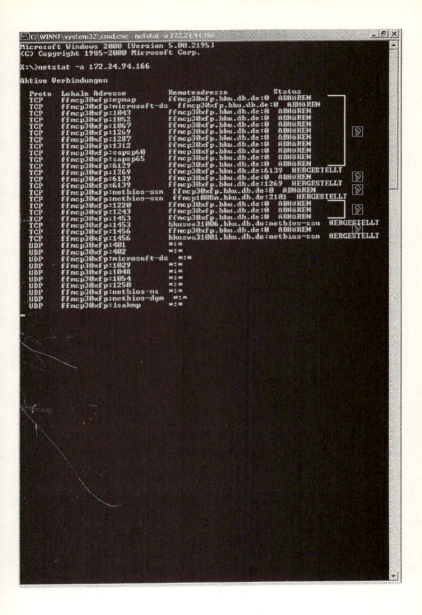

149

zu zucken, so als würde im Hintergrund eine andere Anwendung starten. Als Fachfrau für Computerangelegenheiten wurde sie misstrauisch: Manipulierte da jemand ihren Rechner? Wurde sie gar überwacht? Sie meldete ihre Beobachtungen ihrem Vorgesetzten und bat um eine Untersuchung. Nichts geschah.

Doch die Merkwürdigkeiten gingen weiter: Frau L. konnte beobachten, wie sich jemand über eine Remote-Control-Software auf ihren Computer einloggte und so in der Lage war, ihn von außen nicht nur auszuspähen, sondern auch zu steuern. Eine solche Software gibt es in vielen Unternehmen, damit bei Computerpannen ein IT-Mitarbeiter von außen das Problem beheben kann. Normalerweise wird der Nutzer jedoch in einer Dialogbox nach seinem Einverständnis gefragt, bevor sich ein anderer Nutzer einloggen kann – Frau L. wurde nicht gefragt. Stattdessen wurde sie Zeugin, wie der Eindringling ihren Cursor bediente und ein wichtiges Dokument löschte.

Schließlich entdeckte Frau L. auf ihrem Rechner drei unabhängig voneinander installierte Remote-Control-Programme, die die Bedienung des Computers per Fernsteuerung erlaubten. Außerdem fand sie zwei Programme, mit denen das Ausspähen von Passwörtern möglich ist. Sie registrierte die Löschung mehrerer Dateien und die Manipulation diverser E-Mail-Anhänge, sofern diese einen brisanten Titel trugen. Eines Tages bemerkte sie, dass die Stromleiste, an der ihr Rechner angeschlossen war und die sie abends bei Verlassen des Büros immer ausschaltete, morgens eingeschaltet war. Sie registrierte Netzwerkverbindungen zwischen ihrem PC und fremden Rechnern, die sie sich nicht erklären konnte. Offenbar waren mehrere Dateien von ihrem Rechner auf einen anderen Rechner überspielt worden.

Frau L. fühlte sich in ihren Persönlichkeitsrechten massiv beeinträchtigt und wandte sich wiederholt an ihre Vorgesetzten – nichts geschah. Beinahe anderthalb Jahre lang bemühte sie sich um Aufklärung, bis sie schließlich den Betriebsrat einschaltete. Die Abteilungen Datenschutz, IT-Sicherheitsmanagement und Konzernsicherheit sollten sich mit der Aufklärung des Falles befassen. Frau L. lieferte Beweise: Screenshots, Systemprotokolle, in denen an vielen Stellen das Wort »abhören« in der Statusleiste steht, und IP-Adressen der Rechner, die offensichtlich illegal mit ihrem Rechner verbunden waren. Doch lange Zeit passierte gar nichts. Stattdessen bekam Frau L. die Nachricht, man werde ihren Laptop und ihren PC austauschen. Um Beweise zu vernichten?

Im Sommer 2007 teilte das Konzernmanagement Frau L. mit, man müsse ihre Beschwerde nun endgültig abweisen, da man die Merkwürdigkeiten »trotz intensiver Fehlersuche« nicht habe klären können.

Die ganze Wahrheit – scheibchenweise

Im Juni 2008 gibt es einigen Wirbel um die Firma Network Deutschland. Kurz zuvor war herausgekommen, dass Network im Auftrag der Telekom Telefondaten von Aufsichtsräten und Journalisten ausgewertet hatte. Nun berichtet das *Handelsblatt*, Network habe auch für die Deutsche Bahn gearbeitet. Und tatsächlich muss der oberste Korruptionschef der Bahn, Ex-Staatsanwalt Schaupensteiner, einräumen, mit der Detektei zusammengearbeitet zu haben. Dabei sei es um die Enttarnung von Scheinfirmen gegangen und um die Suche nach verschollenen Lokomotiven. Von massiven Datenabgleichen und Spitzelaktionen ist da noch keine Rede.

Die Bahn versichert, man werde ein unabhängiges Rechtsanwaltsbüro mit der Klärung der Vorgänge beauftragen. Doch tatsächlich wird der Berliner Anwalt Edgar Joussen, der zu dem Zeitpunkt noch Ombudsmann der DB AG war, mit der Durchsicht der Akten beauftragt – von »unabhängig« kann also keine

Rede sein. Schon deshalb nicht, weil Joussen von Anfang an über die Network-Aktivitäten informiert war, wie Revisionschef Josef Bähr den Sonderermittlern zu Protokoll gibt: »Ich hatte von Dr. Joussen das Angebot bekommen, Beauftragungen, z. B. auch von Network, über ihn zu machen (sodass die Kanzlei der Auftraggeber ist und nicht die Bahn). Ich sah aber keinen Sinn darin, das über ihn laufen zu lassen.«

Einen Konflikt mit seinem Amt als Ombudsmann habe er darin nicht gesehen. Immerhin: Joussen teilt dem Leiter der Abteilung Compliance nach Durchsicht der Akten mit, dass die Firma Network Informationen verwendet habe, die »nicht frei am Markt erhältlich sind«. Außerdem bemängelt er den schlechten Zustand der völlig unvollständigen Akten, der eine Prüfung erschwere.

Spätestens zu diesem Zeitpunkt sollte allen im Konzernmanagement klar gewesen sein, dass im Zusammenhang mit der innerbetrieblichen Korruptionsbekämpfung einiges schiefgelaufen ist. Doch weitere Ermittlungen gab es vorerst nicht.

Im Januar 2009 berichtet schließlich der *Stern* über Details der Network-Aufträge. Ohne Kenntnis der Bahnmitarbeiter seien in großem Ausmaß Daten abgeglichen worden. Die Bahn weist den Bericht über einen angeblichen Datenskandal zurück, Wolfgang Schaupensteiner nennt den Bericht »den dritten Aufguss eines alten Tees«.

Eine Woche später sieht das schon ein wenig anders aus. Schaupensteiner sagt am 28. Januar 2009 vor dem Verkehrsausschuss des Bundestags aus, dass Stammdaten von rund drei Vierteln der 240 000 Bahnangestellten mit den Daten von 80 000 Firmen abgeglichen worden seien, zu denen die Bahn Geschäftsbeziehungen unterhalte. Dies sei ein bewährtes Mittel der Korruptionsbekämpfung, niemand im Konzern habe bei dieser Untersuchung gegen geltendes Recht verstoßen. Alexander Dix, der Datenschutzbeauftragte des Landes Berlin, sieht das etwas anders. Er spricht im Ausschuss von einer »illegalen Rasterfandung« und kündigt ein Bußgeldverfahren gegen die Bahn an. Nun meldet sich auch Hartmut Mehdorn zu Wort, der von Spitzelaktionen nichts wissen will. Die Vorwürfe nennt er »nicht nachvollziehbar und polemisch«.

Am 3. Februar 2009 räumt die Bahn Kontakte zur Detektei Argen ein, die für den Konzern Kontobewegungsdaten mehrerer Mitarbeiter beschafft haben soll. Noch am selben Tag meldet sich der Bahnchef mit einem Brief an seine »lieben Kolleginnen und Kollegen«. Er sei zutiefst bestürzt darüber, dass in der Öffentlichkeit das Bild entstanden sei, bei der Bahn herrsche ein Klima des Misstrauens, man würde Mitarbeiter bespitzeln und ausspionieren. Dies sei absolut nicht zutreffend. Es sei »schlichtweg falsch, wenn jetzt in der Öffentlichkeit der Eindruck erweckt wird, der Vorstand oder gar ich persönlich würden die Mitarbeiter unter Generalverdacht stellen. […] Auch das in den vergangenen Tagen heftig diskutierte Screening-Verfahren […] kann solche Vorwürfe nicht belegen. Niemand ist dabei ausspioniert, abgehört oder bespitzelt worden.« Einzig einen gewissen »Übereifer« und eine »falsch verstandene Gründlichkeit« räumt Mehdorn ein. Und dass man das Screening nicht mit den Arbeitnehmervertretern besprochen habe, sei ein Fehler gewesen.

Am 10. Februar 2009 veröffentlicht die Bahn einen Zwischenbericht zu ihren internen Ermittlungen in der Datenaffäre, in dem sie zugibt, was ohnehin nicht mehr zu leugnen ist: die Zusammenarbeit mit Argen und Network Deutschland und mögliche Verstöße gegen straf- und datenschutzrechtliche Bestimmungen. Außerdem seien viele Vorgänge schwer nachzuvollziehen, weil Akten und Dokumente fehlten oder nicht vollständig seien. Doch auch im Zwischenbericht bleibt die Bahn dabei: Von all dem habe weder der Vorstand noch die Konzernleitung gewusst. Ansonsten lobt sich die Bahn noch einmal ausgiebig selbst für ihre erfolgreiche Korruptionsbekämpfung. Und auch Oberkorruptionsbekämpfer Schaupensteiner betont noch einmal, ein »Ausforschen« der Mitarbeiter habe es nicht gegeben.

Der Aufsichtsrat der Bahn beauftragt die KPMG, die Rechtsanwaltskanzlei Baum, Reiter & Collegen sowie die ehemalige Justizministerin Herta Däubler-Gmelin als juristische Sonderermittler mit der Prüfung der gesamten Datenaffäre.

Als Schlüsselfigur des Datenskandals rückt immer mehr der Leiter der Revision, Josef Bähr, in den Vordergrund. In einem anonymen Schreiben von Mitarbeitern der Revision an mehrere Bundestagsabgeordnete wird Bähr schwer belastet: Er allein habe die Aufträge an Network erteilt, im Einzelfall sogar Korruptionsermittlungen gestoppt, wenn sie hochrangige Mitarbeiter des Unternehmens betrafen. Hartmut Mehdorn sei über die Aktivitäten mit der Firma Network unterrichtet worden.

Der Verkehrsausschuss des Bundestags lädt Josef Bähr am 11. Februar 2009 zu einer Anhörung vor, doch der erscheint nicht. Am Tag zuvor hatte ihn Mehdorn auf eigenen Wunsch aus gesundheitlichen Gründen beurlaubt. Ein großer Affront gegenüber dem Ausschuss. Bei der Anhörung anwesend sind Schaupensteiner, Konzernsicherheitschef Jens Puls und Vorstandsmitglied Otto Wiesheu. Alle drei beteuern, der Bahnvorstand und die Konzernleitung hätten von der Bespitzelung der Mitarbeiter nichts gewusst.

Für die nächste Sitzung des Verkehrsausschusses wird Josef Bähr erneut vorgeladen, zusammen mit Schaupensteiner, Puls – und Hartmut Mehdorn. Doch auch der scheint wenig Lust zu haben, vor den Abgeordneten Rede und Antwort zu stehen, und lässt seinen Aufsichtsratsvorsitzenden Werner Müller schriftlich darum bitten, die Herren bis zum Abschluss der Untersuchungen nicht weiter zu befragen. Doch der Ausschuss bleibt bei seiner Einladung. Am 4. März 2009 erscheinen Mehdorn und sein Sicherheitschef Puls vor dem Gremium. Bähr fehlt erneut, ebenso Schaupensteiner – wegen eines Zahnarzttermins. Mehdorn zeigt sich einmal mehr von der Schwere der Vorwürfe unbeeindruckt, weder er noch sonst jemand im Vorstand hätten irgendetwas gewusst. Natürlich habe er mit Herrn Bähr, der ihm direkt unterstellt war, regelmäßig gesprochen, von dessen Spitzelaktionen habe er jedoch nie etwas erfahren: »Wer ein Unternehmen der Größe der DB AG führt, und Sie kennen mich ja so ein bisschen [...], wir arbeiten da schwer, wir sind da 10, 12, 14 Stunden pro Tag im Einsatz. Und da interessiert es nicht an der einen oder anderen Stelle ins ganze Detail. Wir verlassen uns da auf unsere Führungsmannschaft.« Auch die Frage, warum er den entscheidenden Zeugen der Affäre so kurz vor der Ausschusssitzung in den Urlaub geschickt habe, beantwortet Mehdorn gewohnt uneinsichtig: Er habe nun mal die Gesundheit des Herrn Bähr berücksichtigen müssen, der sei ziemlich von der Rolle gewesen. »Wenn er uns hier mit einem Herzinfarkt irgendwo umgekippt wäre, dann hätte ich die Blicke auch nicht sehen mögen.«

Fraglich, ob der für seine persönliche Fürsorglichkeit nicht gerade bekannte Bahnchef nicht ganz egoistische Motive hatte, seinem Revisionschef die Aussage vor dem Verkehrsausschuss zu ersparen. Der hätte vermutlich bestätigen können, wovon viele bis heute ausgehen: dass Mehdorn doch von vielem wusste, vielleicht sogar die treibende Kraft hinter dem massiven Datenmissbrauch war. Und dass auch der Vorstand eingebunden war.

Am 27. März 2009 berichtet der *Spiegel* ausführlich über das systematische Rastern und Ausspähen von E-Mails sämtlicher Bahnmitarbeiter seit 2005, mit dem Ziel, Kontakte zu Journalisten, Verkehrsexperten und Bahnkritikern zu unterbinden. Die

Bahn muss einräumen, im Herbst 2007 eine Mail der Gewerkschaft GDL mit einem Streikaufruf gelöscht zu haben. Mehdorn ist nicht mehr zu halten und bietet am 30. März 2009 seinen Rücktritt an – nicht ohne noch einmal zu betonen, er habe von all dem nichts gewusst.

Wo sind die Akten? Wie die Bahn die Ermittlungen behinderte

Es ist leicht, sich vorzustellen, dass sich ein Machtmensch wie Hartmut Mehdorn nur ungern in die Karten schauen lässt – und erst recht nicht in seine Akten. Den juristischen Sonderermittlern von KPMG und der Anwaltskanzlei Baum, Reiter & Collegen war eigentlich zugesichert worden, uneingeschränkten Zugang zu allen Akten zu bekommen. Doch davon konnte keine Rede sein, wie beide in ihren Abschlussberichten schreiben.

KPMG bemängelt »eine zum Teil unvollständige und unsystematische Aktenlage«, in einem Teil habe eine den Prüfern zur Verfügung gestellte Kopie nicht mit der Originalakte übereingestimmt, zahlreiche Dokumente und Informationen seien von der Bahn bis zum Stichtag am 30. April schlicht nicht geliefert worden.

»Warum die Verzögerung?«, wurde Hartmut Mehdorn vom Verkehrsausschuss gefragt. Und der argumentierte verblüffenderweise ausgerechnet mit Datenschutz: Man müsse erst die Namen in den Akten schwärzen, und das dauere nun mal. Man wolle schließlich nicht gleich wieder in das »nächste Datenschutzthema reinplatschen«.

Wichtige Informationen wurden gleich vernichtet, bevor die Sonderermittler darauf zugreifen konnten: Die Konzernsicherheit hat eine Aktenaufbewahrungsfrist von gerade einmal drei Jahren. Und ausgerechnet die »Ereignisdatenbank Ermittlungen«, in der alle Compliance-Fälle seit 2001 erfasst wurden, wurde am 20. Januar 2009 gelöscht. Angeordnet wurde dies von Compliance-Chef Schaupensteiner, der so möglicherweise verhindern wollte, dass auch seine Erfolge als Staatsanwalt in Verruf geraten könnten. Denn die Datenbank hätte vermutlich gezeigt, dass nicht alle Beweise der Bahn, die er damals als Staatsanwalt dankbar angenommen hatte, mit legalen Mitteln beschafft worden waren.

Auch die Rechtsanwälte Baum, Reiter und Däubler-Gemlin kritisieren die katastrophale Aktenlage, die ihnen das Arbeiten erschwert. In ihrem Bericht wundern sich die Anwälte, warum die Bahn nicht die Vervollständigung der Akten vorangetrieben habe, schließlich hatte schon der DB-Ombudsmann bei seiner ersten Durchsicht im Sommer 2008 auf den schlechten Zustand der Unterlagen hingewiesen. Außerdem sei den Prüfern zunächst der uneingeschränkte Zugang zu allen Schränken, Ordnern und Daten verwehrt worden. Man habe den Eindruck, »dass die Untersuchung durch die DB AG nicht gefördert wurde«. Eine Beschwerde hierzu hatte Mehdorn mit der Behauptung quittiert, die Anwälte seien voreingenommen, eine faire Untersuchung sei von ihnen möglicherweise nicht zu erwarten.

In einem Interview mit dem *Spiegel* sagte Sonderermittler Gerhart Baum: »Viele Akten haben wir erst auf beharrliches Nachfragen bekommen. Wir hatten den Eindruck, dass Mitarbeiter eingeschüchtert waren, bevor wir mit ihnen sprechen konnten. Wir stießen auf eine Stimmung, die gekennzeichnet war durch eine Mischung aus Intransparenz und Druck, mangelndem Vertrauen und Überwachung. […] Bei einem Treffen mit Mehdorn im Bahn-Tower hatten wir den Eindruck, dass er unsere Rolle als neutrale Ermittler nicht verstand, sondern uns als Gegner sah.«[4]

Was wusste der Bahnchef? Was wusste der Vorstand?

Natürlich ist es kaum vorstellbar, dass ein Konzern über mehrere Jahre ein internes Überwachungssystem aufbaut, ohne dass der Chef davon irgendetwas bemerkt. Die Beharrlichkeit, mit der sowohl Hartmut Mehdorn als auch seine Vorstandskollegen behaupteten, vom Ausmaß des Datenmissbrauchs und der Schnüffelei selbst erst aus der Presse erfahren zu haben, hatte etwas geradezu Satirisches. Selbst wenn sie nichts gewusst hätten – wäre es nicht ihre Pflicht gewesen, genauer nachzufragen?

Streng vertrauliche Protokolle der KPMG aus Befragungen von Revisions- und Konzernsicherheitsmitarbeitern belegen, dass die Konzernspitze von Anfang an in alle Vorgänge eingebunden war und die Spitzelaktionen nicht verhinderte.

Daniel Gläser, Leiter der IT-Abteilung der Revision, erzählt darin, sein Chef, Josef Bähr, habe Mehdorn regelmäßig eine Liste mit aktuellen Revisionsmaßnahmen vorgelegt:

Ad-hoc-Themen müssen durch einen Vorstand beauftragt werden. Dies erfolgt in Jour fixen, die Dr. Bähr mit den Vorständen regelmäßig hat. Bei neuen Ad-hoc-Revisionen berichtet jeder Leiter, was er hat, und man versichert sich, ob es beim Vorstand vorgelegen hat. Dr. Bähr legt Herrn Mehdorn regelmäßig eine Ad-hoc-Liste vor. […] Herr Mehdorn war verärgert darüber, dass immer vertrauliche Informationen nach draußen gelangten. Für den Fall ist aber die Konzernsicherheit zuständig. Dr. Bähr wurde von Herrn Mehdorn angesprochen, ob die Konzernrevision die Konzernsicherheit unterstützen könnte, weil diese keine Erfolge gegen Informationsabflüsse erreicht hatte. Herr Dr. Hedderich [damals Leiter der Konzernstrategie und Mehdorns »rechte Hand« – Anm. d. Verf.] hat Dr. Bähr eine Liste mit personifizierten E-Mail-Adressen übergeben. Unsere Aufgabe war herauszu-

finden, wer mit diesen E-Mail-Adressen kommuniziert. Wir haben täglich eine Meldung bekommen, wenn mit diesen E-Mail-Adressen kommuniziert wurde. Ein Filter wurde im Live-Stream installiert.

Gläser berichtet auch, wie stolz Mehdorn auf die schnellen Erfolge war, die die Konzernrevision mit der Spähaktion erzielte. Und Gläser enthüllt noch etwas: nämlich dass die für die flächendeckenden Screenings benötigten Personalstammdaten in enger Zusammenarbeit mit dem damaligen Personalvorstand Norbert Bensel und ab 2005 seiner Nachfolgerin Margret Suckale abgezogen wurden.

Was machen die am Datenskandal Beteiligten heute?
Gleich nach seinem Amtsantritt hatte der neue Bahnchef Rüdiger Grube versprochen, die Datenaffäre restlos aufzuklären – und personelle Konsequenzen aus ihr zu ziehen. Tatsächlich wurden einige von Mehdorns Vertrauten geschasst, andere machen weiterhin Karriere bei der DB AG. Und auch die Entlassenen mussten nicht lange auf neue Jobs warten.

Hartmut Mehdorn: Seinen Rücktritt ließ sich der Bahnchef mit einer Abfindung von rund fünf Millionen Euro versüßen. Bald darauf erhielt er einen Posten im Aufsichtsrat der Fluggesellschaft Air Berlin, zusätzlich wurde er Seniorberater des Geldinstituts Morgan Stanley. Und auch sein ehemaliger Arbeitgeber ließ ihn nicht fallen: Mehdorn berät seit seinem Rücktritt die DB AG und reiste zusammen mit seinem Nachfolger Grube schon nach Russland zu Gesprächen mit der russischen Staatsbahn.

Josef Bähr: Der Leiter der Revision ist seit seiner Krankmeldung untergetaucht und wurde von Bahnchef Grube entlassen.

Jens Puls: Der Leiter der DB-Sicherheit wurde wegen seiner Verstrickung in die Datenaffäre suspendiert. Später kam heraus, dass in seinem Bereich auch illegal Krankendaten von Mitarbeitern gesammelt wurden.

Alexander Hedderich: Der Chefstratege der DB musste den Konzern nicht verlassen. Im Gegenteil: Rüdiger Grube beförderte den ehemaligen Gefolgsmann von Hartmut Mehdorn zum Chef der Güterbahn-Sparte DB Schenker Rail. Ein Posten mit viel Macht: Das Geschäftsfeld umfasst den Schienengüterverkehr der Bahn in zehn europäischen Ländern mit rund 29 000 Mitarbeiter und ist die größte europäische Güterbahn.

Margret Suckale: Die Personalchefin wurde von Rüdiger Grube aus dem Bahnvorstand entlassen, ihr Gehalt zunächst noch weitergezahlt. Seit Juli 2009 arbeitet sie für den Chemiekonzern BASF.

Jürgen Illing: Der ehemalige Bereichsleiter Politische Beziehungen, der die Bespitzelung eines unschuldigen Mitarbeiters im Fall »Lärmzug« initiiert und nach verlorenem Arbeitsgerichtsprozess auch das gezielte Mobbing des Mitarbeiters betrieben hatte, arbeitet weiterhin im Konzern. Die Bahn plante sogar, ihn Anfang 2010 zum Konzernbeauftragten in Thüringen zu machen, was bei vielen Landespolitikern für Empörung sorgte.

Wolfgang Schaupensteiner: Der gescheiterte Anti-Korruptionsguru wurde von Rüdiger Grube aus dem Amt befördert, zu fischig roch wohl die Löschung der kompletten Compliance-Datenbank kurz nach dem Bekanntwerden der Datenaffäre. Nicht weiter schlimm für die Karriere: Schaupensteiner kann zurück in den Staatsdienst.

Otto Wiesheu: Der Chef-Lobbyist der DB wurde von Rüdiger Grube aus dem Vorstand entlassen, musste aber wie seine Kollegen nicht auf sein üppiges Vorstandsgehalt verzichten. Außerdem berät Wiesheu die DB AG bei Bedarf.

Norbert Bensel: Musste auf Wunsch von Grube seinen Posten als Logistik-Vorstand räumen, behielt aber seine Vorstandsbezüge und berät die DB AG weiterhin. Seit Oktober 2009 ist er Aufsichtsrat der Unternehmensberatung TransCare. 2010 soll er Gründungsrektor der Hochschule für Internationale Wirtschaft und Logistik in Bremen werden.

Kollege Hansen

DIE BAHN UND IHRE GEWERKSCHAFT

Wen die Mitarbeitervertretung wirklich vertritt

Was ist das größte Glück für einen Arbeitgeber? Eine handzahme Gewerkschaft. Die Deutsche Bahn AG kann sich besonders glücklich schätzen, denn mit ihrer Hausgewerkschaft Transnet hatte sie über Jahre nicht den geringsten Ärger. Im Gegenteil: Ihr langjähriger Chef Norbert Hansen schien so dicke mit Hartmut Mehdorn, dass den Gewerkschaftern zunehmend dämmerte, wessen Interessen ihr Vorsitzender tatsächlich vertrat. Spätestens mit Hansens Wechsel in den Bahnvorstand galt der Transnetchef vielen Mitarbeitern als Verräter. 11 000 Mitglieder traten im besagten Jahr aus der Arbeitnehmervertretung aus und liefen in Scharen zu anderen Gewerkschaften über. Hatten nicht die Genossen der kleinen Lokführergewerkschaft GDL immer wieder eindrucksvoll bewiesen, wie man mit ein wenig Hartnäckigkeit Arbeitnehmerinteressen durchsetzt?

Doch warum hat sich die Transnet so vehement hinter den Börsenkurs von Hartmut Mehdorn gestellt? Und was wird aus ihr, jetzt, da bei Bahn und Gewerkschaft neue Personen an der Spitze stehen?

Nur für Mitglieder: Wie die Bahn die Transnet bevorzugte

Es lohnt sich, Transnet anzugehören. Die rund 120 000 Mitglieder der Gewerkschaft, die noch im aktiven Arbeitsleben stehen, genießen eine ganze Reihe von Privilegien, die den anderen Bahnmitarbeitern (immerhin noch fünfzig Prozent der Beschäftigten) nicht zustehen, berichtete das Fernsehmagazin *Frontal 21* im Oktober 2007: Ein Fonds für soziale Sicherung kommt für vielfältige Sozialleistungen auf – finanziert von der Bahn.

Ein streng vertraulicher Bericht der DB-Revision aus dem Jahr 2002 legt weitere Bevorzugungen offen: großzügige Zahlungen von Zulagen und Zuschlägen an Betriebsräte, eine Freistellungsquote für Betriebsräte, die um fünfundachtzig Prozent über der tariflichen Vereinbarung liegt, großzügige Gewährung von Schreibkräften, Firmenfahrzeugen und Freifahrkarten und erstaunliche Gehaltssprünge von Betriebsräten innerhalb einer Wahlperiode von sechsundsechzig Prozent. Insider sagen, dass sich der Verfasser dieses Revisionsberichts mit der Offenlegung des Bevorzugungssystems von Transnetleuten nicht gerade beliebt gemacht habe im Betrieb.

In einem Schreiben an den Personalvorstand beschweren sich zwei Mitglieder des Gesamtbetriebsrats über die offensichtliche Bevorzugung zweier Kollegen – diese hatten eklatante Karriere- und Gehaltssprünge hingelegt. Der Grund: Um auch freigestellten Betriebsräten eine konstante Gehalts- und Karriereentwicklung zu gewährleisten, werden ihnen sogenannte Vergleichspersonen zugeordnet – also Mitarbeiter, die in etwa die gleiche Qualifikation und Betriebszugehörigkeit haben und anhand derer der weitere Karriereverlauf des Betriebsrats bestimmt wird.

In einem Fall, so schreiben die beiden Beschwerdeführer, habe ein Betriebsrat eine Vergleichsperson zugeteilt bekommen, die im Gegensatz zu ihm über ein abgeschlossenes Studium an einer Technischen Hochschule verfügte und nur vier Wochen nach der Benennung in eine höhere Gehaltsstufe wechselte – eine Segnung, die dem Betriebsrat (einem Lokführer ohne Hochschulstudium) daraufhin genauso widerfuhr. In einem anderen Fall hatte sich ein Betriebsrat um eine Stelle im Unternehmen beworben, für die er nicht die nötige Qualifikation besaß (abgeschlossenes Hochschulstudium). Der Betriebsrat wurde dennoch als adäquater Bewerber ausgewählt, ließ dann aber verlauten, den Arbeitsplatz nicht antreten zu wollen, weil er weiter als freigestellter Betriebsrat tätig sein wolle. Die Mitarbeiterin, die daraufhin den Job bekam (sie hatte das erforderliche Hochschulstudium), wurde anschließend als Vergleichsperson für den Betriebsrat ausgewählt, was dem wiederum einen deutlichen Gehaltssprung einbrachte.

Hat sich die Bahn so Betriebsräte gekauft? Beweisen kann man es nicht. Die beiden Briefeschreiber jedenfalls erhielten vom Personalvorstand die Antwort, es sei arbeitsrechtlich alles mit rechten Dingen zugegangen. Und sollten die beiden bei ihren Vorwürfen bleiben, werde man rechtliche Schritte prüfen.

Genossen, hört die Signale! Die Transnet und die Börse

Die Bahn hat sich das Wohlwollen der Transnet also einiges kosten lassen – doch auch hier gibt es wohl keine Leistung ohne Gegenleistung. Es war schon auffällig, mit welcher Vehemenz Transnetchef Hansen für die Börsenpläne von Hartmut Mehdorn trommelte – als einziger Gewerkschaftchef im DGB.

Gewerkschaften gelten nicht ohne Grund als wenig privatisierungsfreudig, und dass ein Börsengang der Bahn gut für die Arbeitsbedingungen der Mitarbeiter, die Sicherung von Jobs oder gar die Schaffung neuer Arbeitsplätze sein soll, ist zumindest fragwürdig.

Doch Norbert Hansen hatte ein Problem: Seine Gewerkschaft blutete aus. Tausende Mitglieder befanden sich im Ruhestand, und die Mitgliederzahlen sanken dramatisch. Die Finanzierung und die Schlagkraft der Organisation waren und sind zunehmend gefährdet. Für Hansen war klar: Die Transnet musste wachsen, und das konnte sie nur mit der DB AG und durch die DB AG. Und damit die DB AG wachsen konnte, brauchte sie Geld – Geld, das Privatinvestoren einbringen sollten.

Um für Investoren besonders attraktiv zu sein, wollte die DB AG als integriertes Unternehmen an die Börse, also Betrieb plus Netz. Auch die Transnet hatte ein Interesse daran, die DB AG als integrierten Konzern zu erhalten: Bei einer Abspaltung des Netzes wäre ihr eine große Anzahl von Mitgliedern verloren gegangen. Nur in einem integrierten Konzern, so die Transnet, sehe man die besten Beschäftigungsperspektiven. Deshalb der Pakt mit dem Teufel: Hansen brachte die Transnet auf Börsenkurs, dafür würde die Bahn ihre Hausgewerkschaft weiterhin bevorzugt behandeln.

In Rotweinrunden mit Hartmut Mehdorn und Bundeskanzler Gerhard Schröder, den Hansen noch aus Juso-Zeiten kannte, wurde die Strategie ausgekungelt. Von der Nähe zwischen Hansen und dem großen Bahnimperator Mehdorn wusste aber kaum jemand in der Transnet. Das wäre vielen Mitgliedern wohl auch sauer aufgestoßen.

Doch wie die Transnetmitglieder von der Notwendigkeit eines gemeinsamen Börsengangs von Unternehmen und Netz überzeugen? Der Beschäftigungssicherungstarifvertrag, der eine

Beschäftigungsgarantie bis 2010 vorsah, enthielt eine wichtige Klausel: Die Bahn müsse als integrierter Konzern bestehen bleiben, sprich: zusammen mit der Infrastruktur an die Börse gehen. Anders sei die Beschäftigungsgarantie nicht zu finanzieren. Sollte eine der Tarifvertragsparteien diese Grundlage als gefährdet ansehen, so war sie zur Kündigung des Tarifvertrags berechtigt.

Nun gab es in der politischen Auseinandersetzung, ob die Bahn mit oder ohne das Netz an die Börse sollte, unterschiedliche Unternehmensmodelle. Und als es ganz danach aussah, dass sich ein Modell durchsetzen würde, das die Trennung von Netz und Unternehmen vorsah, drohte der Transnetchef der Bahn mit der Aufkündigung des Tarifvertrags. Mehdorn konterte, er wolle ja einen Börsengang mit Netz, letztlich müsse das aber die Politik entscheiden. Dieses »Spiel über Bande« soll zwischen Mehdorn und Hansen von vornherein abgestimmt gewesen sein.

Den Mitgliedern von Transnet wurde weisgemacht, dass die Politik die Zerschlagung des Konzerns wolle. Um die Gewerkschafter zu glühenden Privatisierungsanhängern zu machen, musste man einfach nur mit ihrer Angst spielen.

Und so sahen sich Deutschlands Politiker und Eisenbahnkunden im Sommer 2006 Warnstreiks von Transnetmitgliedern ausgesetzt – kurioserweise für die Anliegen der Konzernspitze. Ein seltenes Schauspiel: Gewerkschafter, die für und nicht gegen Privatisierungspläne auf die Straße gehen. Es wurde sogar mit einem Streik zum Endspiel der Fußballweltmeisterschaft gedroht, sollten die Abgeordneten nicht für eine Privatisierung im Sinne des Bahnvorstands stimmen. Viele Parlamentarier empfanden das zu Recht als Nötigung und Erpressung.

Von Erpressung wollte Hansen selbstverständlich nicht sprechen. In einem Brief an die Mitglieder des Verkehrsausschusses

führte er altruistische, gar patriotische Motive für die Andro-
hung von Warnstreiks an: »Verstehen Sie bitte unseren Kampf
für den Erhalt dieses komplexen Systems Bahn im Konzernver-
bund nicht als Selbstzweck, sondern als Ausdruck unserer tiefen
Überzeugung, dass nur dieses System die Garantie dafür bieten kann, dass sowohl unser Land als auch die Menschen davon
profitieren.«

Schon damals wollten viele Transnetmitglieder den einge-
schlagenen Kurs nicht mehr mittragen. Auch zwei hochrangige
Funktionäre gingen Norbert Hansen von der Fahne: der politische Vorstandssekretär Markus Fuß und der verkehrspolitische
Referent Armin Duttiné. Beide legten in Abschiedsbriefen an
die Transnetmitglieder die Gründe für ihr Ausscheiden aus der
Gewerkschaft zum Januar 2007 dar – eine einzige Anklage des
Systems Hansen. Fuß schrieb: »Wer mit dem DGB bricht, der
schadet der Arbeiterbewegung in ungeahnter Weise. Es gibt andere Alternativen für die DB AG als den Börsengang und die
Aktivitäten in China und USA. […] Ich halte an der Gegner-
freiheit der Gewerkschaften fest; das beinhaltet auch, dass Gewerkschaften all ihre Aktivitäten und ihre Beschäftigten aus
Mitgliedsbeiträgen bezahlen. […] Die gewerkschaftlichen de-
mokratischen Gremien müssen ihre Pflichten noch deutlicher
wahrnehmen. Dazu gehört auch, Macht zu kontrollieren und
Inhalte zu diskutieren, bevor politisch weitreichende Entscheidungen getroffen werden.«

Nur wenige Monate später trat auch Norbert Hansen den
Rückzug aus dem Transnetvorstand an – allerdings in eine andere Richtung als seine abtrünnigen Gewerkschaftssekretäre.
Hansen wechselte in den Vorstand der DB AG. »Wir werden
weiter rationalisieren müssen, und das wird nicht ohne Personalabbau gehen«, sagte er der *Bild*-Zeitung, noch bevor er sein
neues Amt angetreten hatte. Er sprach davon, dass die Bahnmit-

arbeiter in Zukunft flexibler werden müssten. Nichts spreche dagegen, dass Lokführer auch mal Abteile reinigten. Sein alter Heimatverband Husum stellte daraufhin einen Antrag auf Ausschluss Hansens aus der Transnet.

Gewerkschaft am Boden: Was wird aus der Transnet?

Seit Hansens Wechsel auf die andere Seite steht seine Gewerkschaft vor den Trümmern seiner Amtszeit. Viele Mitglieder empfanden Hansens geschmeidigen Eintritt in den Bahnvorstand als Verrat, Tausende kündigten ihre Mitgliedschaft. Viele Transnetianer liefen kurz nach Hansens Ausscheiden zur GDL über. Schon zwei Jahre vorher hatte Hansen in einem geheimen Strategiepapier vorgerechnet, dass die Transnet bei »unverändertem Organisationsgrad« jährlich fünftausend Mitglieder und damit 13 Millionen Euro verlieren werde. Ende 1993 hatte die Gewerkschaft 451 000 Mitglieder gehabt, Ende 2008 waren es gerade mal noch 230 000 – die Zahl hatte sich innerhalb von fünfzehn Jahren halbiert. Ein Trend, den Hansens Karrieresprung ins Bahnmanagement noch verstärkt haben dürfte. Auch Hansens Strategie, die Transnet für Mitarbeiter anderer Transport- und Logistikunternehmen attraktiv zu machen, war gescheitert. Denn warum sollten Mitarbeiter anderer Unternehmen einer Gewerkschaft beitreten, die so offensichtlich die Interessen nur eines Konzerns vertrat? In seinem Strategiepapier legte Hansen auch offen, mit welchen Mitteln er konkurrierende Gewerkschaften auszustechen gedachte: »Bezüglich der Erweiterungsmöglichkeiten müssen wir eine Art Doppelstrategie anwenden: zunächst defensiv gegenüber ver.di und anderen Konkurrenten, um ungestört in die bestehenden Nischen vorzustoßen (Konzerntöchter, EVU'en [Eisenbahnverkehrsunternehmen, Anm. d. Verf.] und deren Töchter etc.). [...] Da wir keine Sicherheit haben, ob diese friedliche Lösung zum Ziel führt, müssen wir uns gleichzeitig fit machen für eine offensive Vorgehensweise. Konkret heißt das, bestehende Regeln nicht mehr zu akzeptieren oder neue Regeln im DGB durchzusetzen.« Selten, dass sich eine Gewerkschaft so offen gegen ihren Dachverband stellt.

Mitgliederschwund, interner Streit über den Börsengang, ein immenser Vertrauensverlust und eine immer prekärer werdende Finanzlage – Alexander Kirchner, Hansens Nachfolger im Amt des Transnetchefs, hat eine Mammutaufgabe zu erledigen. Als Erstes rückte er vom bedingungslosen Ja zum Börsengang ab, zur großen Erleichterung vieler Transnetmitglieder. Auf dem Gewerkschaftstag der Transnet im November 2008 kündigte er an, die bisherige Position zu überprüfen. Zu einer klaren Ablehnung des Börsengangs konnte er sich bislang allerdings nicht durchringen – zu groß sei nach wie vor die Abhängigkeit der Gewerkschaft vom Konzern, spekulieren Insider.

Der damalige Verkehrsminister Wolfgang Tiefensee, der auf dem Kongress noch einmal für den Börsengang warb und den Schulterschluss mit den einst so privatisierungsfreudigen Gewerkschaftern suchte, erntete kaum Applaus, dafür irritiertes Gemurmel und Gelächter. Auch eine enge Männerfreundschaft zwischen Gewerkschafts- und Bahnchef wird es zwischen Kirchner und Mehdorn-Nachfolger Grube wohl nicht geben. Eine totale Abkehr der Transnet vom Mehdorn'schen Geschäftsmodell allerdings auch nicht. In einem Memorandum an den neuen Bahnchef forderte die Transnet zusammen mit der GDBA, Grube solle die Bahn auch weiterhin als integrierten, international aufgestellten Logistikkonzern in die Zukunft führen. Arbeitnehmer, die ausgerechnet das Engagement ihres Arbeitgebers im Ausland unterstützen und einfordern – eine seltene Konstellation. Doch für die Transnet ist nur das Wachstum der DB AG Garant für das eigene Überleben. Um das zu gewährleisten, muss eben auch in Kauf genommen werden, dass der Eisenbahnverkehr in Deutschland auf der Prioritätenliste der Konzernspitze immer weiter nach hinten rückt.

Wie sehr die Transnet, die einst stolze, traditionsreiche Eisenbahnergewerkschaft, mit dem Rücken zur Wand steht, lassen ihre neuesten Fusionspläne erahnen, die im Herbst 2009 an die Öffentlichkeit gelangten. In den kommenden zwei Jahren wolle sich die Transnet mit der Beamtengewerkschaft GDBA zu einer Deutschen Verkehrsgewerkschaft zusammenschließen.

Fakt ist: Beide Gewerkschaften verlieren immer mehr Mitglieder, bei der Transnet waren es auch 2008 wieder fünf Prozent. Zwei sterbende Schwäne, die nun gemeinsam ans rettende Ufer paddeln und ihre Position gegenüber Konzern und Politik stärken wollen. Ob die Transnet das Vertrauen der Eisenbahner zurückgewinnen und sich als legitime Vertreterin von Arbeitnehmerinteressen wieder so weit profilieren kann, dass der Mitglieder-Exodus gestoppt wird und die finanzielle Abhängigkeit von der DB AG minimiert werden kann, bleibt allerdings abzuwarten.

DIE BAHN
UND DIE SICHERHEIT

Was Sie wissen sollten, bevor Sie das nächste Mal Zug fahren

Die meisten von uns kennen das mulmige Gefühl beim Besteigen eines Flugzeugs. Auch wenn wir mit einem der sichersten Verkehrsmittel der Welt verreisen, sind wir in der Regel froh, wenn wir wieder heil unten angekommen sind.

Ganz anders das Gefühl beim Besteigen eines ICE der Deutschen Bahn. Kaum Sicherheitshinweise, keine lästige Anschnallpflicht, sogar sein Gepäck darf man problemlos im Gang und vor den Notausgängen stapeln. Kaum etwas erinnert den Fahrgast daran, dass er sein Leben in die Hände von Material und Bahnpersonal legt, während er mit dreihundert Sachen durch die Landschaft rast.

Dabei wäre ein mulmiges Gefühl durchaus angebracht: Schlafende Lokführer, brechende Achsen und unsichere Tunnel lassen die Sicherheitspolitik der Bahn zunehmend fragwürdig erscheinen. Und das, obwohl der Konzern Umsätze in zweistelliger Milliardenhöhe erwirtschaftet. Da sollten doch ein paar Euro für die Sicherheit der Fahrgäste übrig sein. Oder ist es gar umgekehrt? Experten und Insider warnen: Die Bahn fährt auch deshalb immer größere Gewinne ein, weil rigoros gespart wird. »Sicherheit ist unser teuerstes Gut«, so der frühere Bahnchef Mehdorn. Möglicherweise ein wenig zu teuer für den geplanten Börsengang.

Warum in Köln ein zweites Eschede drohte

Am 9. Juli 2008 trennen nur wenige Minuten die Fahrgäste des ICE 518 »Wolfsburg« von einer tödlichen Katastrophe: Als ihr Zug, der kurz zuvor noch auf der Hochgeschwindigkeitsstrecke zwischen Frankfurt und Köln unterwegs war, im Schritttempo aus dem Kölner Hauptbahnhof ausfährt, entgleist ein Wagen. Der Auslöser: ein Achsbruch. Für Vatroslav Grubisic, den ehemaligen Vizechef des Fraunhofer-Instituts für Betriebsfestigkeit, ist das nicht verwunderlich: Seit Jahren warnt Professor Grubisic, der Gutachter der Staatsanwaltschaft bei der Zugkatastrophe von Eschede war, vor möglichen Achsbrüchen. »Die Bahn hat nichts aus Eschede gelernt«, sagt er. Die Ähnlichkeiten zwischen dem Beinahe-Unfall in Köln und der größten Bahnkatastrophe der Nachkriegszeit sind für Kenner zu frappierend.

Köln, 9. Juli 2008: Der ICE 518 »Wolfsburg« ist auf der Hochgeschwindigkeitsstrecke Frankfurt-Flughafen–Köln unterwegs, einem Abschnitt, auf dem der Zug bis zu 300 Stundenkilometer fahren kann. Spätestens als der Zug zum letzten Mal beschleunigt, bricht eine sogenannte »Radsatzwelle« – umgangssprachlich »Achse« genannt. Ein Zugbegleiter und ein Fahrgast ziehen wenig später die Notbremse. So kommen alle mit dem Schrecken davon. Das Bundesamt für Materialprüfung wird später in einem vorläufigen Bericht zu dem Schluss kommen, Ursache des Schadens seien verschiedene Faktoren gewesen: Unter anderem sei das Material defekt gewesen, und ein »Schwingriss« habe vorgelegen.[1] »Letzteres heißt nichts anderes als Materialermüdung«, sagt Vatroslav Grubisic. Ein Riss hatte sich immer weiter vertieft und die Achse schließlich brechen lassen. Der Zug entgleiste erst bei einem Fahrtrichtungswechsel, als er glücklicherweise nur im Schritttempo fuhr. Nur deswegen kam niemand zu Schaden. »Wäre dasselbe Ereignis bei einer Streckengeschwindigkeit von bis zu 300 Stundenkilometer aufgetreten, hätte sich mit nicht unerheblicher Wahrscheinlichkeit eine Katastrophe wie z. B. in Eschede ereignen können«, schreibt das Eisenbahnbundesamt, die oberste Bahnprüfbehörde, in einem Bericht.

Fahrgäste hatten schon während der Fahrt bedrohliche Geräusche gehört und nach eigenen Angaben den Zugführer darauf hingewiesen. »Die mitfahrenden Mitarbeiter hätten dann aber gesagt: Ja, da brauchen Sie sich keine Sorgen machen, das kennen wir schon. Das ist ungefährlich«, berichtete der Kölner Staatsanwalt Günter Feld dem ZDF-Magazin *Frontal 21*.[2]

Eschede, 3. Juni 1998: Der ICE »Conrad Röntgen« ist mit 200 Stundenkilometern auf der Fahrt von München nach Hamburg. Ein Radreifen bricht. Der Grund: Materialermüdung – Auslöser einer Katastrophe, bei der 101 Menschen starben.

Beim ICE 1 hatte man zuvor die altbewährten Monoblock-Räder gegen gummigefederte Räder ausgetauscht. Störende Geräusche, das sogenannte »Bistrobrummen«, sollten damit vermieden werden. Vorher waren diese Räder nicht einmal an den langsamsten Bahnmodellen, etwa bei Regionalzügen oder S-Bahnen, erprobt worden. Für Geschwindigkeiten von 200 Stundenkilometern wurde die neuartige Bauform nicht einmal in Simulatoren dauerhaft getestet. Die Stärke der Radreifen basierte lediglich auf theoretischen Berechnungen.

Hans-Jürgen Kühlwetter, ehemaliger Leiter der Rechtsabteilung beim Eisenbahnbundesamt, hat jeden Gerichtstag des Eschede-Prozesses verfolgt. Für ein Rad, so der Experte, das eine Geschwindigkeit von 200 Stundenkilometern leisten sollte, wurde weder eine rechnerische noch eine brauchbare experimentelle Spannungsanalyse vorgenommen. Für ihn ist das bis heute unvorstellbar. »Bei der Zulassung des für den Eisenbahn-Hochgeschwindigkeitsverkehr neu konstruierten Eschede-Rades ist lediglich ein Rad, ein einziges Rad, einer praxisfremden Prüfung unterzogen worden. Diese Prüfung ist außerdem nur an einem stehenden Rad erfolgt. Und dabei waren auch noch die Prüfkräfte viel zu niedrig. Aber fünftausend von diesen Radsätzen sind dann geliefert worden. Stellen Sie sich das mal bei einem Autohersteller wie VW vor. Ein einziges Rad wird nur stehend geprüft und dann 5000 Mal ausgeliefert. In der Autoindustrie wäre das schier undenkbar.«

Lieferant der Räder war die Firma VSG Verkehrstechnik GmbH mit Sitz in Bochum, eine Tochter der Georgsmarienhütte. Drei Monate nach dem Unfall änderte sie ihren Namen in BVV – Bochumer Verein Verkehrstechnik GmbH.

Köln 2008: Die Radsatzwellen, die beim ICE 3 in Köln fast zur Katastrophe geführt hätten, stammen ebenfalls von der Firma BVV. Hat sie den Materialdefekt zu verantworten? Auf unsere Fragen zu der Unfallachse bekommen wir keine Antwort. Oder ihre Auftraggeber? Siemens antwortet stellvertretend. »Wir haben den Zug nach geltenden Normen und Richtlinien gebaut, und der Zug wurde von der DB und dem EBA abgenommen. Weitere Fragen klären wir mit unserem Kunden.« Und die DB AG? Die schiebt es wieder auf den Hersteller: »Ursache der Probleme bei Achsen und Rädern unserer Züge ist in allen Fällen, dass wir nicht geliefert bekamen, was uns versprochen wurde: dauerfeste Achsen und Räder, die genauso lange halten wie der Rest des Fahrzeugs.« Waren die Achsen vor Inbetriebnahme hinlänglich erprobt? Das Eisenbahnbundesamt schreibt: »Da mit den ICE-3-Zügen erstmals in Deutschland Hochgeschwindigkeitsverkehr mit einer Geschwindigkeit bis zu 300 km/h aufgenommen wurde, lag folglich keine langjährige Praxiserfahrung vor.« Dabei sollte ein wenig Praxiserfahrung doch gerade bei Hochgeschwindigkeit dringend geboten sein.

Fest steht: Beim ICE 3 und beim ICE-T werden Achsen aus hochfestem Stahl eingesetzt (dem sogenannten 34CrNiMo6 beim ICE 3 oder 30NiCrMoV12 beim ICE-T), einem Material, das schon häufiger auffällig geworden ist: Bereits 2002 ging beim ICE-TD zwischen Gutenfürst und Hof eine Achse aus dem neuen Stahl zu Bruch – nach nur einem Jahr im Einsatz. Die dreiundachtzig Insassen blieben unverletzt. »Die Bruchbilder sind praktisch identisch«, so Vatroslav Grubisic. Seit Jahren sei die Bahn vor den risikobehafteten Achsen gewarnt worden.

Kontrolliert werden die Achsen von der Deutschen Bahn selbst, per Ultraschall. Wurden die Prüfintervalle vielleicht ausgedehnt, um Kosten zu sparen? Aus einem streng vertraulichen Dokument geht hervor, dass die Wartungsintervalle bereits ab 2003 deutlich verlängert wurden.[3] Weiter heißt es in einem Bahnpapier, dass damit die »Leistung um vierundzwanzig Prozent gesteigert«, die »Neuanschaffung von fünf ICE-Zügen vermieden« und somit jährlich »151 Millionen Euro« eingespart würden.[4] Die Bahn behauptet, es habe keine systematische Spreizung der Intervalle gegeben. Sie habe die Prüfintervalle auf 300 000 Kilometer heraufgesetzt. Im Übrigen würden die Prüfintervalle vom Hersteller vorgegeben. Und überhaupt habe man in der Praxis jeden Zug durchschnittlich alle 240 000 Kilometer untersucht.

Täuschen und vertuschen – der Umgang der Bahn mit der Eschede-Katastrophe

Mehrfach melden Zugbegleiter auf dem ICE »Conrad Röntgen« in den Wochen vor dem Unfall in Eschede Beschwerden über das Unglücksrad. Nichts passiert. Wenige Kilometer vor der Unfallstelle bricht der Radreifen, löst sich nach etwa zweihundert Metern ab, biegt sich auf und verkeilt sich im Fahrgestell. Die Bahn spricht nach der Katastrophe von einer »Verkettung unglücklicher Umstände«.

Die Bahn prüft die ICE-Räder schon seit Langem nicht mehr per Ultraschall, die Radsätze werden nur noch optisch mit der Taschenlampe und per Hammerschlag kontrolliert. Das kann maximal zur Auffindung grober Schäden dienen, so Experten.

Der Gutachter Vatroslav Grubisic fand im Trümmerfeld von Eschede schließlich den gebrochenen Radreifen: »Es handelte sich ganz eindeutig um einen Ermüdungsbruch. Das hieß auch: Möglicherweise gab es noch andere defekte Räder. Wenn diese Räder so dünn geworden sind, dann muss die Bahn alle Räder zunächst kontrollieren, bevor die Nutzung solcher Räder an ICE-Zügen überhaupt wieder zugelassen werden kann.«

Was auf die Entdeckung des defekten Radreifens folgte, war ein langwieriges Verfahren: »Bei den Untersuchungen und auch vor Gericht wurde von der Bahn sehr viel Druck gemacht. Sie holte zahlreiche Gegengutachten ein und bestellte sehr viele Anwälte, um die Zugkatastrophe als ein unabwendbares Ereignis darzustellen«, erzählt Vatroslav Grubisic rückblickend.

Der Prozess gegen drei Ingenieure, die sich nach der Katastrophe von Eschede vor Gericht verantworten mussten, wird gegen Zahlung von je 10 000 Euro eingestellt. Das Eisenbahnbundesamt ordnet an, dass die ICEs mit den fraglichen gummigefederten Radsätzen nicht mehr weiterfahren dürfen. Nach dem Unglück werden die Räder der noch im Betrieb befindlichen ICE-Züge untersucht. Drei weitere Risse werden festgestellt. Die Bahn tauscht die gummibereiften Räder der Züge aus und setzt wieder die altbewährten, aus einem Guss gefertigten Monoblockräder ein.

Nach dem Unfall von Köln: Hat die Bahn aus ihren Fehlern gelernt?

Trotz der Entgleisung des ICE 3 in Köln fahren die Züge dieser Baureihe ungehindert mit Höchstgeschwindigkeit weiter. Das Eisenbahnbundesamt zieht schließlich am 11. Juli 2008 die Notbremse: Alle im Einsatz befindlichen ICE 3, die seit der letzten Ultraschallüberprüfung mehr als 60 000 Kilometer Laufleistung aufwiesen, seien aus dem Verkehr zu ziehen und ohne Verzögerung auf Rissfreiheit zu überprüfen. Die Behörde stellte in einem Bescheid, der dem Bündnis »Bahn für alle« vorliegt, klar, dass die »sofortige Vollziehung dieses Bescheides […] wegen Gefahr im Verzug als Notstandsmaßnahme im öffentlichen Interesse […] angeordnet« wurde.

Deutliche Worte, doch die Bahn zeigt wenig Einsicht. Man äußert Unverständnis, findet die Maßnahme gar »unverhältnismäßig«, beklagt den vermeintlichen Übereifer. Nur widerwillig beugt sich Hartmut Mehdorn dem Diktat der Prüfbehörde. Einen Tag lang passiert nichts, die Züge fahren weiter.[5] Erst dann zieht die Bahn die betroffene ICE-Flotte aus dem Verkehr. Bahninsider vermuten finanzielle Gründe für den massiven Widerstand: Ein ICE, der einen Tag lang durch eine Prüfung lahmgelegt sei, bedeute zigtausende Euro Verlust für die Bahn, so ein Bahnmitarbeiter.

Verluste, die Mehdorn beim geplanten Börsengang schlicht nicht gebrauchen kann. In einem Prospekt des Unternehmens, der für den Börsengang wirbt, heißt es zu dem schwelenden Streit mit dem Eisenbahnbundesamt: »Sollten die Anordnungen des Eisenbahnbundesamtes gerichtlich bestätigt werden, könnte das zu erheblichen Einschränkungen des ICE-3-Verkehrs und damit verbundenen Umsatzverlusten sowie erheblichen Mehraufwendungen (z. B. für Ersatzbeschaffungen) führen.« Außerdem könnten »weitere über die bisherigen Forderungen des

Eisenbahnbundesamtes hinausgehende Maßnahmen für die gesamte ICE-3-Flotte und andere Baureihen ergriffen werden müssen, die einen erheblichen Kostenaufwand oder Umsatzausfälle für den DB-ML-Konzern verursachen könnten«.

Von Einsicht zeigte der damalige Bahnchef keine Spur – obwohl Mehdorn gern betonte, die Sicherheit der Fahrgäste sei ihm heilig. Doch immer wieder berichten Lokführer, sie bekämen Druck, wenn sie Vorfälle meldeten oder Untersuchungen forderten.

Eisenbahner aus dem ICE-Betriebswerk Hamburg-Eidelstedt traten schon 2006 dafür ein, die Wartungsintervalle für ICE-Züge dauerhaft zu verkürzen. In dem Werk werden Züge routinemäßig überprüft und Schäden behoben. Doch das ist für die Mitarbeiter kaum mehr zu schaffen: »Als Folge des Personalabbaus können nicht alle Arbeiten erledigt werden. Schlimmer noch, teilweise verschwanden unerledigte Arbeiten aus der EDV-geschützten Erfassung. Die Laufleistung zwischen den Wartungsintervallen wurde deutlich erhöht, und es gibt keine Reserve an Zügen und Mitarbeitern. Fällt jetzt ein Zug defekt aus, geht das Improvisieren los: Züge werden vermehrt durchgetauscht, Standzeiten verkürzt, oder sie fallen ganz weg. Nötige geplante Arbeiten können nicht stattfinden. So werden vom Management technische Mängel bewusst in Kauf genommen, z. B. abgerissene Bremsscheiben, ausgeschaltete Bremsen oder schadhafte Achsen […]«, schreiben Bahnmitarbeiter in der Kollegenzeitung *Am Zug* im April 2006.[6]

Und auch uns gegenüber bestätigt ein Wartungsingenieur die dramatische Verschlechterung der Sicherheitsstandards: Frank Dresen* ist Mitarbeiter in einem ICE-Prüfzentrum. Er erzählt uns, dass es nicht gern gesehen wird, wenn man bei den Inspektionen zu genau hinschaut:

* Name geändert

Ich arbeite seit mehreren Jahren hier und habe hautnah mitgekriegt, wie stark die Qualität der Kontrollen in den letzten Jahren gelitten hat. Die Inspektionsintervalle für die Züge wurden massiv gestreckt. Seit 2003 hat die Bahn die Intervalle immer weiter hochgefahren. Es gab ständig neue Bemessungen. Man wollte nur noch sparen. Da kamen dann die Herren von den Unternehmensberatungen. Hatten keine Ahnung, aber standen im Anzug in der Halle rum. Da ist nur Blödsinn bei rausgekommen.

Stellen Sie sich vor, das hier wäre eine Autowerkstatt, dann wäre das so: Heute gucken wir uns mal die Bremse an. Und in zwei Wochen gucken wir uns die Auspuffanlage an. Oder wir gucken uns am Auto die eine Achse an. Die andere gucken wir erst vier Wochen später an. So wurde bei uns alles komplett auseinandergepflückt, damit man in weniger Zeit mehr schafft.

Kurze Zeit nach dem Unglück in Köln wurde bei uns auch ein ICE-T gefunden, der einen Achsriss hatte. Aber nur bei den Zügen, die von den defekten Achsen betroffen sind, sind die Intervalle wieder verkürzt worden. Also beim ICE-T und beim ICE 3. Bei allen anderen nicht. Der Zug muss nämlich auf die Schiene. Nur wenn er fährt, bringt er auch Geld. Manche ICE-2-Züge stehen bei uns teilweise drei Wochen drin, da haben sie sogar schon überlegt, ob man Freitagabend alles wieder zusammenbaut, eine kurze Probefahrt macht, den am Wochenende mal ins Rennen schickt und dann am Montag weiterrepariert. Da haben wir aber nicht mitgemacht.

Jedes Wochenende, an dem ein ICE bei uns steht, verliert die Bahn zigtausende Euro. Deswegen wird da so ein Druck gemacht. Und umso mehr Fehler können dann auftreten.

Die Belastung für den Einzelnen wird immer größer. Wir brauchen dringend mehr qualifizierte Leute in den Instandhaltungswerken. Aber in den letzten Jahren ist kaum mehr jemand eingestellt worden. Erst jetzt, wo die Bahn die Prüfintervalle wieder verkürzen muss, tut sich da was.

Ich habe immer weniger Zeit für meine Arbeit, natürlich kann es da passieren, dass ich was übersehe. Aber ich unterschreibe nur, was ich auch verantworten kann. Viele sehen das ein bisschen entspannter. Dann kommt oft der Vorgesetzte und sagt: »Stempel das mal schnell ab.« Und derjenige macht das dann, obwohl er gar nicht richtig dafür ausgebildet ist. Zum Beispiel eine Tür, das ist in meinen Augen ein »sicherheitsrelevanter Bereich«. Das würde ich nie abstempeln, weil ich dafür keine Lizenz habe, aber das nimmt nicht jeder so genau. Es gab auch mal einen Fall, da ist eine Tür während der Fahrt aufgegangen, stellen Sie sich vor, was da alles hätte passieren können. Aber wenn einer wirklich sagt: »Das unterschreibe ich nicht«, dann muss eben der Schichtingenieur unterschreiben. Und wenn der auch nicht will, dann wird der Schichtdienstleiter geholt. Der macht's dann.

Zum Beispiel gibt es an den Rädern sogenannte Kennrillen, eine Art Einkerbung, die um das ganze Rad herum läuft. Wenn die abgefahren, also nicht mehr zu sehen ist, dann muss der Radsatz ausgetauscht werden. Da wird auch gern getrickst. Einer sagt: »Na, sehen wir was?« Der Zweite sagt: »Ich sehe nichts mehr.« Der Dritte sagt: »Ich sehe noch was – geht noch eine Runde gut.«

Wir sind ständig unterbesetzt. Da wird dann ein Elektriker als Schlosser eingesetzt, weil die einfach zu wenige Leute haben, auch wenn der dafür gar nicht qualifiziert ist und keine Lizenz hat. In meinem Werk gelten wir alle nur noch als »qualifizierte Handwerker« – da wird nicht mehr unterschieden, für was man nun eigentlich ausgebildet ist.

Es wird auch nicht so gern gesehen, wenn man zu genau

hinschaut. Ich habe einen Kollegen, der ist eine echte Koryphäe. Der kann viel, der sieht auch sehr viel. Aber sein Vorgesetzter hat ihm untersagt, bestimmte Sachen zu verfolgen. Der hat dann gesagt: »Was machst du hier? Du hast hier nichts zu suchen, kümmer dich um deinen Bereich!«

Früher wurden die Züge viel besser erprobt. Der ICE 1 ist noch ganz anders getestet worden, bevor er auf die Schiene kam. Die Erprobungszeiten für den ICE-T und den ICE 3 waren viel zu kurz. Der Hersteller musste ständig nachbessern, weil Regressansprüche geltend gemacht wurden. Ständig gibt es neue Vorschriften, die füllen dicke Ordner, da blickt keiner mehr durch. Die erste Generation ICE hat ja auch ein Redesign durchlaufen. Das war aber alles nur fürs Auge. Steckdosen für die Laptops und besserer Handyempfang. Aber an den grundlegenden Dingen wurde nichts verbessert, das sind immer noch die alten Bauteile. Nur frisch lackiert.

Wenn man nach den Inspektionszeiten geht, könnte man glauben: Je länger die Züge im Einsatz sind, umso besser werden sie angeblich. Also, wenn ich ein Auto habe, das zehn Jahre alt ist, dann ist das ja eigentlich reparaturbedürftiger als ein neues. Nur bei den Zügen, da soll es dann angeblich umgekehrt sein? Da stimmt doch was nicht…

Liegt es am Stahl?

Eines ist inzwischen klar: Mit gründlichen und engmaschigen Kontrollen können gefährliche Achsrisse gefunden und damit weitere ICE-Desaster vermieden werden, so Vatroslav Grubisic. Denn eigentlich, so der Experte, hätten die betroffenen Achsen niemals eingebaut werden dürfen. Zweifel hat Grubisic vor allem an dem verwendeten Stahl und der Stärke, mit der die Achsen gebaut werden. Für die aktuellen Belastungen seien die Achsen nicht ausgelegt.

Seit Langem werden beim ICE 3 und beim ICE-T Achsen aus hochfestem Stahl eingebaut, einer Chrom-Nickel-Molybdän-Legierung. »Das Material ist auf Dauerfestigkeit ausgelegt. Es ist praktisch unkaputtbar«, so Thomas Oelschlägel, Radwellenexperte der Bahn.[7] An Materialermüdung dachte bei dem hochgepriesenen Stahl jedoch offenkundig niemand. Ingenieure glaubten zu wissen, wie sich das Material unter Belastung verändert. Jahrzehntelang sollten sie angeblich ihre Dienste tun. Die »unkaputtbaren« Achsen wurden sogar verschlankt.

»Unterdimensioniert« nennt sie Professor Grubisic. Die Annahmen für die Belastungen seien veraltet. Hohe Geschwindigkeiten, stärkere Bremsen und die Neigetechnik belasteten die Achsen viel mehr, als berechnet wurde. »Von Einzelfällen kann da keine Rede sein«, sagt er. Nicht nur, dass schon im Dezember 2002 bei einem ICE-TD zwischen Gutenfürst und Hof nach nur einem Jahr im Einsatz ein Ermüdungsbruch aufgetreten ist. Der Achsen-Werkstoff ist bei diesem Zug derselbe wie beim Kölner Unfall-ICE. Auch danach wird an einem ICE-T mit Neigetechnik ein Achsriss entdeckt. Noch dreimal treten in der Folgezeit Mängel wie Risse und Oberflächenschäden auf. Alle Achsen sind ebenfalls aus modernen hochfesten Stählen gefertigt.

Das Eisenbahnbundesamt zieht einmal mehr die Reißleine und ordnet auch für die ICE-T-Züge kürzere Wartungsintervalle an – spätestens nach 60 000 Kilometern müssen die Wagen in die Inspektion. Am 24. Oktober 2008 muss DB-Vorstandsmitglied Karl Friedrich Rausch eingestehen: »Wir werden heute Nacht einen Großteil der ICE-T-Flotte außer Betrieb nehmen, bis wir alle Achsen einer Ultraschallprüfung unterzogen haben.«

So ohne Weiteres hatte die Bahn das allerdings nicht eingeräumt. Schon am 6. Oktober 2008 hatte das EBA verkürzte Prüfintervalle erlassen, für die ICE 3-Züge sogar alle 30 000

Kilometer. Die Bahn legte jedoch Einspruch ein. Gefeilscht wurde vor Gericht darum, in welchem Zeitraum die Prüfintervalle verkürzt werden sollten. Bahninsider vermuten auch hier Kostengründe.

Jenseits der Norm: War die Bahn gewarnt?

»Dass niemand zu Schaden kam, ist reiner Zufall«, so Vatroslav Grubisic. Seine Schlussfolgerung: Entweder muss das Achsmaterial fester werden, oder die Achsen müssen dicker werden. Doch die Bahn tut derartige Brüche nach wie vor als Zufälle ab. Schließlich hält man sich bei der Auslegung der Achsen an die europäischen DIN-Normen EN 13 103 und EN 13 104.

Doch selbst das Deutsche Institut für Normung hält die bestehende europäische Norm für unzureichend und hatte damals gegen die Annahme von EN 13 104 gestimmt. Die wichtigste Kontrollinstanz für Industriesicherheit kritisiert, dass die Norm keine Festigkeitsnennwerte enthalte. Außerdem nehme sie keinen Bezug auf die Häufigkeit des Auftretens von bestimmten Belastungen und Beanstandungen. Was taugt also das Einhalten von Normen, wenn nicht mal das zuständige Institut sie für ausreichend hält?

Schon im Dezember 2004 hatten Wissenschaftler des Bundesministeriums für Bildung und Forschung eine Studie über die »sichere und wirtschaftliche Auslegung von Eisenbahnfahrwerken« vorgelegt. Die Beanspruchungen, so die Wissenschaftler, seien teilweise ungewöhnlich hoch. Die dadurch induzierte Aussage, dass Fahrzeuge im heutigen Betrieb die EN-Lasten erheblich überschreiten können, sollte nochmals geprüft werden«. EN-Lasten sind laut den europäischen Richtlinien die zulässigen Belastungen für Fahrgestelle und Achsen.

Vatroslav Grubisic hat nachgerechnet: Demnach überschreitet die Achsbelastung im realen Betrieb die in der europäischen

Norm festgelegten Werte bei ICE-3-Zügen um bis zu neunzehn Prozent. Schon eine Überschreitung von zehn bis fünfzehn Prozent würde bedeuten, dass die Betriebszeit von dreißig Jahren um mehr als die Hälfte reduziert werden müsste. »Ich gebe zu, ich hatte mit Achsbrüchen gerechnet«, so Grubisic, »aber nicht so früh!«

Keine Achsprobleme im Ausland

Ein Hauptgrund für die hohen Belastungen der ICE-Achsen ist das Schienengemisch, das es nur in Deutschland gibt. So fahren ICE-Züge sowohl auf eigens gebauten Hochgeschwindigkeitsstrecken als auch auf alten Gleisen mit engen Kurvenradien. Gleichzeitig fahren schwere Güterzüge auf Strecken, wo sonst der ICE verkehrt. In Frankreich und Japan dagegen fahren Hochgeschwindigkeitszüge ausschließlich auf reinen Hochgeschwindigkeitsgleisen. Außerdem sind die Achsen dort deutlich dicker. 160 Millimeter beträgt der Durchmesser einer Achse beim ICE, beim französischen TGV sind es ganze 24 Millimeter mehr. Der japanische Shinkansen hat sogar 30 Millimeter mehr.

Unverhohlen schadenfroh zeigt man sich daher in Frankreich, wo man lange den Spott erdulden musste, der TGV sei ein rückständiges Vehikel. Ein Achsbruch ist in Frankreich allerdings noch nicht bekannt geworden.

Bei dem in Spanien eingesetzten Hochgeschwindigkeitszug AVE-S 103 hat Siemens konventionelle Stahlachsen von größerer Dicke eingesetzt. Als die spanische Gesellschaft RENFE nach dem Kölner Unfall besorgt nachfragte, wie sicher ihre Züge seien, konnte Siemens beruhigen. So etwas könne in Spanien nie passieren. Der Hersteller verwies auch auf das andere Material der Achswellen.

**Die Staatsanwaltschaft mauert und stellt fest:
Niemand ist schuld!**

Vier hochkarätige Bahnexperten – Karl-Dieter Bodack, Heiner Monheim, Andreas Kleber und Winfried Wolf – wollen eine juristische Aufarbeitung des Kölner Achsbruchs. Im Juli 2008 erstatten die renommierten Bahnkenner Strafanzeige gegen den damaligen Bahnchef Hartmut Mehdorn und den Vorstand der Deutschen Bahn AG. Der Vorwurf lautet auf »Verdacht des gefährlichen Eingriffs in den Bahnverkehr«. Zwei Wochen später behauptet die Kölner Staatsanwaltschaft, sie habe die Anzeige nicht erhalten, was laut Winfried Wolf »schlicht die Unwahrheit ist«. Die Zustellung sei gerichtsfest dokumentiert worden. Mündlich habe die Kölner Staatsanwaltschaft erklärt, dass sie, selbst *wenn* sie die Anzeige erhalten hätte, sich als nicht zuständig erklären würde. In diesem Fall gelte der Firmensitz (Berlin) und nicht das Tatortprinzip (Tatort = Hohenzollernbrücke, Köln). Deshalb wurde die Strafanzeige im August 2008 auch der Berliner Staatsanwaltschaft zur Kenntnis gebracht und dabei erklärt, dass die Kölner Staatsanwaltschaft sich faktisch weigere, die Anzeige zur Kenntnis zu nehmen, so Winfried Wolf.[8] Hartmut Lierow, Rechtsanwalt der Kläger, sagt dazu, dass ihm solch eine Blockadehaltung vonseiten der Staatsanwaltschaft in über dreißig Dienstjahren noch nicht begegnet sei.

Schließlich landete die Anzeige doch in Köln, und das Ermittlungsverfahren wurde eingestellt. Begründung: Der Tatnachweis einer Gefährdung des Bahnverkehrs durch die Verantwortlichen sei nicht zu führen. Wörtlich heißt es: »Nach den Schadensfeststellungen des Gutachters haben fertigungsbedingte Materialeinschlüsse in der Radsatzwelle zu einer Rissbildung geführt. Nach Ausweitung dieses Risses kam es letztlich zum vollständigen Bruch der Welle.« Und weiter: »Für die Verantwortlichen der Deutschen Bahn war nicht erkennbar, dass derartige

Verunreinigungen vorlagen.« Als Grundlage diente ein bearbeitetes Gutachten der Bundesanstalt für Materialsicherheit. Auch nachdem der Fall abgeschlossen war, durfte das Gutachten, das dieser Entscheidung zugrunde lag, von Journalisten nicht eingesehen werden.

Fest steht: Über die Entscheidung der Kölner Staatsanwaltschaft können sich alle freuen, denn es gibt keinen Verantwortlichen. Weder die Deutsche Bahn noch der Hersteller hätten demnach grob fahrlässig im Sinne des Strafgesetzbuchs gehandelt. Karl-Dieter Bodack, ehemaliger Bahnmanager, ist empört: »Das ist richtig, trifft aber gar nicht unsere Strafanzeige: Es ist davon auszugehen, dass jedes Stahlteil kleine Lunkerstellen [also Materialeinschlüsse, Anm. d. Verf.] enthält, die zunächst nicht feststellbar sind. Daher werden alle relevanten Bauteile mit mehrfacher Sicherheit dimensioniert. Erst unter wechselnder und dauernder Beanspruchung kann sich aus einer Lunkerstelle oder einer Macke an der Oberfläche ein Riss bilden. Hochlegierte Stähle sind hierfür besonders empfindlich, da ein Riss bei wechselnder Beanspruchung (sich drehende Achse) relativ rasch fortschreitet und dann, wenn er mehr als die Hälfte des Achsquerschnitts erfasst, zum Bruch führt.« Für Karl-Dieter Bodack ist klar: »Da die DB-Achsen im Gegensatz zu denen anderer Hochgeschwindigkeitszüge aus hochlegierten Stählen bestehen und geringer dimensioniert sind, stellen sie besondere Risikofaktoren dar. Mehrere Achsbrüche bei Neigezügen der DB AG bestätigten diese Risiken. Daher sieht die Wartung der Züge bei der DB AG vor, dass die Achsen von den Stirnseiten her auf Rissbildungen geprüft werden. Aus Gründen eines wirtschaftlichen Zugeinsatzes hatte die DB AG diese Prüfungen nur alle 300 000 Kilometer durchgeführt. Ein so langes Prüfungsintervall ist nach meiner Einschätzung fahrlässig, daher die Strafanzeige.«

Auch für den Eisenbahnrechtsexperten Hans-Jürgen Kühlwetter ist die Entscheidung der Staatsanwaltschaft ein Unding: »Einem LKW- oder Busfahrer, der mit abgefahrenen Reifen auf der Autobahn angetroffen wird, wird die Weiterfahrt untersagt. Ihn trifft die volle Schärfe des Gesetzes, einschließlich gegebenenfalls einer Gefährdung seiner Fahrerlaubnis durch Punkteeintrag in Flensburg. Ein Hersteller, Zulassender und Benutzer von Eisenbahnfahrzeugen kann in der Bundesrepublik offensichtlich – ohne sich der Gefahr von straf- oder zivilrechtlichen Folgen auszusetzen – nach ernst zu nehmenden Stellungnahmen der Wissenschaft gefahrenbehaftete Produkte herstellen, vertreiben, zulassen und benutzen. Und dies kann geschehen, obwohl aus der Wissenschaft erhebliche Bedenken gegen sicherheitstechnische Grenzen des Produktes geltend gemacht werden.«

Für Kühlwetter ist die Parallele zu Eschede überdeutlich: »Die katastrophalen Serienschäden an den sicherheitsrelevanten Achsen der meisten modernen Züge mit der Folge teurer und aufwendiger Überwachungen, Rückholaktionen sowie Stilllegungen müssen nach dem Eschede-Unglück doch endlich die Ingenieure und die Deutsche Bahn wachrütteln. Aber offensichtlich passiert nichts, außer dass man versucht, die Vorfälle immer noch als ›seltene Ereignisse‹, ›Zufälle‹ oder zu tragendes ›Restrisiko‹ zu verharmlosen.«

Die Kosten des Achsdesasters für die Deutsche Bahn belaufen sich inzwischen auf rund 350 Millionen Euro. Geld, das vielleicht besser von vornherein in eine bessere Erprobung des Materials und höhere Sicherheitsstandards im Betrieb gesteckt worden wäre.

Gefahrgut auf maroden Achsen

Ein Achsbruch verwandelte am 30. Juni 2009 den Bahnhof der toskanischen Stadt Viareggio in ein Flammeninferno. Zweiundzwanzig Menschen starben, als ein mit Flüssiggastanks beladener Güterzug entgleiste und teilweise explodierte. Ein halbes Jahr zuvor war die mehr als dreißig Jahre alte Achse noch in einer deutschen Werkstatt überprüft worden. Und auch bei uns ist ein solches Katastrophenszenario weniger unwahrscheinlich, als viele glauben.

Für wie prekär das Eisenbahnbundesamt die Sicherheit im deutschen Güterverkehr hält, zeigt ein Brief des EBA vom Mai 2009 an alle Betreiber von Güterzügen: Der Dauerfestigkeitsnachweis für die Radsatzwellen zweier Waggonbauarten könne nicht für Radsatzlasten von mehr als zwanzig Tonnen geführt werden. Im Klartext: Das verwendete Material ist schlicht ungeeignet für den Güterverkehr. Mehr als 600 000 solcher Achsen können europaweit auf den Schienen unterwegs sein, auch die Deutsche Bahn verwendet sie. Schon im Juli 2007 hatte das EBA nach mehreren Achsbrüchen verfügt, die Betreiber von Güterzügen müssten ihre Radsätze einer regelmäßigen Sicherheitsüberprüfung unterziehen. Eigentlich eine Selbstverständlichkeit – wie auch das EBA bestätigt. Den Betreibern werde »nur das abverlangt, wozu sie ohnehin bereits durch ihre gesetzliche Sicherheitspflicht verpflichtet sind«. Schlimm genug, dass man sie per Verfügung noch darauf hinweisen muss. Immerhin: Die DB AG beteuerte, bei ihren Zügen auf Achslasten von mehr als zwanzig Tonnen vorsichtshalber zu verzichten. Für Hans-Jürgen Kühlwetter absolut unverzichtbar: »Das Weiterbetreiben von Fahrzeugen mit solchen Achsen unter solchen Bedingungen und Belastungen erscheint grob fahrlässig, mithin schuldhaft. Durch die Politik sollte überprüft werden, ob es unter diesen Bedingungen noch vertretbar ist, Güterzüge mit Gefahrgütern durch eng besiedelte Gebiete zu führen.«

Das Eisenbahnbundesamt hat nun angekündigt, ein Verfahren einzuleiten, nach dem alle der mehr als 100 000 Güterwa gen auf deutschen Schienen auf Risse an den Achsen überprüft werden sollen.

Ausgepresst wie eine Zitrone: Wie die S-Bahn für die DB AG Geld verdienen muss – zulasten der Sicherheit

Nein, mit ihrem Stahl hat die Deutsche Bahn wirklich kein Glück. Das betrifft übrigens nicht nur Güterwaggons und den schicken ICE, sondern auch seine kleine, unscheinbare Schwester – die S-Bahn. In vielen deutschen Städten sind die S-Bahnen hundertprozentige Töchter der Bahn, so auch in Berlin, wo man nach dem Achsbruch in Köln ein wenig nervös wurde. Denn: Auch die Triebzüge der neuesten Baureihe der Berliner S-Bahn fahren mit Achsen, die aus dem gleichen Stahl gefertigt sind wie die Radsatzwellen des Unglücks-ICE aus Köln. Man werde deshalb die Prüfintervalle von 120 000 Kilometern auf 60 000 Kilometer verkürzen, versprachen die Chefs der Berliner S-Bahn noch im November 2008.

Das wäre auch bitter nötig gewesen, wie ein Unfall vom 1. Mai 2009 zeigte: In dem östlichen Stadtteil Kaulsdorf entgleiste ein mit Fahrgästen besetzter S-Bahn-Zug der neuesten Baureihe 481/482. Bei der Einfahrt in den Bahnhof sprang der letzte Wagen aus der Spur, niemand wurde verletzt. Zum Glück, denn bei voller Geschwindigkeit oder bei einem Entgleisen des Triebwagens hätte die Sache auch weniger glimpflich ausgehen können.

Ursache des Unfalls war ein Radbruch. Erneut versprachen die Chefs der Berliner S-Bahn, das Problem durch schärfere Kontrollen in den Griff zu bekommen, das Eisenbahnbundesamt ordnete eine Überprüfung der S-Bahn-Räder alle sieben Tage an.

Passiert ist seitdem offensichtlich gefährlich wenig, wie das Eisenbahnbundesamt bei einer unangemeldeten Kontrolle bei der S-Bahn Berlin feststellen musste. Prüf- und Radwechselintervalle seien nicht eingehalten worden, so das EBA, das Unternehmen habe sowohl seine Selbstverpflichtung als auch die Vorgaben des EBA missachtet.

Pech für alle Berliner S-Bahn-Fahrgäste, denn als Konsequenz zog das EBA zwei Drittel des S-Bahn-Fuhrparks aus dem Verkehr. Neue Radscheiben mussten montiert und sämtliche Räder und Achsen auf ihre Festigkeit hin überprüft werden – so etwas dauert. Deshalb fuhr im von Sommertouristen gut besuchten Berlin des Jahres 2009 auf den meisten Linien nur noch alle 20 Minuten eine heillos überfüllte, zudem von acht auf sechs Wagen verkürzte Bahn. Wochenlang verkehrte auf der zentralen Innenstadtachse zwischen Ostbahnhof und Bahnhof Zoo überhaupt keine S-Bahn, zwei weitere Linien wurden komplett eingestellt.

Kaum schien das schlimmste Achsenchaos bewältigt, gab es neue Horrormeldungen: Offenbar waren bei der Berliner S-Bahn seit fünf Jahren die Bremszylinder nicht mehr ordnungsgemäß gewartet worden. Vorschriften wurden systematisch ignoriert, sogar Prüfprotokolle gefälscht und Arbeiten als erledigt abgehakt, die nie stattgefunden hatten – offenbar auf Anweisung des Managements. Wieder war wochenlang nur ein Viertel der S-Bahn-Flotte fahrtüchtig.

Die Berliner kann das alles wenig schocken, sie sind Kummer mit ihrer S-Bahn gewöhnt. Denn um die hohen Renditeforderungen des Mutterkonzerns DB AG zu erfüllen, haben die dienstbeflissenen S-Bahn-Manager ihren Laden ausgepresst wie eine Zitrone – auf Kosten von Sicherheit und Service. Eine Rekordumsatzrendite von 16,2 Prozent und ein Betriebsergebnis von 97,8 Millionen Euro sollte die Berliner S-Bahn der DB AG

2009 bescheren, belegen interne Zielvorgaben des Konzerns. Bis 2016 sollte das Betriebsergebnis auf 125 Millionen Euro steigen. Eher bescheiden sollten dagegen die Investitionen ausfallen: Gerade einmal drei Millionen Euro waren hier für 2009 vorgesehen. Zwischen 2005 und 2008 hat die S-Bahn eine Gewinnsteigerung von sechshundert Prozent erzielt, so der Verkehrsverbund Berlin-Brandenburg in seiner Qualitätsanalyse 2008. Gleichzeitig setzte das Unternehmen sechs Prozent weniger einsatzbereite Fahrzeuge ein, sparte mehr als tausend Stellen beim Personal ein, fuhr die Ausstattung der Fahrgastinformationssysteme auf den Bahnsteigen auf ein Minimum zurück und sparte massiv bei der Instandhaltung und Wartung der Züge. Weit mehr als 19 000 S-Bahn-Fahrten fielen im Jahr 2008 aus, mehr als siebzig Prozent davon wegen Mängeln an der bahneigenen Infrastruktur. Die Kundenzufriedenheit ist in den vergangenen Jahren stark gesunken, ebenso die Pünktlichkeit, schreibt der Verkehrsverbund. Und im Vergleich zu privaten Anbietern im öffentlichen Nahverkehr Berlin-Brandenburgs schneidet ausgerechnet die vom Berliner Senat mit jährlich rund 230 Millionen Euro bezuschusste Tochter der DB AG am schlechtesten ab.

Dabei war man bei der Bahn noch bis vor wenigen Jahren so stolz auf den Goldesel Berliner S-Bahn. In einer internen Bahnbroschüre aus dem Jahr 2005 lobte der damalige Chef der Konzernentwicklung, Alexander Hedderich, die positive Entwicklung der S-Bahn und offenbarte: »Zu den zentralen Maßnahmen gehört zudem die Verlängerung der Wartungsintervalle.«

Auf den Sicherheits- und Publicity-Gau des Jahres 2009 reagierte die Bahn mit einem Bauernopfer: Die vier Geschäftsführer der Berliner S-Bahn mussten ihre Posten niederlegen – gefeuert wurden sie indes nicht. Konzernstratege Alexander Hedderich, maßgeblich mitverantwortlich für den radikalen Sparkurs, wurde sogar befördert: Bahnchef Grube machte ihn gleich nach seinem Amtsantritt zum Chef der Güterverkehr-Sparte DB Schenker. Für Manager, die durch knallhartes Sparen die Rendite erhöhen, findet sich in einem Konzern wie der DB AG immer eine Aufgabe.

Und das S-Bahn-Personal? Hat nicht nur seit Jahren vor den immer schlechter werdenden Sicherheitsstandards gewarnt, sondern auch selbst darunter gelitten, wie unsere Gespräche mit zwei Mitarbeitern zeigen. Peter Schuster*, S-Bahn-Lokführer seit 1979, wirft seinen Chefs vor, mit dem Leben des Personals und dem der Fahrgäste gespielt zu haben:

Eigentlich sind Lokführer zähe Burschen, die auch noch mit dem Kopf unterm Arm zum Dienst kommen. Aber die Dienste werden immer unmenschlicher, länger und anstrengender. Kein Wunder, dass die Lokführer immer öfter an roten Signalen vorbeifahren. Wenn früher jemand mal ein Signal missachtet hat, dann kam er erst mal in die Werkstatt. Das war gut für ihn. Da konnte er sich wieder erholen und auch mal die Arbeit der anderen kennenlernen. Jetzt muss er wegen Personalmangels schnell wieder weiterfahren.

Die Achsen und die Bremsen an den Zügen gehen ständig kaputt. Das allein ist noch nicht ungewöhnlich. Aber: Wenn die Züge häufiger gewartet werden, sind sie natürlich besser unter Beobachtung. Dann kann man schneller einen Zug aus dem Verkehr ziehen. Die Bahn hat aber die Intervalle immer weiter vergrößert, Züge sind weitergefahren, obwohl sie längst in die Werkstatt gehört hätten. Und genau darüber rege ich mich auf: Sie hat wissentlich mit dem Leben der Fahrgäste, aber auch mit meinem Leben gespielt. Wir müssen alle einen Schutzengel gehabt haben, dass nichts passiert ist. Dass

––––––
* Name geändert

es einen schlimmen Unfall hätte geben können, hat die Bahn, meiner Meinung nach, einfach so in Kauf genommen. Was die da oben aus unserer S-Bahn gemacht haben, tut mir wirklich im Herzen weh.

Schuld an dem Desaster hat allein der Börsengang. Überall musste gespart werden, vom Ohrstöpsel in der Werkstatt über Schutzausrüstungen bis hin zu den Prüfintervallen bei den Zügen. Manchmal sind die Signalanlagen komplett zugewuchert, weil die auch nicht mehr so häufig die Bäume schneiden. Dann ist man froh, wenn das Laub im Herbst fällt, dass man sie wieder sehen kann. Im Frühjahr sind mal die Signalanlagen eingefroren. Da haben sie am Schmiermittel gespart. Die Folge kann sein, dass Züge ungebremst aufeinanderfahren. Wir Lokführer haben dann aufgepasst wie die Luchse. Wenn sich nicht alle immer noch für die Bahn so ins Zeug werfen würden, gäbe es noch viel mehr Unfälle.

Peter Schusters Kollegin Kerstin Sinnig* ist für die Bahnsteigaufsicht zuständig. Sie versteht gut, dass die Kunden sauer sind:

Die Stimmung unter den Kollegen ist zur Zeit katastrophal. Wir haben schon seit Jahren vor den schlechten Zuständen gewarnt. Keiner wollte es wahrhaben. Es musste folglich zu dem jetzigen Desaster kommen.

Früher war auf jedem Bahnhof immer noch eine Aufsicht vor Ort. Das war sinnvoll, nicht nur für das sichere Abfertigen der Züge. Die Aufsicht konnte bei Gefahren, Gewalttaten und Vandalismus einschreiten, Rollstuhlfahrern beim Ein- und Aussteigen helfen, Touristen Auskünfte erteilen. Bei einer Rauchentwicklung im Zug kann man heute von Glück

---

* Name geändert

reden, wenn es der Lokführer bemerkt oder noch eine der wenigen Aufsichten da ist, die den Zug rechtzeitig stoppt. Von den vormals ungefähr 800 Aufsichten sind jetzt gerade noch 400 übrig. Auf 135 sollen sie noch weiter reduziert werden. Nur noch wenige Bahnhöfe sind dann besetzt.

An den Schaltern wird es auch immer schlimmer. Von über 74 Serviceeinrichtungen sind ganze 35 übrig geblieben. Und ein großer Teil davon sollte schon geschlossen werden. Und wenn dann so ein Chaos wie letzten Sommer eintritt, was meinen Sie, was die Kollegen dann erleben, und wie fertig sie sind! Nicht nur ich, auch meine Kollegen verstehen, dass die Kunden zu Recht sauer sind.

Unsere Leute versuchen ALLES für die Fahrgäste der Berliner S-Bahn zu tun. Aber auch die S-Bahnerinnen und S-Bahner sind völlig am Ende. Die ständigen Optimierungen und die momentanen Arbeitsbedingungen machen sie krank. Viele werden depressiv oder schlimmer. Immer öfter zerbrechen S-Bahnerfamilien an den vielen geleisteten Überstunden. Es ist schlimm, dass ich das sagen muss, aber die S-Bahn macht ihre eigenen Leute kaputt.

Der Tunnelcrash von Fulda – ein Beispiel für katastrophales Krisenmanagement

Der 26. April 2008 ist ein echter Glückstag für die Deutsche Bahn: Am Nordportal des 11 Kilometer langen Landrückentunnels zwischen Fulda und Kassel rast ein ICE mit 220 Stundenkilometern in eine Herde Schafe, die sich auf die Gleise verirrt hat. Der Triebwagen und mehrere Waggons entgleisen, geraten in Schieflage, schrammen an der Tunnelwand entlang und kommen nach 600 Metern in der Tunnelröhre zum Stehen. Nur wenige Augenblicke zuvor hatte ein entgegenkommender ICE den Tunnel passiert und ebenfalls zwei Schafe gerammt, allerdings ohne zu entgleisen. Pures Glück, dass die beiden Züge nicht kollidierten, dass kein Feuer ausbrach, dass alle 135 Passagiere aus eigener Kraft Zug und Tunnel verlassen konnten. Glück auch die Schadensbilanz: neunundzwanzig verendete Schafe, dreiundzwanzig verletzte Fahrgäste, drei davon schwer. Und wie durch ein Wunder: keine Toten.

Man sollte annehmen, dass bei der Deutschen Bahn spätestens seit der Katastrophe von Eschede ein solides Rettungskonzept besteht, das trainiert und mit den lokalen Rettungskräften wie Notärzten und Feuerwehr abgestimmt wird. Doch das Brand- und Katastrophenschutzdezernat des Regierungspräsidiums Kassel kommt in seinem Bericht zum Unfall im Landrückentunnel zu einem verheerenden Schluss: Das Notfallmanagement der Bahn sei »mangelhaft«.

Aber von vorn: Direkt nach dem Crash informiert der Lokführer des Unglückszugs die Notfallleitstelle der Bahn. Die schickt einen Notfallmanager an die Unfallstelle, um die Rettungsmaßnahmen zu koordinieren. Doch der findet sich am falschen Tunnelausgang wieder, er hatte von seiner Leitstelle offenbar eine falsche Kilometerangabe erhalten. Auch die Leitstelle der Feuerwehr bekommt zunächst nur unzureichende Informationen, so das Brand- und Katastrophenschutzdezernat Kassel. Wie viele Fahrgäste sind im Zug? Sind alle draußen? Wie viele Verletzte gibt es? Wo werden sie hingebracht? Nur eines ist sicher: Der Informationsaustausch zwischen Bahnpersonal und externen Rettungskräften verläuft chaotisch.

Für die Rettung von Fahrgästen bei einem Zugunglück unterhält die Bahn eine kleine Flotte von Rettungszügen, die mit Feuerwehr- und Rettungstechnik sowie entsprechend ausgebildetem Personal besetzt sind und laut Vorschrift aus beiden Richtungen an die Unglücksstelle zu beordern sind. Doch die Notfall-leitstelle der Bahn setzt nur einen Rettungszug Richtung Land-rückentunnel in Bewegung, ein zweiter wird erst nach »massiver Anforderung« durch den Einsatzleiter losgeschickt. Laut Bericht des Regierungspräsidiums Kassel wurde das Ausmaß des Unfalls durch die Bahnmitarbeiter »heruntergespielt« – den kostspieli-gen Einsatz der Rettungszüge hätte man sich wohl gern gespart.

Und tatsächlich hätte sich die Bahn den Einsatz schenken können: Eine geschlagene Stunde dauert es, bis der erste Ret-tungszug schließlich am Tunnel eintrifft, der zweite kommt ganze drei Stunden nach dem Unglück an. Fraglich, ob da noch viel zu retten gewesen wäre, hätte es im Tunnel ein Feuer ge-geben oder hätten schwerverletzte, womöglich eingeklemmte Passagiere geborgen werden müssen.

Fraglich auch, ob das anwesende Bahnpersonal in der Lage ge-wesen wäre, auch nur simpelste Erste Hilfe zu leisten: Laut Aus-sage des Feuerwehrführers auf einem der Rettungszüge ist einer der beiden Triebkopfführer »nicht nüchtern«, sprich: betrunken. Der zweite hat keine Ahnung, wie die zur Rettung erforderlichen Aggregate in Betrieb zu nehmen sind, und blättert erst eine Weile in seinem Handbuch, bevor der Einsatz endlich losgehen kann.

Glück für die Bahn, dass wenigstens die anwesende Feuerwehr ihr Rettungsmaterial zu bedienen weiß. Doch hätte dies im Ernst-fall etwas genützt? An den Portalen des Landrückentunnels – immerhin einer der längsten Eisenbahntunnel Deutschlands – gibt es zu diesem Zeitpunkt keinen Löschwasseranschluss, wie es an Straßentunneln und auch an anderen Bahntunneln üb-lich ist. Die Feuerwehr hätte im Brandfall erst mühsam lange Schläuche verlegen und das Wasser von weit her beziehen müs-sen. Oder sie hätte das mitgeführte Löschwasser der Rettungs-züge verwenden müssen, die – wie schon erwähnt – nicht gerade zeitnah am Unfallort eintrafen.

Hätten panische Zugpassagiere den falschen Fluchtweg gewählt und sich verletzt in einen der beiden Rettungsstollen geflüchtet, so wäre es für die Feuerwehr unmöglich gewesen, den Verletzten zu helfen. Die Türen der Stollen sind von außen nicht zu öffnen – schließlich, so heißt es in einer vertraulichen Stellungnahme der Bahn, sei eine Rettung durch die Feuerwehr über die Rettungsstollen auch gar nicht vorgesehen. Diese habe »nicht durch die Notausgänge, sondern mit dem speziell für den Tunneleinsatz ausgerüsteten Rettungszug« zu erfolgen. Wohlgemerkt: durch jenen Rettungszug, der erst Stunden nach dem Unfall einsatzfähig und dessen Triebkopfführer alkoholisiert beziehungsweise sichtlich überfordert waren.

Dabei hätte der Unfall von vornherein vermieden werden können, ganz unaufwendig: mit einem Videoüberwachungssystem, wie es bei Straßentunneln längst Standard ist. Das System erkennt automatisch, ob sich Personen, Tiere oder Gegenstände im Tunnel befinden, und schlägt Alarm. Und auch ein Zaun, zumindest in Tunnelnähe, hätte den Unfall leicht verhindern können. In Ländern wie Frankreich und Belgien sind übrigens alle Hochgeschwindigkeitsstrecken eingezäunt, und zwar komplett.

»Unverantwortliche Panikmache« – so nennt die Bahn in gewohnt unselbstkritischer Manier den Bericht aus Kassel. Das Sicherheitskonzept habe sich bewährt, heißt es in der vertraulichen Stellungnahme, zumal ein Unfall wie dieser aufgrund der »hohen präventiven Sicherheit des Eisenbahnverkehrs extrem unwahrscheinlich ist«.

Extrem unwahrscheinlich? Ein absurdes Argument, mit dem jede Airline ihre Schwimmwesten und Sauerstoffmasken aus den Flugzeugen verbannen könnte, denn auch deren Einsatz darf als extrem unwahrscheinlich gelten.

Und noch einmal hatte die Bahn Glück im Unglück: Für die Presse stand schnell ein vermeintlich Schuldiger fest. Denn Auslöser des Unfalls waren nicht etwa Rehe oder eine Rotte Wildschweine, für die letztlich niemand verantwortlich ist, sondern Schafe. Und diese Schafe gehörten dem Schäfer Norbert W., dessen Haus von nun an von Journalisten belagert wurde.

»War der Schäfer schuld?«, fragte *Bild* in großen Lettern und spekulierte, ob der Mann seine Tiere vielleicht absichtlich auf die Gleise getrieben habe. Die Bahn forderte Schadensersatz in Millionenhöhe, die Staatsanwaltschaft Fulda leitete ein Ermittlungsverfahren wegen Verdachts auf gefährlichen Eingriff in den Schienenbahnverkehr und gefährlicher Körperverletzung ein.

Das Verfahren wurde wegen mangelnden Tatverdachts schnell wieder eingestellt, der Schäfer hatte die Weide seiner Tiere ordnungsgemäß gesichert – und zudem schon einige Jahre zuvor zusammen mit anderen Bauern per Unterschriftenaktion gefordert, die Tunneleinfahrt einzäunen zu lassen. Erfolglos. Eine Einzäunung, so ließ die Bahn ihn damals wissen, sei zu kostspielig.

Konsequenzen aus dem Unfall zog man bei der Bahn übrigens nicht: Weder Videoüberwachung noch Zäune, noch ein zusätzlicher Löschwasserzugang seien gesetzlich vorgeschrieben, ließ man uns wissen. Die Rettungszüge seien bewährter Bestandteil des Rettungskonzepts, der Unfallbericht des Regierungspräsidiums Kassel in weiten Teilen nicht nachvollziehbar.

Auch das Eisenbahnbundesamt sieht keinen Anlass, das Sicherheitskonzept der Bahn infrage zu stellen, verweist aber auf einen Unfalluntersuchungsbericht der Eisenbahn-Unfalluntersuchungsstelle, die zum EBA gehört. An dem werde fieberhaft gearbeitet. So fieberhaft, dass er mehr als ein Jahr nach dem Unglück immer noch nicht fertig ist.

Die vergessenen Unfälle

Spektakuläre Unfälle wie die Beinahekatastrophe im Landrückentunnel sind normalerweise für Wochen Thema in den Medien. Doch die weitaus meisten Zwischenfälle schaffen es nicht einmal in die Zeitung, auch weil die Bahn ein großes Geheimnis darum macht. Hans-Georg Zimmermann, Pressesprecher der DB-Netz, lässt uns wissen, die Unfallzahlen der Bahn seien nicht öffentlich – »die geben wir nicht raus« –, und verweist uns an das Eisenbahnbundesamt. Dort zeigt man sich ein wenig auskunftsfreudiger: Für die ersten sieben Monate des Jahres 2008 verzeichnet die Unfallstatistik des EBA im Güter- und Personenverkehr auf dem Netz der DB AG

- 7 Zusammenstöße
- 664 Unfälle durch Aufprall auf Gegenstände
- 12 Entgleisungen
- 470 Unfälle mit Personenschäden (inklusive Suizide)
- 126 Unfälle durch Zusammenprall
- 45 Fahrzeugbrände

Gern wüsste man mehr über die Hintergründe dieser Unfälle, doch das EBA wiegelt ab: Die Zahlen seien vorläufig, das Eisenbahnbundesamt befasse sich lieber konkreter mit Einzelfällen, als aufwendige Statistiken zu führen. Diese »Einzelfälle« werden in einem öffentlich kaum beachteten Bericht der Eisenbahnunfalluntersuchungsstelle analysiert. Da liest man von falsch gesicherten Containern, die von Güterzügen purzeln, Entgleisungen aufgrund von Radsatzwellen- oder Schienenbrüchen und von getöteten Gleisarbeitern, deren Baustelle irrtümlich für den Zugverkehr freigegeben worden war.

Jedes Jahr werden etwa 8500 Unfälle oder Ereignisse, die zu Unfällen hätten führen können, gemeldet. Diese statistisch genau zu erfassen und auszuwerten – und sich nicht nur mit Einzelfällen zu befassen – sei dringend notwendig, erzählt uns ein Informant aus dem Eisenbahnbundesamt, der nicht genannt werden möchte. Vor allem die Analyse der Unfallursachen sei wichtig, um Trends zu erkennen – etwa, ob vermehrt Menschen beim Einsteigen in plötzlich schließende Türen eingeklemmt werden und beispielsweise die Sicherheit der Türschließtechnik verbessert werden müsste. Oder ob immer wieder fehlerhafte Bau- und Betriebsanweisungen, kurz »Betras«, die das Verhalten im Baustellenbereich regeln, zu Unfällen führen.

Und tatsächlich existieren beim EBA sehr wohl detaillierte Statistiken über die Hintergründe sämtlicher gemeldeter Unfälle – sie werden nur offensichtlich ungern herausgerückt, wenn die Presse danach fragt. Ärger mit der Bahn wolle man beim eigentlich unabhängigen Kontrollgremium EBA unbedingt vermeiden, so unser Insider, schließlich unterstehen beide demselben Dienstherrn: dem Bundesverkehrsminister. »Die Frage ist auch, ob uns die DB AG überhaupt alle Unfälle meldet. Es kam schon vor, dass unsere Unfallzahlen nicht mit denen der Bahn übereinstimmten.« Und was passiert, wenn das EBA ein Sicherheitsproblem feststellt? »Dann hilft meistens nur das Drohen mit der Öffentlichkeit«, so unser Informant. »Wir sagen dann: Kümmert euch darum! Es sieht doch besser aus, wenn euer Vorstandsvorsitzender sagen kann: Wir haben aus Sicherheitsgründen gehandelt, als wenn es heißt: Das Eisenbahnbundesamt musste die Bahn anweisen. Das ist das Spiel.«

Ein Spiel, bei dem übrigens nicht alle mitspielen dürfen: Mitarbeitern der Bahn, sprich Werkmeistern, Lokführern, Zugpersonal und Ingenieuren, soll es nicht gestattet sein, sich direkt an die Aufsichtsbehörden zu wenden, sollten ihnen Sicherheits-

mängel auffallen. Die Bahn bestreitet, dass es eine solche Anweisung gibt; außerdem seien die gemeldeten Unfallzahlen kor-
rekt.

Ausgebremst! Wie die Bahn ihre Pünktlichkeits-
statistik manipuliert – auf Kosten der Sicherheit

Na, das sind doch mal gute Nachrichten: Mehr als 11 Milliarden Euro kann die Bahn 2009 und 2010 in ihre Infrastruktur
stecken, dank einer großzügigen Zuteilung von Steuergeldern
aus dem Konjunkturpaket der Bundesregierung. Die Instandhaltung der Bahnhöfe – mit Ausnahme großer Prestigebauten –,
der Gleise, Tunnel und Brücken gehörte bislang nicht gerade
zu den Lieblingsaufgaben der Bahn AG. Nur in einem Punkt
scheint die Bahn einen geradezu genialen und bestechend billi-
gen Lösungsansatz gefunden zu haben: in der Beseitigung soge-
nannter Langsamfahrstellen.

928 dieser Stellen mit einer Gesamtlänge von 723 Kilometern gab es zum 30. August 2008 im bundesweiten Schienennetz, so der Verein Netzwerk Privatbahnen. Stellen, an denen
marode Brücken, baufällige Weichen, defekte Oberbauanlagen
und ungültige Signale die Züge zwingen, besonders langsam zu
fahren. Auf der Strecke Berlin–Dresden zum Beispiel kann auf
diversen Abschnitten nur 50 Stundenkilometer gefahren werden. 2:15 Stunden beträgt die derzeitige Fahrzeit – ein Armuts-
zeugnis für die sonst so geschwindigkeitsverliebte Bahn. »Die
Strecke sind wir unter Dampf schon schneller gefahren«, sagt
Hans Joachim Kernchen, zuständiger Bezirkschef der Lokführergewerkschaft GDL.

Langsamfahrstellen sind ein Ärgernis: Sie sorgen für Verspätungen, verpasste Anschlüsse, vergrätzte Fahrgäste. Im Güter-

verkehr sind sie häufig der Grund für verspätete Sendungen und damit letztlich auch für eine Verteuerung des Schienenverkehrs. Und sie sind ein echtes Sicherheitsrisiko: Man stelle sich einfach vor, was passieren kann, wenn ein 400 Tonnen schwerer Hochgeschwindigkeitszug mit Volldampf über baufällige Gleise rattert, weil ein Lokführer im Stress die entsprechende Warnung im Handbuch oder aufgestellte Warnsignale übersehen hat.

So geschehen in Brühl am 6. Februar 2000, als ein D-Zug mit 122 Stundenkilometern eine Gleisbaustelle passierte, auf der höchstens 40 Stundenkilometer zulässig waren. Der Zug entgleiste, die Lok und mehrere Wagen stürzten eine Böschung hinab und gegen ein Wohnhaus. Neun Tote und 148 zum Teil schwer Verletzte waren die Bilanz. Hinterher stellte sich heraus: Im Handbuch, das alle zwei Wochen neu aufgelegt wird und den Lokführer über Langsamfahrstellen und zugelassene Höchstgeschwindigkeiten informieren soll, standen falsche Angaben. Das Signal an den Gleisen mit der korrekten Höchstgeschwindigkeit übersah der Lokführer offenbar.

Die Bahn hat also ein Interesse daran, Langsamfahrstellen möglichst rasch zu beseitigen. Und darin ist sie verdammt fix. Auf unsere Anfrage hin teilte uns die Pressestelle der Bahn AG mit, man habe bis Ende 2008 die Anzahl mängelbedingter Langsamfahrstellen auf einen einstelligen Wert reduzieren können. Zur Erinnerung: Sechs Monate zuvor gab es noch 928 dieser Stellen! In einem internen Schreiben an alle Mitarbeiter lobt sich die Bahn selbst: »Wohl kaum einer hätte vor zwei Jahren geglaubt, dass wir das schaffen!«

Zauberei? Oder gar eine enorme Kraftanstrengung der Bahn, Infrastrukturmängel zu beseitigen? Sicher nicht. Laut Netzwerk Privatbahnen und der Bundesarbeitsgemeinschaft Schienenpersonennahverkehr werden Langsamfahrstellen, die länger als sechs Monate bestehen, schlicht und einfach in den Fahrplan übernommen. Und siehe da: Die Pünktlichkeitsstatistik ist schlagartig verbessert, Langsamfahrstellen existieren nicht mehr. So ist zum Beispiel zu erklären, warum ein Zug 1993 noch 1:51 Stunden von Berlin nach Dresden brauchte, heute aber mehr als zwei Stunden.

Auch wenn die Langsamfahrstellen wie von Zauberhand verschwinden: Die Sicherheitsmängel bleiben. Unser Insider aus dem Eisenbahnbundesamt erzählt uns von Gleisanlagen, »da können Sie Befestigungsschrauben mit der Hand rausziehen. Jedes Jahr stellen wir allein bei Gleisanlagen mehrere hundert Verstöße gegen Rechtsnormen fest. Und meistens wird die Bahn erst aktiv und behebt den Mangel, wenn wir damit drohen, einen Bescheid zu machen.« Es sei übrigens reiner Zufall, wenn das EBA derartige Sicherheitsmängel überhaupt mitbekomme: »Es ist nicht gewollt, dass wir selber rausfahren und die Strecken kontrollieren, so wie wir es früher gemacht haben.«

Gut für die Bahn: Wenn weniger kontrolliert wird, werden auch weniger Mängel gefunden und Millionen gespart. Das ist prima für die Statistik – und für die Bilanz.

Lokführer Thorsten Schmidt* berichtet uns von der permanenten Gefahr, dass Lokführer manchmal vor Übermüdung einschlafen und dadurch Langsamfahrstellen übersehen:

Seit zwanzig Jahren arbeite ich als Lokführer, ich fahre ICE, IC und die Nachtzüge. Bis zu vierzehn Stunden können meine Schichten dauern. Das kann eigentlich keiner durchhalten. Das sind richtige Hammer-Touren, und das für 2500 Euro brutto.

Die Monotonie und die Müdigkeit sind das größte Problem. Gerade bei langen Nachtschichten, die oft bis weit in

---

* Name geändert

den Vormittag reingehen. Manchmal ist man so müde, dass man immer wieder kurz einschläft. Das kennt jeder Lokführer. Da bringt es auch nichts, dass ich alle 30 Sekunden eine Fußtaste bedienen muss, die sogenannte Sicherheitsfahrschaltung. Wenn Sie so viele Jahre Lokomotiven gefahren haben, dann ist so ein Grundrhythmus drin, dass man auch im Schlaf diese Taste weiterbedient. Es gibt Kollegen, die schon durch Bahnhöfe durchgefahren sind, weil sie geschlafen haben. Und man wird dann nicht automatisch angehalten oder von einem Sicherheitssystem gebremst, auch nicht auf der Schnellfahrstrecke.

Dabei müssen wir eigentlich hellwach sein. Es gibt genug Gefahren auf der Strecke, auf die man achten muss: den richtigen Fahrweg, die Langsamfahrstellen. Es knallt ja auch immer mal wieder nachts auf der Fahrbahn, wenn ein Tier vor den Zug läuft oder man einen Vogel erwischt. Es gibt zwar Ruheräume für uns in den Wendebahnhöfen, aber da gibt es selten Liegemöglichkeiten, da stehen dann ein Stuhl, ein Tisch, ein Fernseher. Es gibt Nächte, in denen ich kaum richtig geschlafen habe. So dürfte ich noch nicht mal Auto fahren, aber ich muss auf die Lok.

Wir fahren häufiger mit Störungen, die länger bestehen, weil die Bahn nicht mehr genug Personal hat, um sie schnell zu beheben. Im besten Fall sind es nur defekte Toiletten oder Klimaanlagen, aber man fährt auch schon mal mit einem ICE mit einzelnen ausgeschalteten Bremsen oder weniger Antrieben. Dann darf man natürlich nicht so schnell fahren. Wenn dann noch ein Antrieb ausfällt, wird's eng. Fahrzeiten kann ich dann manchmal nicht mehr einhalten – oder man bleibt auf der Strecke liegen, das haben bestimmt auch schon einige Fahrgäste erlebt. Es gab mal eine Lok, da hab ich gesagt: Die fahr' ich nicht, die nehm' ich nicht, da sahen die

Räder zu weit abgefahren aus. Das hab ich durch Zufall gesehen, eigentlich ist das Sache der Instandhaltung. Aber ich habe mich durchgesetzt.

Die Probleme mit den ICE-Achsen haben mich nicht gewundert. Das wusste man schon vor Jahren, dass es Materialprobleme gibt und die Wartungsintervalle zu lang sind. Aber die Bahn spart immer mehr bei der Erprobung neuer Fahrzeuge und bei der Instandhaltung der Züge, die Abstände zwischen den Überprüfungen werden immer länger. Wer nicht so oft hinschaut, findet auch nicht so viele Schäden, könnte man sagen. Früher konnte man auch innerhalb einer Stunde alles reparieren, weil genug Personal da war. Da ging man durch die Instandhaltungswerke, und da liefen viele Arbeiter rum. Heute ist da gähnende Leere.

In vielen Bereichen wurde ohne Ende Personal abgebaut. Die Bahn hat bei uns Lokführern versucht, das Problem mit Quereinsteigern zu lösen. Von einem Tag auf den anderen mussten tausend neue Lokführer eingestellt und innerhalb von sechs Monaten ausgebildet werden. Diese Zeit ist einfach viel zu kurz. Klar, die haben alle die Prüfung bestanden, aber viele mussten gleich auf die großen Züge, wo sie verständlicherweise oft überfordert sind. Deutlich schlechter bezahlt werden die auch, die haben richtige Knebelverträge bekommen. Wenn was passiert, kann die Bahn immer sagen: Die haben doch die Prüfung bestanden.

Und dann gibt es auf der Strecke ja nur noch eine Handvoll Betriebszentralen. Stellwerke sind oft gar nicht mehr besetzt, das läuft alles ferngesteuert. Wenn auf der Strecke irgendwas passiert, sind die Wege oft viel zu weit, um schnell reagieren zu können. Früher gab es Stellwerksmitarbeiter, die die Züge beobachten mussten. Da fühlte man sich irgendwie sicherer. Das Problem ist auch: Die Computer, die alles *fernsteuern, geben immer mal wieder Fehlalarme ab. Daran gewöhnt man sich schnell. Und wenn der Computer Alarm schlägt, sagt man schnell: Ach, der spinnt wieder. Aber was ist, wenn dann wirklich auf der Strecke eine Gefahr droht?*

Lokführer allein an Bord: Wie der Personalabbau auf Regionalstrecken die Sicherheit der Fahrgäste gefährdet

Man kann es natürlich auch positiv sehen: Auf diversen Strecken im Regionalverkehr der Bahn tendiert die Gefahr, beim Schwarzfahren erwischt zu werden, gegen null. Seit 2007 reduziert die Bahn kontinuierlich die Zahl der Zugbegleiter, sodass etwa in Brandenburg rund ein Drittel der Züge (Privatbahnen eingeschlossen) nur noch mit einem Lokführer unterwegs sind. Wo kein Schaffner, da keine Ticketkontrolle – aber auch niemand, der Vandalismus verhindern kann, niemand, der Touristen eine Auskunft erteilt, niemand, der Behinderten beim Ein- und Aussteigen hilft. Und niemand, der einschreitet, sollte es unter den Fahrgästen zu Rangeleien kommen.

Das könne im Bedarfsfall doch auch der Lokführer allein regeln, befand der brandenburgische Minister für Infrastruktur und Raumordnung. Schließlich sind es die Verkehrsgesellschaften der Länder, die der Bahn die Besetzungsquoten in ihren Nahverkehrszügen diktieren – und auch die Länder wollen sparen. Ob diese Besetzungsquoten eingehalten werden, darüber gibt es keine Statistiken. »Das kann man uns nicht zumuten, auf Signale achten, die Strecke im Blick haben und dann noch nach hinten alles abchecken und für Sicherheit sorgen«, so ein Lokführer.

Laut Vorschrift darf ein Lokführer einen Zug mit bis zu sechs

Reisewagen auch allein fahren. Das ist immerhin ein 160 Meter langes Gefährt, plus Lok. Doppelstöckige Züge mit bis zu tausend Fahrgästen fahren also ohne Begleitpersonal durchs Land – zum Beispiel auf der Strecke Finnentrop–Olpe, wo es immer wieder zu Prügeleien und gewalttätigen Übergriffen auf Fahrgäste durch rechte Schläger kommt und wo einem Lokführer einmal nichts anderes übrig blieb, als einen Vater mit seinen kleinen Kindern im Fahrerstand in Sicherheit zu bringen. Oder auf der Strecke zwischen Oberstdorf und Sonthofen, wo ein achtjähriges Mädchen allein auf dem Bahnsteig zurückblieb, weil der Lokführer übersehen hatte, dass die Mutter noch den Kinderwagen aus dem Zug heben musste. Und wer weiß, ob jemand wie Dominik Brunner – der Mann, der sich im Herbst 2009 in der Münchner S-Bahn schützend vor bedrohte Jugendliche stellte – seine Zivilcourage wirklich mit dem Leben hätte bezahlen müssen, wäre uniformiertes Zugpersonal an Bord gewesen. Oder an dem Bahnsteig, an dem der Fünfzigjährige von zwei jugendlichen Schlägern totgeprügelt wurde. Keine Kamera, keine Notrufsäule kann solche Gewalttaten verhindern. Mehr Personal schon.

Lutz Schreiber, Vorsitzender der Lokführergewerkschaft GDL, fordert, dass auf jeden Zug auch ein Zugbegleiter gehört – zur Sicherheit der Fahrgäste und zur Unterstützung des Fahrers. »Für einen Lokführer ist es beruhigend zu wissen, dass noch ein Kollege mit im Zug ist. Stellen Sie sich einen Regionalexpress voller Fußballfans vor, angetrunken, rauchend und frustriert, weil die Mannschaft verloren hat. Dazu ganz normale Fahrgäste. Setzen Sie da mal allein das Rauchverbot durch. Behalten Sie an einem Knotenbahnhof mal den Überblick beim Ein- und Aussteigen der Fahrgäste. Da denkt sich der Lokführer: Nichts sehen, nichts hören – und hoffentlich geht alles gut.«

DIE BAHN UND IHRE GEGNER

Wie der Konzern Kritiker und Konkurrenten kaltstellte

Eigentlich sollte das Konzernmanagement der Deutschen Bahn gut schlafen können: Es gibt gigantische Rechts- und Kommunikationsabteilungen, eine starke Lobby, beste Kontakte in die Politik und kaum Konkurrenz, die die Vormachtstellung der DB AG im Eisenbahnverkehr ernsthaft angreifen könnte. Wozu sich also allzu viele Gedanken machen über ein paar kritische Experten, unbequeme Mitarbeiter und nervige Journalisten? Doch tatsächlich ist die Bahn erstaunlich dünnhäutig, wenn es darum geht, Kritik einzustecken oder gar der Konkurrenz eine faire Chance auf dem Eisenbahnmarkt einzuräumen. Da fährt der riesige Konzern gern seine gesamte Artillerie auf und kämpft auch mit unfairen Mitteln: Kritiker werden mundtot gemacht, gute Presse heimlich von einer PR-Firma organisiert. Und die Konkurrenz, die es wagt, die Platzhirsche am Schwanz zu ziehen, wird massiv in ihre Schranken verwiesen – schließlich ist die DB noch immer Herrscher über die Schieneninfrastruktur, den Bahnstrom, den Ticketverkauf und den Fahrplan. Verwunderlich eigentlich: Denn wer den deutschen Steuerzahler im Rücken hat – der tolerieren muss, dass ein Konzern im Staatseigentum lieber intakte Lokomotiven verschrotten lässt, als sie der Konkurrenz zu verkaufen, oder Tochterfirmen ohne Tarifbindung gründet, um mit Dumpinglöhnen die Konkurrenz auszustechen –, der braucht sich vor ein paar Privatbahnen doch eigentlich nicht zu fürchten.

Trotzdem: Die Bahn schießt weiter mit Kanonen auf Spatzen – und richtet dabei oft mehr Schaden an, als ihr selber lieb sein kann.

Feindbeobachtung: Wie die Bahn mit Kritikern kurzen Prozess machte

Jenen Tag im August 2005 wird der Verkehrsexperte Gottfried Ilgmann so schnell nicht vergessen: Plötzlich stand die Polizei mit einem Durchsuchungsbefehl vor seinem Büro. Sein Terminkalender und sein Adressverzeichnis wurden beschlagnahmt, es ging um Geheimnisverrat. Ilgmann, ein Kritiker der Bahnprivatisierung und nicht gerade ein Fan Hartmut Mehdorns, war ins Visier der Ermittler gekommen, weil er Kontakt zu Bahnmitarbeiter S. hatte, der offensichtlich auch kein großer Fan des Bahnchefs war.

Bahnmanager S. galt als unbequem und geriet so in den Focus des großen E-Mail-Schnüffelsystems der Bahn. Die Konzernsicherheit und die Revision checkten seine E-Mail-Korrespondenzen und fanden heraus, dass sich Herr S. von einem Bahnexperten das Manuskript eines kritischen Vortrags hatte schicken lassen. Grund genug, das Büro von Herrn S. zu durchsuchen, wobei Unterlagen gefunden wurden, die er eigentlich nicht hätte haben dürfen. Etwa eine Vorstandsvorlage, in der die Verschrottung neuwertiger Waggons thematisiert wurde, die man lieber zerstören als der Konkurrenz verkaufen wollte – eine enorme Verschwendung von Steuermitteln.

Dieses Papier hatte Herr S. mit dem Buchstaben »G« versehen. »G« wie Gottfried, folgerte man bei der Bahn und war sich sicher: Herr S. wollte das geheime, den Bahnchef schwer belastende Dokument an seinen Bekannten Gottfried Ilgmann weiterleiten. Wenig später durchsuchte ein Berliner Staatsanwalt Ilgmanns Büroräume. Ausgerechnet der Staatsanwalt, der zuvor Mitarbeiter der Bahn-Konzernsicherheit gewesen war. Gefunden wurde nichts, Ilgmann bestreitet, je eine interne Unterlage an die Presse weitergeleitet zu haben.

Herrn S. wurde fristlos gekündigt, in einem Prozess wurde er wegen Geheimnisverrats zu einer Geldstrafe von 70 000 Euro und neun Monaten Haft auf Bewährung verurteilt. Und das, obwohl die Beweise gegen ihn offenbar auf illegalem Wege gesammelt worden waren.

Es kann also teuer werden, sich gegen den Bahnchef zu stellen und den Missbrauch von Steuergeldern öffentlich zu machen. Das Beispiel von Herrn S., den die Kritik an Mehdorn Ansehen und Karriere gekostet hat, muss auf viele Bahnmitarbeiter eine abschreckende Wirkung gehabt haben. Und auch viele Verkehrsexperten, Politiker und Journalisten mussten sich fragen, mit welchen Mitteln die Bahn gegen sie kämpfte.

Zumindest war das Bahnmanagement bestens informiert über seine Kritiker. In Minidossiers sammelte der Konzern Informationen über kritische Experten, die kurz vor einer wichtigen Anhörung zur Bahnprivatisierung vor dem Verkehrsausschuss bei vermeintlich privatisierungsfreundlichen Abgeordneten kursierten – und ganz offensichtlich den Zweck hatten, die vortragenden Experten zu diskreditieren. Über den anerkannten Verkehrswissenschaftler Gottfried Ilgmann heißt es dort beispielsweise: »Benutzt geschickt polemische Formulierungen, die Öffentlichkeitswirkung entfalten. Geringes wissenschaftliches Standing, keine methodische Kompetenz bekannt; stattdessen vergangenheitsbezogene Darstellung von Anekdoten. Mitwirkung an den Arbeiten der Regierungskommission beschränkte

Die Bahn **DB**

Ressorttreffen G am 05.11.2005

Dr. Josef Bähr, GI

Informationssicherheit

- Ermittlungstechnik im Fall „S███"

- Erkenntnisse zur Datensicherheit im Großrechnerbereich

Vorgehen der Bahnrevision im Fall S. – nur ein Beispiel von vielen.

Die Bahn

Ermittlung Informationsabfluss ALT

Bisher von MZ durchgeführtes Verfahren.

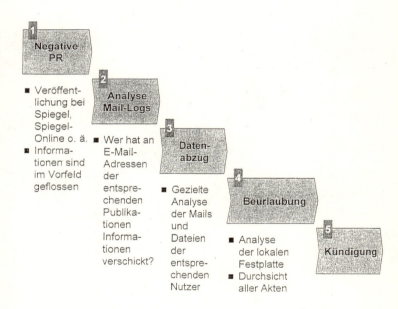

Folienersteller, 18.03.2009

Die Bahn **DB**

Ermittlung Informationsabfluss NEU

Verfahren, das durch GII implementiert und nun von MZ übernommen wurde.

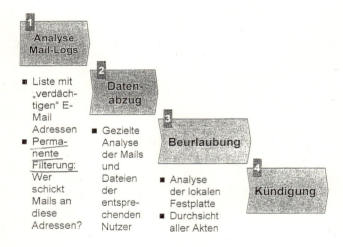

Folienersteller, 18.03.2009

Vorgehen der Bahnrevision in anderen Fällen.

sich nach deren Angaben auf Sekretariatstätigkeiten.« Wohl kaum, denn offiziell war Ilgmann zuständig für die Erarbeitung der übergeordneten Zielsetzung und Strategie der Kommission, was nicht gerade nach einfacher Schreibarbeit klingt. Auch über den Bahnexperten Professor Christian Böttger gibt es ein kleines Dossier: »Keine hochwertigen Veröffentlichungen in wissenschaftlichen Zeitungen«, heißt es da über den Wissenschaftler, der an der Hochschule für Technik und Wirtschaft in Berlin Marketing lehrt. Und sogar Thilo Sarrazin, der ehemalige Bahnvorstand und spätere Finanzsenator Berlins, bekommt sein Fett weg: »Seit Verlassen der Bahn bekannter Bahn- und Mehdornkritiker, [...] kürzlich aggressiver und inhaltlich anfechtbarer Artikel gegen das Bahnmanagement in der *FAZ*.«

Doch nicht nur Bespitzelung und öffentliche Demontage gehören zur Strategie der Bahn, sich Kritiker vom Leib zu halten – das Unternehmen droht auch mit Taschengeldentzug. Genauer gesagt mit der Kündigung der Mitgliedschaft in diversen Verbänden, sollten die der Bahnprivatisierung nicht zumindest neutral gegenüberstehen, heißt es in einem streng vertraulichen Strategiepapier aus dem Jahr 2004. »Positionen der relevanten Verbände gegen die DB-Interessen sind zu begrenzen, wo möglich zu vermeiden. [...] Zu allen Verbänden bestehen Kontakte, die für eine Einflussnahme genutzt werden können. [...] Nur in Ausnahmefällen sollte eine Kündigung der genannten bestehenden Mitgliedschaft erfolgen.« Um die Meinung einzelner Verbände zum Bahn-Börsengang noch deutlicher darzustellen, wurden sie in der vertraulichen Vorstandsvorlage mit kleinen Ampeln versehen. Eine grüne Ampel heißt: Dort ist man voll auf Bahn-Linie, als weiteres Vorgehen wird »abgestimmtes Lobbying« empfohlen. Eine gelbe Ampel mache »stärkere Einflussnahme notwendig«.

Vor allem der mächtige Bundesverband der Deutschen In-

Die Bahn DB

Stand der Meinungsbildung zum Börsengang in den Verkehrs-/Bahnverbänden

	Gesamtbewertung (Juli 2004)	Einfluss über	Verantwortlich
2004: 950 T€ + 825 T€ Werbung 2005: 950 T€ + 800 T€ Werbung		• Präsidium • Verwaltungsräte • Ausschüsse • Landesgruppen • Arbeitsgruppen	M, G.GS, M.MS
2004: 127,8 T€ + 10 T € (Netzkarte)		• Vorsitzenden • Geschäftsführer • Mitglieder • Finanzierung	M, M.MS
2004: 25,4 T€		• Präsidium • Arbeitsausschuss • Lenkungskreise, insbesondere LK Schiene	G, M, M.MS

16.07.04

Geheimes Papier – wie die Bahn zum Börsengang Einfluss auf Verbände nehmen wollte.

dustrie machte den börsengangfixierten Bahnmanagern Sorgen, denn dort sympathisierte man mit der Trennung von Netz und Betrieb – eine Privatisierungsvariante nicht im Sinne von Bahnchef Mehdorn. So bekam der damalige Chef des BDI, Michael Rogowski, einen persönlichen Brief von seinem Freund Hartmut, in dem sich der Bahnchef bitter beklagte, wie sehr sein Konzern und besonders er selbst unter dem »persönlichkeitsgetriebenen Mobbing verschiedener Leute mit unterschiedlichsten Zielen leiden. [...] Eure gesamte Veranstaltung wird wieder von der üblichen Miesmacherei gegen die Bahn geprägt sein und ihre Zerschlagung zum Ziel haben.« Zum 7. Juli 2004 ließ Mehdorn anweisen, Beiträge und sonstige finanzielle Zuwendungen an den BDI einzustellen.

Manchmal geht es auch nach hinten los, wenn die Bahn mit lautem Gebrüll auf lästige, nervende Kritiker losgeht. So geschehen Anfang des Jahres 2009, als der Blogger Markus Beckedahl in seinem Weblog netzpolitik.org ein internes Memo des Berli-

---

Datum: 07.07.2004

BDI

Bitte alle Beiträge oder sonstige finanzielle Unterstützung an den BDI einstellen.

Vermerk von Ex-Bahnchef Mehdorn zum Umgang mit dem börsengangkritischen Bundesverband der Deutschen Industrie.

ner Datenschutzbeauftragten über das Ausmaß des Datenskandals bei der Deutschen Bahn veröffentlichte. Beckedahl war bei Weitem nicht der Einzige, dem dieses Memo zugespielt worden war, mehrere Journalisten hatten ebenfalls daraus zitiert. Nur auf netzpolitik.org konnte es in Gänze als pdf heruntergeladen werden.

Das Memo hatte insgesamt relativ wenig Aufmerksamkeit erregt – bis die Bahn dem Blogger eine Abmahnung schrieb mit der Aufforderung, das Dokument sofort aus dem Netz zu entfernen und eine Unterlassungserklärung abzugeben. Sonst drohten ein Prozess und Schadensersatzforderungen.

Beckedahl weigerte sich, veröffentlichte die Abmahnung ebenfalls in seinem Blog und trat damit eine Welle der Solidarität los. Plötzlich berichteten etliche Medien von *taz* bis *Spiegel* über den Kampf David gegen Goliath: ein kleiner Blogger gegen die gewaltige Rechtsabteilung der Deutschen Bahn. In Foren und Blogs verbreitete sich die Geschichte – und mit ihr das Memo, dessen Verbreitung die Bahn ja eigentlich hatte stoppen wollen – wie ein Lauffeuer. Die Grünen, die FDP-Fraktion und die Linkspartei bekundeten ihre Solidarität, dem Blogger wurde finanzielle Unterstützung angeboten, falls es wirklich zum Prozess kommen sollte. Dass die Bahn nach einem beispiellosen Spitzelskandal auch noch die freie Berichterstattung darüber verhindern wollte – mit dem Verweis auf Betriebsgeheimnisse –, brachte ihr in der Öffentlichkeit erst recht keine Sympathien ein.

Eine Woche nach dem Versand der Abmahnung gab die Bahn nach. Auf Anfrage teilte die Pressestelle mit, man werde die Sache nicht weiterverfolgen, es werde keine weiteren Schritte gegen »diesen Blogger« geben.

Gute Presse – selbst gemacht!

Und wieder musste ein altgedienter Bahnmanager den Hut nehmen: Ralf Klein-Bölting, der Generalbevollmächtigte für Konzernmarketing und Kommunikation, wurde im Mai 2009 von Bahnchef Rüdiger Grube aus dem Amt befördert, nachdem bekannt geworden war, dass die Bahn einer Firma mehr als eine Million Euro für verdeckte PR-Aktionen gezahlt hatte. Frei nach dem Motto: Wenn man keine gute Presse bekommt, dann macht man sie sich eben selber.

Im Frühjahr 2009 hatte die Initiative Lobby Control – angestoßen durch einen Bericht des ZDF-Magazins *Frontal 21* – aufgedeckt, mit welchen Methoden die Bahn die öffentliche Meinung über den geplanten Börsengang und den Streik der Lokführergewerkschaft GDL zu beeinflussen versuchte: Im Jahr 2007 beauftragte die Bahn die Beratungsfirma European Public Policy Advisers (EPPA) damit, das Image der Bahn ordentlich aufzupolieren – 1,3 Millionen Euro wollte man sich das kosten lassen. EPPA beauftragte wiederum zwei Subunternehmer: die Firma berlinpolis, die sich als »unabhängige Denkfabrik« in Mobilitätsfragen geriert, sowie die Firma Allendorf Media, die auf das Beschaffen von Prominenten-Testimonials spezialisiert ist.

Berlinpolis startete dann die Internetseite www.zukunftmobil.de – eine sich unabhängig gebende Plattform, auf der allerlei Positives zum Thema Privatisierung zu lesen war. Unter dem Benutzernamen »zukunftmobil« fanden sich Einträge in den Foren von tagesschau.de und stern.de – allesamt erfüllt von der Hoffnung auf eine baldige Bahnprivatisierung. Daniel Dettling, Geschäftsführer von berlinpolis, stellte sich diversen Medien als unabhängiger Experte zur Verfügung und schrieb Artikel für das Wirtschaftsmagazin *Capital*, Kommentare im Berliner *Tages-*

spiegel und für die *Financial Times Deutschland*, in denen er die Bahnprivatisierung als zukünftige Erfolgsgeschichte ausmalte.

Berlinpolis gab außerdem mehrere Demoskopien in Auftrag, deren Fragen so formuliert waren, dass unweigerlich ein günstiges Ergebnis für die Bahn herauskommen musste. Kurz vor einer Expertenanhörung im Bundestag zur Teilprivatisierung der Bahn konnte berlinpolis vermelden, dass sich laut einer Forsa-Umfrage die Mehrheit der Deutschen Vorteile von der Bahnprivatisierung verspreche. Dass in der Umfrage ausschließlich nach möglichen Vorteilen, nicht aber nach Nachteilen gefragt worden war, fiel nicht weiter auf.

Auch zum Streik der Lokführergewerkschaft GDL ließ berlinpolis eine Meinungsumfrage erstellen. Gefragt wurde: »Die GDL hat von der Bahn ein fünftes Angebot bekommen. Danach soll das Fahrpersonal einen eigenen Tarifvertrag, 4,5 Prozent mehr Lohn und eine Einmalzahlung von 2000 Euro erhalten. Sollte sich die GDL mit diesem Ergebnis zufriedengeben, oder sollte sie weitere Forderungen stellen?« Kein Wunder, dass bei dieser tendenziösen Fragestellung das Ergebnis das Bahnmanagement erfreut haben dürfte. Und berlinpolis vermeldete, mehr als fünfzig Prozent der Deutschen hätten kein Verständnis mehr für den Streik der GDL. Ein voller Erfolg, diverse Medien wie die *Frankfurter Rundschau*, die *Welt*, *Spiegel Online* und die *Berliner Morgenpost* griffen die Umfrage auf – unter Überschriften wie »Die Stimmung kippt«, »Lokführer legen Deutschland lahm, Passagiere sauer« oder »Lokführer verlieren Rückhalt«. Und das nur wenige Tage vor einer neuen Streikrunde der GDL, die sich bis dato des Verständnisses der Bevölkerung sicher sein konnte.

Im Tätigkeitsbericht der Lobbyagentur EPPA taucht auch die Gründung der »Initiative Mobil in die Zukunft« auf, die mit der Website www.meinebahndeinebahn.de im Stil einer Bürgerinitiative massiv für die Bahnprivatisierung eintrat. In mehreren Blogs und Internetforen tauchten Kommentare auf, die auf diese Website als »besonders interessante Quelle« verwiesen. Ganz offensichtlich war die angebliche Bürgerinitiative nur der Versuch, der Anti-Privatisierungsinitiative »Bahn für alle« das Leben ein bisschen schwerer zu machen. Und wenn sich schon keine echten Bürger organisieren ließen, die dem Börsengang der Bahn etwas Gutes abgewinnen konnten, geschweige denn für ihn eintreten und werben wollten, dann musste man eben ein paar Profis dafür bezahlen.

Ebenfalls in den PR-Skandal verwickelt war die Firma Allendorf Media. Sie organisierte positive Stimmen zur Bahn von Prominenten wie etwa der TV-Moderatorin Barbara Eligmann oder dem RTL-Urgestein Hans Meiser, die in Medien wie der *Bild* abgedruckt wurden. Sie produzierte auch fertige Radiobeiträge, die bei diversen Sendern ausgestrahlt wurden.

Nach Bekanntwerden der Lobby-Control-Studie distanzierte sich Bahnchef Rüdiger Grube von diesen Praktiken und versprach eine lückenlose Aufklärung. Mit der Entlassung des Kommunikationschefs scheint die Sache für die Bahn jedoch vorerst erledigt: Eine Auflistung sämtlicher verdeckter PR-Aktivitäten, aller beteiligten Firmen und Personen fehlt bislang.

Es ist aber auch ein Kreuz mit der Presse, die von allein eben nicht wirklich auf die Idee kommt, die Privatisierung der Bahn uneingeschränkt zu bejubeln. Da halfen auch die subtilen Werbebotschaften nicht, die die Bahn laut eines internen Strategiepapiers vom Frühjahr 2006 via Presse schon damals unters Volk bringen wollte: »Die DB hat ihren Sanierungsauftrag erledigt und ist auf wirtschaftlichem Erfolgskurs in Richtung Börse.« – »Die DB sichert deutsche Arbeitsplätze durch ihre Geschäfte in der Boombranche Logistik.« – »Die DB investiert in die Zukunft des deutschen Schienenverkehrs.« Und weil das freiwillig kaum jemand so drucken wollte, sorgte der Bahnvorstand mit

Redaktionsbesuchen bei publikumsstarken Zeitungen und Magazinen für guten persönlichen Kontakt.

Wehe jedoch, wenn die Presse Unliebsames über die Bahn und ihre Bosse schreibt. Das bundeseigene Unternehmen ist ein wichtiger Anzeigenkunde, und die Drohung, Anzeigen zurückzuziehen, ist ein mächtiges Druckmittel. Keine unübliche Strategie für große Konzerne – die Bahn beharrt jedoch darauf, Chefredakteuren nie gedroht zu haben. Jedenfalls nicht vonseiten des amtierenden Vorstands.

Wie sich die Bahn die Zusammenarbeit mit der Presse vorstellt, zeigt zum Beispiel ein geharnischter Brief des ehemaligen Konzernkommunikationsleiters Dieter Hünerkoch an Arno Balzer, den Chefredakteur des *Manager Magazins*. 2003 hatte das Magazin in einer Titelstory Bahnchef Mehdorn Missmanagement vorgeworfen, dazu mit mehr als zwanzig Experten gesprochen, der Bahn eine Liste mit Fragen zukommen lassen und deren Antworten eingearbeitet. Nur ein Gespräch mit Mehdorn selbst blieb den Journalisten trotz mehrfacher Anfragen verwehrt.

Für Kommunikationsleiter Hünerkoch war die Story nichts als eine »handwerklich miserabel, oberflächlich und einseitig recherchierte Geschichte«, mit der sich der Autor offensichtlich den Frust von der Seele habe schreiben dürfen, weil er keine Ahnung von der »hochkomplexen und gewaltigen Aufgabe bei der Bahn und von Mehdorn« habe. Nie sei die Bahn über den genauen Inhalt der Story informiert worden, um dazu Stellung nehmen zu können. Dies sei »Journalismus aus dem Hinterhalt«. Und dass ein geplantes Treffen mit Mehdorn aus wichtigen Termingründen abgesagt worden wäre, sei keine Entschuldigung, so Hünerkoch. Und weiter schreibt er: »Sie werden verstehen, dass wir uns das geplante Gespräch zwischen Ihnen und Herrn Mehdorn nun wirklich nicht mehr antun müssen. Sie sind offensichtlich ausweislich Ihrer Geschichte an nichts interessiert, was in diesem Konzern seit dem Amtsantritt von Herrn Mehdorn geleistet worden ist, und bewegen sich damit auf der Ebene von Leuten, die nicht argumentativ, sondern ideologisch unterwegs sind. [...] Eine Antwort auf diesen Brief können Sie sich sparen.« Man rechne fest mit einer Retourkutsche im Heft, »weil Leute, die auf die Weise austeilen wie Sie, meist nicht einstecken können«, schloss der Kommunikationsleiter der Bahn.

Die Redaktion des *Manager Magazins* ließ sich von dieser verbalen Attacke jedoch nicht beeindrucken und berichtet bis heute kritisch über die DB AG.

Keine Chance der Konkurrenz

Noch viel mehr als lästige Journalisten und Kritiker will sich die DB AG ihre Konkurrenz vom Leib halten. Das ist natürlich ihr gutes Recht – und aktienrechtlich sogar ihre Pflicht, wie das Netzwerk Privatbahnen in seinem aktuellen Wettbewerberreport konstatiert.[1] Auch die Bahn hat nichts zu verschenken, erst recht nicht an die Konkurrenz. Aber behindern sollte sie sie trotzdem nicht, zumal das gar nicht nötig wäre, denn die Bahn ist auch sechzehn Jahre nach der Marktöffnung quasi immer noch als Monopolist unterwegs: Im Fernverkehr hält sie neunundneunzig Prozent der Marktanteile, im Nahverkehr noch neunzig Prozent, im Güterverkehr neunundsiebzig Prozent.[2] Damit das auch in Zukunft so bleibt und ein echter Wettbewerb auf der Schiene nicht stattfinden kann, lässt sich der Konzern einiges einfallen, wie der Wettbewerbsreport des Netzwerks Privatbahnen aufdeckt.

Züge in die Schrottpresse

Eines der Hauptprobleme für private Eisenbahnunternehmen ist die Beschaffung von Zügen. Waggons und Triebfahrzeuge sind teuer: Im Nahverkehr betragen die Finanzierungskosten dreißig bis fünfundvierzig Prozent der Betriebskosten, so das Netzwerk Privatbahnen. Und in der Wirtschaftskrise sind die Banken zögerlich mit der Erteilung von Krediten – zumal an Firmen, die gegen einen Staatsmonopolisten bestehen müssen. Auch die schiere Einkaufsmacht der DB AG macht der Konkurrenz zu schaffen. Dank ihrer Rahmenverträge mit der Firma Bombardier bekommt die DB etwa einen Doppelstockwagen der Marke Dostos für rund 1,2 Millionen Euro, während die Konkurrenz 1,4 Millionen bezahlen muss.

Tatsächlich hat die DB AG in der Vergangenheit jede Menge noch einsatzfähiger Waggons und Lokomotiven verschrottet, teilweise mit noch gültigem TÜV. Die Konkurrenz hätte dem Staatskonzern den Fuhrpark-Überschuss sofort abgekauft, doch lieber verschrottete die Bahn die mit Steuergeldern angeschafften Wagen, als sie einem anderen Bahnunternehmen zu überlassen. Dabei hätte sie damit noch gutes Geld verdienen können. Doch die Angst vor dem Wettbewerber schien größer zu sein.

In einer internen Betriebsanweisung, die im Sommer 2004 direkt von Hartmut Mehdorn erlassen wurde, heißt es: »Für die Produktion des Unternehmensbereichs Logistik nicht mehr benötigte Güterwagen werden im Rahmen der Verwertung aus technischen, wirtschaftlichen und wettbewerblichen Gründen nicht an Dritte veräußert. [...] Die für den Konzern mit einer Veräußerung verbundenen technischen und wirtschaftlichen Nachteile überwiegen den Vorteil aus der Veräußerung der Güterwagen (Verkaufserlöse).« Dazu erklärt uns die Bahn, dass Loks und Waggons heute nur noch dann verschrottet würden, wenn sie wirklich nicht mehr zu gebrauchen seien.

Wer das Netz hat, hat die Macht

Pech für die ambitionierten Konkurrenten der Deutschen Bahn, dass ihr Erfolg auch von der Schienennetz-Infrastruktur abhängt – und die gehört ja bekanntlich der DB AG. Das macht es zum einen für Investoren nicht gerade attraktiv, in kleine Eisenbahnfirmen zu investieren, deren Erfolg am Markt zu einem Großteil vom guten Willen eines übermächtigen Marktführers abhängig ist. Zum anderen ist es nur logisch, dass die Bahn als Eigentümerin des Netzes hauptsächlich ihre eigenen Interessen im Auge hat.

So müssen private Eisenbahnunternehmen Trassengebühren an die DB-Tochterfirma DB Netz AG bezahlen – Gebühren, die laut Netzwerk Privatbahnen deutlich schneller steigen als die Inflationsrate, und das bei einer ständig schrumpfenden Infrastruktur. Zwar zahlt auch die DB an ihre Tochterfirma Trassengebühren, doch dabei wandert das Geld nur von der linken in die rechte Tasche – auf die Bilanzen des Konzerns hat das keine Auswirkungen. Denn die Einnahmen aus diesen Gebühren fließen nicht etwa ausschließlich in die Erhaltung und Verbesserung der Infrastruktur, sondern auch in Projekte, die dem Global Player DB AG deutlich mehr am Herzen liegen: in den internationalen Logistikmarkt zum Beispiel. Und wenn doch in die Infrastruktur investiert wird, dann haben die Wettbewerber keinerlei Mitspracherecht – die Verkehrswegeplanung ist Sache des Bundestags und der Länder, und beide stützen sich in ihren Entscheidungen auf die Projektvorschläge der DB AG.

Extrem ärgerlich für die Wettbewerber ist der fortschreitende Rückbau der Infrastruktur. Da sie besonders im Güterverkehr ihre Chance sehen, der Bahn ernsthafte Konkurrenz zu machen, ist der Abbau von Überhol- und Lokwechselgleisen für die Wettbewerber wirklich bitter. Etwa im Bahnhof Bad Schandau an der Grenze zu Tschechien, der nach dem Umbau nur von speziellen Loks angefahren werden können sollte. Doch die leistet sich nur die DB AG. Sämtliche Lokwechselgleise wurden als entbehrlich eingestuft und zum Abbau freigegeben. Erst nachdem ein Wettbewerber massiv beim Eisenbahnbundesamt protestierte, wurde wenigstens ein Lokwechselgleis belassen.[3]

Ähnlich sieht es laut Netzwerk Privatbahnen im Güterbahnhof Passow aus, wo Züge mit Mineralöl aus der Raffinerie Schwedt auf Dieselloks umgespannt werden müssen. Doch die Abstellmöglichkeiten für Lokomotiven wurden dort vollständig beseitigt, sie parken jetzt weit entfernt. In Angermünde, wo viele Güterzüge »Kopf machen«, sprich: wenden, um nach Rostock weiterzufahren, wurden die Wende-, Überhol- und Abstellmöglichkeiten stark reduziert. Außerdem wurden die Überholgleise zwischen Angermünde und dem Berliner Güteraußenring massiv abgebaut, auch zwischen Angermünde und Stralsund gibt es kaum noch eine Überholmöglichkeit.[4]

Vielfach schafft die Bahn mit der Stilllegung von Bahnhöfen und Gleisanlagen einfach Fakten, ohne die Genehmigung durch das Eisenbahnbundesamt einzuholen. So zum Beispiel bei der teilweisen Stilllegung des Bahnhofs Zwingenberg und eines wichtigen Überholgleises – laut Bahn eine Notwendigkeit nach einem Feuer in einem Lagerraum. Mit der Folge, dass die ohnehin überlastete Strecke zwischen Darmstadt und Heidelberg noch weniger Kapazitäten für den Güterverkehr hat. Nachträglich wollte sich die Bahn die eigenmächtige Stilllegung vom Eisenbahnbundesamt genehmigen lassen. Doch die Behörde spielte nicht mit – ein jahrelanger Rechtsstreit war die Folge.[5]

Selbst die zu dreiundneunzig Prozent ausgelastete rechte Rheinstrecke zwischen Köln und Wiesbaden wurde durch die Stilllegung mehrerer Überholgleise an den Rand des Kollapses gebracht. Muss der Fernverkehr über diese Stecke umgeleitet werden, kommt der Güterverkehr nun komplett zum Erliegen.[6]

Auch die wichtigsten Rangierbahnhöfe sind langfristig an die

Bahn-Gütertransporttochter DB Schenker Rail vermietet, privaten Konkurrenten bleiben überhaupt keine oder zeitlich nur sehr ungünstige Zeitfenster, um ihre Züge neu zusammenzustellen. Auch über Baumaßnahmen werden die Wettbewerber oft nur sehr kurzfristig informiert – gerade im Güterverkehr, wo viele Fahrten nicht lange im Voraus geplant werden, sondern ad hoc geschehen müssen, ist es ein Problem, wenn dann auch noch eine kurzfristige Baustelle dazukommt. Wer seine Trassen nicht spontan bestellen muss (wie die Deutsche Bahn), wird deutlich früher über Baumaßnahmen informiert und kann entsprechend darauf reagieren. So etwa mussten mehrere Privatgüterbahnen einen Umweg von mehr als 100 Kilometern in Kauf nehmen, weil die Bahn einen 15 Kilometer langen Streckenabschnitt zwischen Bad Kleinen und Wismar mehrmals für Bauarbeiten sperrte. Die Betreiber blieben nicht nur auf den Mehrkosten für Personal und Energie sitzen, sondern mussten auch ohne jegliches Entgegenkommen der Bahn das achtfache Trassenentgeld zahlen, wie das Netzwerk Privatbahnen beklagt. So gesehen hat die Bahn auch noch daran verdient, einem Mitbewerber die Nutzung einer Trasse zu verwehren.

Der Abbau diverser Überholgleise hat noch zu einem ganz anderen Problem geführt: Stau auf der Schiene. Da muss in den Betriebszentralen der DB Netz entschieden werden, welcher Zug denn nun Vorrang hat und als Erster fahren darf. Und wer könnte es der Bahn verdenken, dass selbstverständlich der ICE Priorität vor der Güterbahn der Konkurrenz genießt? Zwar dürften auch die anderen Verkehrsunternehmen einen Mitarbeiter in die Betriebszentralen entsenden, der auf die diskriminierungsfreie Disposition des Netzes achtet. Doch die dünne Personaldecke der Privatbahnen lässt die Besetzung von sieben Betriebszentralen schlicht nicht zu – so müssen die Betreiber auch hier den Töchtern der DB AG das Feld überlassen.

Die Bahn als Stromhändler

Die Bahn hält noch ein weiteres Monopol, mit dem sie der Konkurrenz das Leben schwer macht: den Bahnstrom. Denn die DB-Tochter DB Energie ist Eigentümerin des Bahnstromnetzes, sie stellt auch den Wettbewerbern den nötigen Strom über die Oberleitungen zur Verfügung. Je nach Vertragslaufzeit und Abnahmemenge gewährt die DB Energie durchaus Preisrabatte: bis zu vierzehn Prozent.

Den Schwellenwert, ab dem ein Abnehmer in den Genuss von »Auslastungsrabatten« kommt, überschreiten allerdings ausschließlich die Tochterunternehmen der DB AG, also DB Schenker Rail, DB Fernverkehr und DB Regio. Denn die kleinen Mitbewerber nehmen zu wenig Strom ab und können aufgrund ihrer unsicheren Marktlage keine langen Laufzeitverträge schließen – folglich bekommen sie auch keinen Rabatt. De facto zahlt somit die DB deutlich weniger für den Strom als die Konkurrenz – und das auch noch in die eigene Tasche.

Der Bahnstrom wird außerdem immer teurer, und auch hier sind die Wettbewerber im Nachteil. Besonders drastisch steigen die Preise nämlich für den Nachtstrom, also gerade dann, wenn viele private Eisenbahnunternehmen ihren Güterverkehr abwickeln. Während der Tagstrom 2009 um 2,1 Prozent teurer wurde, stiegen die Tarife für Nachtstrom um satte 11,4 Prozent.[7] Warum das so sei, wollte uns die DB nicht beantworten. Stolz weist man darauf hin, die DB Energie habe ihre Preise im April 2009 sogar gesenkt, was sie auf dem Energiemarkt besonders hervorhebe. Abgesehen davon entsprächen die aktuellen Energiekosten den Brennstoffkosten.

Theoretisch hätten Mitbewerber das Recht, ihren Strom von einem anderen Anbieter zu beziehen. Doch die Durchleitungsgebühren, die die DB Energie dafür erhebt, sind so hoch, dass sich ein Wechsel wirtschaftlich nicht lohnen würde.

Operation Heidekraut: Wie die Bahn ihre Konkurrenz unterbietet

Die Länder als Besteller des Nahverkehrs schreiben bestimmte Streckenabschnitte regelmäßig für den Betrieb aus, die Deutsche Bahn und ihre Konkurrenten geben daraufhin ihre Angebote ab. Bei der Vergabeentscheidung spielen natürlich auch die Kosten eine große Rolle. Um ihre meist billigere Konkurrenz in jedem Fall ausstechen zu können, gründete die Bahn mehrere Tochterunternehmen: Briefkastenfirmen ohne Tarifbindung wie die DB Heidekrautbahn GmbH, einzig zu dem Zweck geschaffen, mit Billiglöhnen und Niedrigpreisen garantiert das günstigste Angebot abgeben zu können. Die Firmen existieren deutschlandweit: DB Regio Baden-Württemberg, DB Regio Bayern, DB Regio Südost, DB Regio Hessen, DB Regio Nord, DB Regio Nordost, DB Regio Südwest und DB Regio RheinNeckar.[8]

Um ihre Marktmacht zu sichern, tut die Deutsche Bahn also genau das, was sie ihrer Konkurrenz immer vorwirft: Sie betreibt Lohndumping. Wobei der Vorwurf noch nicht einmal berechtigt ist. Viele Unternehmen zahlen sehr wohl Tariflöhne, bei einigen Wettbewerbern verdienen bestimmte Berufsgruppen sogar besser als bei der DB AG: junge Lokführer zum Beispiel.

Das ständige Lamento der Bahn, durch die Tarifgebundenheit im Nachteil zu sein, verkehrt sich je nach Sachlage auch mal schnell ins Gegenteil: Als Bremen seine S-Bahn ausschrieb mit der Vorgabe, das Tariftreuegesetz einzuhalten, klagte die DB Regio vor der Vergabekammer Lüneburg: Man sehe sich in seinen Rechten beschnitten, weil man so nicht mit einem der tarifungebundenen Tochterunternehmen ins Rennen gehen könne. Die anderen Mitbewerber dagegen haben sich an der Vorgabe der Tariftreue nicht gestört.

Als sich schließlich abzeichnete, dass nicht die DB, sondern das Verkehrsunternehmen Veolia den Zuschlag bekommen würde, drohte die Bahn mit dem Verlust von 500 Arbeitsplätzen im Ausbesserungswerk Bremen-Seebaldsbrücke, da diese ohne den S-Bahn-Betrieb nicht zu halten seien. Dabei werden dort Dieselloks gewartet, die S-Bahn aber fährt ausschließlich mit E-Loks.

In diesem Fall zog die DB den Kürzeren, doch es gibt noch andere Mittel, die Konkurrenz zu behindern: Die Nord-Ostsee-Bahn des Betreibers Veolia beispielsweise verbindet Hamburg mit Sylt und der Westküste – allerdings startet und endet die Bahn nicht etwa am Hamburger Hauptbahnhof, sondern am Kopfbahnhof Hamburg-Altona. Im Jahr 2005 beauftragten die Länder Hamburg und Schleswig-Holstein die Veolia, bei der DB Trassenverbindungen zum Hamburger Hauptbahnhof zu bestellen, um eine bessere Anbindung an den Fernverkehr zu gewährleisten. Doch die DB Netz, ohnehin säuerlich wegen des Verlustes der Nord-Ostsee-Strecke an die Konkurrenz, fand zahlreiche Gründe, warum für die Züge der Veolia schlicht kein Platz auf der Strecke und im Fahrplan sei. Und kam schließlich sogar damit durch.

Keine Tickets für die Konkurrenz

Damit Kunden nicht durch eine Vielzahl unterschiedlicher Bahntarife verwirrt werden, geben die Länder und Kommunen den Privatbahnen meist vor, sich dem Tarifsystem der DB unterzuordnen – die Konkurrenten der Bahn haben also keine Möglichkeit, ihre Preise wirklich selbst zu gestalten. Und da die DB auch nach wie vor ein Ticketvertriebsmonopol hat, sind die Wettbewerber weitgehend gezwungen, ihre Fahrkarten durch die Deutsche Bahn mitverkaufen zu lassen. Dafür kassiert die Bahn ordentlich Provision – zwischen zehn und achtzehn Prozent. Die DB selbst zahlt übrigens nur eine Provision zwischen fünf und acht Prozent, wenn andere ihre Tickets verkaufen – aber so läuft das eben, wenn man der Boss im Haus ist. Die DB leistet dann sogenannte Abschlagszahlungen an die Mitbewerber, die laut Netzwerk Privatbahnen »in der Tendenz zu niedrig ausfallen und häufig mit erheblicher Zeitverzögerung gewährt werden. Im Nachgang soll dann ›spitz‹ abgerechnet werden, was erneut sehr viel Zeit in Anspruch nehmen kann. Newcomer, deren Liquidität und Kapitaldecke naturgemäß knapp sind, können auf diese Weise gezielt ›ausgehungert‹ werden.«[9] Die Beweislast, wie viel den Mitbewerbern nun überhaupt zusteht, tragen sie übrigens selbst – dabei hat nur die DB den vollständigen Überblick über die Daten.

Zwar dürfen die Wettbewerber durchaus selbst Tickets verkaufen, allerdings in der Regel ausschließlich in ihrem Bereich und für ihre Fahrzeuge. Auf Bahnhöfen, die DB und Wettbewerber gemeinsam nutzen, hat die Deutsche Bahn den Vertriebsvorrang. Es gibt außerdem keinen Anspruch auf Mitnutzung der Reisezentren durch andere Eisenbahnunternehmen. Auch Gewerbemieter in den Bahnhöfen, wie Kioske und Bäckereien, dürfen laut Mietvertrag keine Tickets von anderen Bahnunternehmen verkaufen.

Es ist also mitunter gar nicht so einfach für die Konkurrenten der Deutschen Bahn, ihre Fahrkarten überhaupt an den Kunden zu bringen. Und wenn es ihnen doch gelingt, verdient die Bahn durch üppige Provisionen in der Regel auch noch kräftig mit.

Der zahnlose Tiger Bundesnetzagentur

Tatsächlich gibt es eine Stelle, die den freien Wettbewerb auf Deutschlands Schienennetz regulieren und überwachen soll: die Bundesnetzagentur – ein ziemlich zahnloser Tiger, den die DB AG leicht ausspielen kann. Denn die Agentur ist personell mit derzeit 45 Planstellen für die Überwachung des Schienenverkehrs extrem dünn besetzt. Für den gewaltigen Verwaltungsapparat der Bahn ist es ein Leichtes, das Personal mit ständigen Widersprüchen, dicken Schriftsätzen und juristischen Auseinandersetzungen zu beschäftigen und so von der eigentlichen Arbeit abzuhalten. Und da die Mitarbeiter dort auch nicht gerade fürstlich verdienen, wird sich wohl kaum ein Wissensträger von der DB AG zur Bundesnetzagentur abwerben lassen.

Große Befugnisse hat man dort ohnehin nicht, nur bei konkretem Verdacht darf die Bundesnetzagentur überhaupt ermitteln. Und wenn sie es tut, haben die Mitarbeiter in den Betriebszentralen detaillierte Anweisungen, was bei einem unangekündigten Besuch zu tun ist, um möglichst viel Zeit zu gewinnen. In einer internen Dienstanweisung an die DB-Leitstellenmitarbeiter heißt es: »Die Mitarbeiter der Bundesnetzagentur sind nicht verpflichtet, das Eintreffen des zuständigen Ansprechpartners abzuwarten. Kümmern Sie sich um die Mitarbeiter, indem Sie:

- Besucherausweise ausstellen lassen,
- sich den Dienstausweis zeigen lassen,
- sich das weitere Vorgehen erläutern lassen.
- Fragen Sie, mit wem die Mitarbeiter sprechen und welche Bücher, Geschäftspapiere, Dateien oder Unterlagen sie einsehen wollen.
- Die technische Durchführung der Ermittlungen besprechen.
- Bestimmen Sie ggf. einen (anderen) geeigneten Raum, in dem sich die Mitarbeiter der Bundesnetzagentur während ihrer Tätigkeit aufhalten können.
- Stellen Sie sicher, dass die Mitarbeiter der Bundesnetzagentur jederzeit von leitenden Angestellten [...] begleitet werden.
- Stellen Sie sicher, dass sich die Mitarbeiter der Bundesnetzagentur in den Geschäftsräumen nicht ohne Begleitung bewegen. Die Begleitpersonen sollen die Tätigkeit der Bundesnetzagentur beobachten und sich Notizen machen.«

Uneingeschränkter Zugang sieht anders aus. Überhaupt scheint man die Bundesnetzagentur bei der Bahn als äußerst lästig zu empfinden: Im Juni 2009 schrieb die DB dem Bundesverkehrsministerium einen Brief und forderte dazu auf, die Regulierungsbehörde stärker an die Kandare zu nehmen: Mitglieder der Bundesnetzagentur hatten sich zuvor vor einem EU-Ausschuss allzu positiv über die Trennung von Bahnunternehmen und Bahninfrastruktur geäußert – eine Maßnahme, die dem Wettbewerb auf der Schiene äußerst zuträglich wäre. Die Bahn schreibt, es sei »aus unserer Sicht sinnvoll und hilfreich, wenn Vertreter der Bundesnetzagentur ihre Äußerungen im Rahmen von Auftritten – insbesondere vor Institutionen im Ausland – künftig sorgfältiger abwägen bzw. abstimmen würden«. Sprich: Die Bundesregierung solle bitte dafür sorgen, dass die Regulierungsbehörde die Interessen der Bahn vertritt und ansonsten schön die Klappe hält. Die Hoffnungen der Konkurrenz, unter dem neuen Bahnchef Rüdiger Grube könnte der Wind ein bisschen weniger rau wehen als unter Platzhirsch Mehdorn, sind damit wohl hinfällig. Und das, obwohl sogar die Monopolkommission der Bundesregierung bestätigt, dass die Bahn den Wettbewerb auf der Schiene massiv behindert. Ob die schwarz-gelbe Regierung ihr Versprechen, den Wettbewerb auf der Schiene stärker zu fördern, wahr machen wird, bleibt allerdings erst einmal abzuwarten.

Und so kämpfen auch weiterhin viele kleine Davids gegen den mächtigen Goliath Deutsche Bahn, einen steuerfinanzierten Beinahe-Monopolisten mit mächtiger Lobby und Macht über Schiene, Strom, Tickets und Fahrplan. Da bleibt den Wettbewerbern nur der Weg, es mit deutlich weniger Mitteln immer noch deutlich besser zu machen als die DB AG.

DIE BAHN UND DIE UMWELT

Die grüne Lüge der DB AG

Keine Frage: Die Bahn ist das umweltfreundlichste Massenverkehrsmittel, das wir haben. Wer das Auto stehen lässt und auch für längere Strecken den Zug und nicht das Flugzeug nutzt, belastet sein Umweltsündenkonto am wenigsten. Die Bahn verursacht nur etwa ein Drittel der CO_2-Emissionen, die der Autoverkehr in die Luft bläst, und auch das Flugzeug stößt pro Person etwa siebzig Prozent mehr CO_2 aus – so die DB AG in ihrer Selbstdarstellung.

Kein Wunder, dass die Bahn mit diesem Umweltbonus gern Werbung macht. Doch schaut man genauer hin, fällt die Öko-Bilanz der DB weitaus weniger gut aus, als sie sein könnte. Denn die Bahn findet Umweltschutz zwar enorm wichtig, nur kosten darf er bitte nicht allzu viel. Investitionen in sinnvollen Lärmschutz, in sauberen Strom und Rußpartikelfilter für Dieselloks stehen nicht gerade besonders weit oben auf der Dringlichkeitsliste des Konzernmanagements – es sei denn, der Steuerzahler kommt dafür auf. Vor allem in einem Punkt wird die Bahn ihrem grünen Image ganz und gar nicht gerecht: Die sinnvollste Möglichkeit, mehr Verkehr auf die Schiene zu bringen und die Menschen dazu zu verleiten, das Auto stehen zu lassen, ist ein breit gefächertes Schienennetz. Mit dem Rückzug aus der Fläche, der Konzentration auf Hochgeschwindigkeitsstrecken, deren Tunnel und Brücken ganze Landstriche zerschneiden, und dem immer weiter fortschreitenden Rückbau der Bahninfrastruktur erreicht die Bahn jedoch genau das Gegenteil.

Ein bisschen mehr Ehrlichkeit in Sachen Umweltengagement vonseiten der DB wäre also angebracht. Wobei das auch für die Politik gilt: Denn solange Lok-Diesel besteuert wird, Kerosin für Flugzeuge jedoch nicht, solange auf Flugtickets im Ausland keine Mehrwertsteuer erhoben wird, für Bahnfahrscheine jedoch schon, solange die Airlines nur für einen Bruchteil ihrer benötigten Emissionszertifikate bezahlen müssen, die Bahn jedoch ab 2013 zu hundert Prozent, liefert die Politik der DB AG ein prächtiges Argument, um es mit der Umweltfreundlichkeit deutlich langsamer angehen zu lassen, als möglich wäre.

Krachmacher Bahn – warum der Konzern nur halbherzig in Lärmschutz investiert

79 Dezibel sind verdammt laut. Ein Presslufthammer erreicht in etwa diesen Wert oder ein Telefon, das direkt neben dem Ohr klingelt. Keine angenehme Vorstellung, bei solch einem Lärm schlafen zu müssen. Doch Anwohner von Bahnstrecken sind ihm vielfach ausgesetzt – vor allem nachts, wenn der besonders laute Güterverkehr rollt, kritisiert der Bund für Umwelt und Naturschutz Deutschland (BUND).[1]

Dass Lärm krank macht, ist wissenschaftlich erwiesen: Lärm erhöht den Blutdruck und den Adrenalinausstoß, er verursacht Stress, Reizbarkeit, Depressionen. Die Herzinfarkt-Raten in lärmbelasteten Gegenden sind besonders hoch, die Lernfähigkeit und Gedächtnisleistung von Kindern deutlich gemindert.

Jeder fünfte Bundesbürger fühlt sich laut Umfragen des Bundesumweltamts von Schienenverkehrslärm erheblich belästigt. Die Tolerierungsgrenze für Bahnlärm liegt bei 60 Dezibel – immerhin noch die Lautstärke einer ratternden Nähmaschine. Strecken, an denen die Lärmbelastung diesen Grenzwert überschreitet, müssen mit speziellem Lärmschutz versehen werden, das sind bundesweit etwa 3500 Streckenkilometer.

Schon 1999 hatte die Bundesregierung ein Programm zur Lärmschutzverbesserung vorgelegt und jährlich 51 Millionen Euro zum Bau von Lärmschutzwänden und für den Einbau von Schallschutzfenstern bereitgestellt. 2007 wurden die Mittel auf jährlich 100 Millionen Euro aufgestockt, und jetzt gibt es noch einmal eine saftige Spritze von 100 Millionen zusätzlich aus dem Konjunkturprogramm der Bundesregierung.

Doch trotz des vielen Geldes geht die Umsetzung der Lärmschutzprojekte nur schleppend voran: Das Bündnis Allianz pro Schiene hat ausgerechnet, dass allein zwischen 2006 und 2008 rund vierzig Prozent der bereitgestellten Mittel gar nicht ausgeschöpft und in den Bundeshaushalt zurückgeflossen sind. Schuld daran ist ausnahmsweise einmal nicht die Bahn, sondern es sind Bundesregierung und EU-Kommission, die sich mit der Genehmigung der Maßnahmen extrem viel Zeit lassen.

Aber auch die DB bekleckert sich nicht mit Ruhm, was die Verwendung der Mittel betrifft. Der Bundesrechnungshof kritisiert in einem Bericht vom Dezember 2007, dass von dem von der Bundesregierung zur Verfügung gestellten Geld ein immer geringerer Anteil tatsächlich in den Bau von Lärmschutzanlagen fließt, während die Kosten für die Planung in den absoluten Zahlen von Jahr zu Jahr kräftig steigen. Doch damit nicht genug: Die DB fordert vom Staat die Übernahme weiterer Planungskosten. Für die Jahre 2000 bis 2006 verlangt sie eine Nachzahlung von 49 Millionen Euro, für die Jahre 2007 bis 2009 weitere 45 Millionen Euro.[2] Eine absurde Forderung, die die Bundesregierung zurückgewiesen hat.

Immerhin: Im August 2009 stellte der damalige Bundesverkehrsminister Wolfgang Tiefensee einen »Nationalen Verkehrslärmpakt II« vor, der eine Halbierung des Schienenlärms bis 2020 vorsieht. Eine halbe Milliarde Euro wäre laut Allianz Pro Schiene nötig, um alle fahrenden Güterwaggons mit geräuscharmen Flüsterbremsen auszustatten – der Bund will aber erst einmal nur 40 Millionen Euro für einzelne Pilotprojekte bereitstellen.

Man könnte sich natürlich auch fragen, warum eigentlich der Steuerzahler zuständig sein soll, dafür zu sorgen, dass die Deutsche Bahn ihn nicht mit infernalischem Lärm belästigt. Fährt das Unternehmen nicht angeblich Milliardengewinne ein? Wäre es da wirklich zu viel verlangt, ein paar Euro hier vor Ort in neue geräuscharme Bremsen und das regelmäßige Schleifen abgefahrener Schienen zu stecken, statt in den globalen Logistikmarkt? Und wenn schon in Schallschutzwände investiert wird, dann doch bitte in gute. Viele der Lärmschutzmaßnahmen der DB in den vergangenen Jahren waren so »kostengünstig« erbaut, dass sie den Lärmpegel nur knapp unter die Toleranzschwelle von 60 Dezibel drückten, was durch das seit Jahren wachsende Güterverkehrsaufkommen auch schnell wieder wettgemacht wurde, so der BUND.

Ein Beispiel für wachsenden Bürgerzorn gegen den Bahnlärm sind die rund 17 000 Anwohner im Rheintal, die sich zu Initiativen gegen den Ausbau der Rheintalstrecke um zwei weitere Gleise zusammengeschlossen haben. Das Projekt ist eines der größten Bauprojekte Europas, es soll den Güterverkehr auf der Nord-Süd-Transversale zwischen Amsterdam und Genua deutlich schneller machen. Im Prinzip ein gutes Ansinnen, mehr Güter von den Straßen auf die Schiene zu bringen, doch die Umsetzung macht die Anwohner wütend: Keinen Cent mehr als die gesetzlich vorgeschriebenen Lärmschutzmaßnahmen will die Bahn investieren. Für zahlreiche Orte an der Strecke bedeutet das, dass 300 Güterzüge pro Tag an den Häusern vorbeirattern werden, viele beladen mit Gefahrgut. Vier bis sieben Meter hohe Schallschutzwände würden die Ortschaften durchschneiden und doch die Lärmlast im engen Rheintal nur geringfügig senken, fürchten die Initiativen. Für eine Tieferlegung der Strecke oder gar eine Untertunnelung will die Bahn jedoch nicht zahlen, der Bund soll es richten.

Mit Brücken und Tunnels durch den Thüringer Wald

Während die Bürgerinitiativen im Rheintal gute Chancen haben, wenigstens einen Teil ihrer Interessen durchzusetzen, steht es um andere Bürgereinsprüche mehr als düster. Seit 1992 kämpft die Initiative »Das bessere Bahnkonzept« gegen die ökonomisch wie ökologisch erwiesenermaßen schwachsinnige ICE-Schnellfahrstrecke Nürnberg–Erfurt, ein Steuergrab, das schätzungsweise fünf Milliarden Euro verschlingen wird. Denn die geplante Trassenführung durch den Thüringer Wald besteht weitgehend aus Tunnels und Brücken, die exorbitant teuer sind und die Landschaft verschandeln. Erdaushub von mehreren Millionen Kubikmetern muss zudem auf Deponien gelagert werden, die das Landschaftsbild nachhaltig verändern werden.

Für den Streckenabschnitt Lichtenfels–Coburg, der durch besonders dicht besiedeltes Gebiet führt, ließ die Initiative durch das Verkehrsberatungsbüro Vieregg-Rössler GmbH eine alternative Streckenplanung anfertigen: Die Alternativstrecke zur ursprünglichen Planung ergab eine um 500 Millionen Euro günstigere Variante, mit deutlich weniger Einschnitten in die Landschaft, einem weniger als halb so großen Flächenbedarf, kaum Erdmassenüberschuss und deutlich weniger Lärmbelastung für die Anwohner. Der einzige Nachteil der neuen Variante wäre eine um zwei Minuten verlängerte Fahrzeit – verschmerzbar angesichts des finanziellen und ökologischen Einsparpotenzials.[3]

Doch die Initiative blitzte mit ihren Vorschlägen ab. Ihr Initiator Heinz Schielein hat inzwischen kaum noch Hoffnung auf Erfolg: »250 000 Euro Anwaltskosten hat uns unser Kampf gegen dieses Projekt bis heute gekostet. Unzählige Male haben wir unser Anliegen und unsere Alternativvorschläge der Politik und der Deutschen Bahn vorgetragen. Wir geben nicht auf. Aber wir haben kaum Hoffnung, dass die Politik sich einsichtig zeigt. Da ist jetzt schon so viel Geld reingebuttert worden, da können die Bahn und die Regierung gar nicht mehr aussteigen, ohne einen immensen Gesichtsverlust zu erleiden. Das Ding wird gebaut – komme was wolle, und gegen jegliche Vernunft.«

Übrigens: Dieses Statement von Herrn Schielein zu bekommen, war gar nicht so einfach. Wegen des Lärms der Züge, die an seinem Haus vorbeirasen, mussten wir unser Telefonat mit ihm mehrfach unterbrechen.

Mit Braunkohle unter Strom

Mit zwölf Milliarden Kilowattstunden ist die Deutsche Bahn AG Deutschlands größter Stromverbraucher.[4] Und sie rühmt sich damit, ganze sechzehn Prozent ihres Stroms aus erneuerbaren Energiequellen zu beziehen. Das wäre toll, würde nicht der gewaltige Rest zu rund sechsundzwanzig Prozent aus Kernenergie und zu fast achtundvierzig Prozent aus Braun- und Steinkohle stammen. Und dieser Anteil dürfte in Zukunft weiter steigen, falls der Ausstieg aus der Kernenergie kommen sollte – was die Bahn nicht etwa mit mehr Ökostrom, sondern mit mehr

242

Strom aus Kohlekraftwerken kompensieren will. Die Bahn hat sich zu diesem Zweck in das Steinkohlekraftwerk Datteln 4 eingekauft, das 2012 in Betrieb gehen soll.

Der Klimaforscher Hans-Joachim Luhmann vom Wuppertal-Institut für Klima, Umwelt, Energie hat ausgerechnet, dass dann rund vier Millionen Tonnen CO_2 zusätzlich in die Erdatmosphäre geblasen werden würden, der bislang einigermaßen »saubere« Bahnstrom drohe dadurch »völlig in eine Schmuddelecke zu geraten«.

Anstatt weiter in erneuerbare Energien zu investieren, trauert die Bahn dem Atomstrom hinterher – Ex-Bahnchef Mehdorn machte sich auf dem Deutschen Atomforum 2008 sogar für eine Verlängerung der Kraftwerkslaufzeiten stark: »Wenn wir das Klima schützen wollen, brauchen wir die Atomkraft für einen begrenzten Zeitraum.« Immerhin: Mehdorn sprach auch davon, dass Atomenergie nur für eine Übergangszeit akzeptabel sei – schließlich seien erneuerbare Energien noch nicht in der Lage, die Lücke zu füllen.

Dabei sind sie das sehr wohl, sagt Klimaforscher Luhmann. Es sei keineswegs radikal, bis 2020 hundert Prozent des Bahnstroms aus erneuerbaren Energiequellen zu beziehen, sondern »nüchtern kostenminimierend«. Denn ab 2013 muss die Bahn für ihren kompletten CO_2-Ausstoß Emissionszertifikate ersteigern – und das wird verdammt teuer. Bislang zahlt sie für ihre Emissionsrechte mehr als 80 Millionen Euro jährlich, diese Rechnung könnte sich dann auf 300 Millionen Euro verteuern. Geld, das etwa in solarthermischen Kraftwerken deutlich besser angelegt wäre. Das Einzige, was für eine hundertprozentige Ökostromquote der Bahn nötig wäre, ist eine entsprechende Weisung ihres Eigentümers – und das ist ja nach wie vor der Bund.

Aber solange die Politik sich nicht rührt, sind es eben wieder die Bahnkunden, die der Bahn bei der Verbesserung ihrer Klimapolitik helfen müssen: Kunden können freiwillig für ihre Güter- und Personentransporte einen Aufschlag von etwa einem Prozent zahlen, für den die Bahn dann zusätzlichen Ökostrom aus Wasserkraftwerken in ihr Netz einspeist.

Loks auch in Zukunft ohne Rußpartikelfilter?

Jedes Jahr sterben in Deutschland rund 75 000 Menschen vorzeitig an den Folgen steigender Feinstaubbelastung, so die Weltgesundheitsorganisation (WHO). Die Verminderung von Rußpartikeln durch entsprechende Filter für Dieselfahrzeuge ist deshalb ein großes Thema, in vielen Städten müssen Autofahrer bereits eine spezielle Umweltplakette erstehen und an die Frontscheibe kleben, wenn sie mit ihrem Wagen bis in die Innenstadt fahren wollen.

Auch für die Bahn werden sich ab dem Jahr 2012 die Grenzwerte für den Ausstoß von Rußpartikeln verschärfen. Deshalb hatte Hartmut Mehdorn schon im Jahr 2004 zugesagt, dass künftig bei der Neuanschaffung von Dieselloks der Einbau eines Rußpartikelfilters gleich mit beauftragt werde.

Im Jahr 2008 orderte die DB für ihre Güterverkehrstochter DB Schenker Rail 130 neue Dieselrangierloks, stornierte allerdings entgegen den Versprechungen kurzfristig den Einbau von Rußpartikelfiltern. »Zu teuer«, befand das Management, wobei die Wirtschaftskrise als Argument herangezogen wurde. Schließlich habe man ja noch Zeit bis zur Verschärfung der Grenzwerte 2012.

Doch das Nachrüsten der Lokomotiven ist erheblich teurer, als wenn die Filter einfach von Anfang an eingebaut werden. Bei der Auslieferung könnte es außerdem zu Verzögerungen kommen, weil einige Lokomotiven nach dem überraschenden Schwenk der Bahn wieder umkonstruiert werden müssen, so die Umweltorganisation Deutsche Umwelthilfe.

Nach ersten empörten Reaktionen, auch aus der Politik, ruderte die Bahn zurück: Aus der endgültigen Stornierung der Partikelfilter wurde plötzlich eine »Verschiebung der Option auf den Einbau« bis Ende 2009. Man wolle die Filter erst dann einbauen, »wenn diese technisch ausgereift und preisgünstiger sind«, so die Bahn. Außerdem bemühe man sich um zusätzliche Gelder aus dem Konjunkturpaket II.

Der Steuerzahler soll also dafür bezahlen, dass er von einem Staatsunternehmen mit Milliardenumsätzen nicht vergiftet wird.

Wie die Bahn Umweltexperten zensiert

Überraschend dünnhäutig reagiert die Bahn, wenn Umweltexperten ihr Image als grünes Musterunternehmen anzukratzen versuchen. Deutlich zu spüren bekam das Jürgen Resch, der Bundesgeschäftsführer der Deutschen Umwelthilfe. Im jährlichen Klimaschutzbericht der Bahn – einem Papier, mit dem das Unternehmen massiv für sich und seine Umweltfreundlichkeit wirbt – schmückt sie sich gern mit Aussagen renommierter Experten zur Umweltfreundlichkeit der Bahn. 2008 hatte die DB AG Jürgen Resch um ein solches Statement gebeten.

Resch lieferte folgenden Text: »Das Klimaschutzprogramm 2020 zeigt, dass die Deutsche Bahn ihre Verantwortung als Unternehmen für die gesamtgesellschaftliche Aufgabe des Klimaschutzes erkannt hat. Unerlässlich ist daher, dass die Bahn mehr noch als bisher in die regionalen Verbindungen investiert und Menschen überall im Land ein mobiles Leben mit weniger Autos ermöglicht. Wir müssen lernen, Mobilität als ein System zu begreifen, und die Bahn hat dank des weiten Schienennetzes die einzigartige Gelegenheit, dieses System flächendeckend zu schaffen. Und selbst dort, wo keine Schienen mehr hinführen, können Busse für umweltfreundliche Mobilität sorgen. Im Übrigen muss die Bahn als Betreiberin der größten Busflotte im Land schleunigst Rußpartikelfilter in diese Fahrzeuge einbauen. Das vermindert nicht nur die Luftbelastung, sondern verbessert auch ihre Klimabilanz.«

Die Deutsche Bahn war nicht erfreut. So hatte sie sich die kostenlose Werbung eines unabhängigen Umweltexperten offenbar nicht vorgestellt. Resch wurde aufgefordert, den zweiten Satz zu streichen oder zu ändern: Nicht etwa von der Bahn solle er mehr Engagement im regionalen Streckennetz verlangen, sondern allgemein zu mehr »regionalen Investitionen« auffordern.

Resch weigerte sich, denn er sah sehr wohl die Bahn und nicht etwa die regionalen Regierungen in der Pflicht, mehr für die Infrastruktur gerade in der Fläche zu tun, anstatt Millionen in den Neubau ineffizienter Hochgeschwindigkeitstrassen zu investieren.

Kurz vor Drucklegung schmiss die Bahn Reschs abgenommenes und bereits im Layout platziertes Statement wieder aus dem Bericht. Laut DB enthielt es eine fachlich falsche Information. Für Resch ist klar: »Die Deutsche Bahn kann offensichtlich immer noch nicht mit Kritik umgehen und greift zum Mittel der Zensur, wenn es ihr nicht gelingt, durch massiven Druck Gefälligkeitsaussagen durchzusetzen.« Denn ganz offenbar hatte er bei der Bahn einen wunden Punkt erwischt: Die angeblich so fantastische Ökobilanz gegenüber dem Auto- und Flugzeugverkehr erreicht die Bahn nämlich nicht mit halb leeren ICEs, die mit großem Energieaufwand Hochgeschwindigkeiten fahren, sondern mit gut gefüllten Regionalzügen.

Da der Konzern bei diesem Thema die völlig falschen Prioritäten setzt, entsteht der Verdacht, dass Umweltschutz für Bahnmanager nur dann sexy ist, wenn er möglichst wenig kostet oder gleich vom Steuerzahler finanziert wird. Und wenn er den großen internationalen Logistikunternehmungen sowie dem Traum vom Börsengang nicht im Wege steht.

DIE BAHN UND DIE POLITIK

Die geheimen Netzwerke der DB AG

Eine leidenschaftliche Hassliebe verbindet die deutsche Politik und die Deutsche Bahn AG. Man zankt und versöhnt sich, man belohnt und bestraft sich, man kann nicht mit- und nicht ohneeinander. Zwei Spieler auf Augenhöhe, könnte man meinen. Dabei ist der Bund nach wie vor hundertprozentiger Eigentümer der Bahn, die Politik sollte bei diesen ewigen Kabbeleien eigentlich die Oberhand behalten. Doch die Bahn hat Macht, die sie geschickt einsetzt. Als einer der größten Arbeitgeber Deutschlands hat sie jede Menge Drohpotenzial in der Hand, um widerspenstige Politiker zu überzeugen. Wer will schon für den Verlust von Arbeitsplätzen in seinem Wahlkreis verantwortlich sein? Und welcher Politiker will schon riskieren, dass seine Stadt vom Fernverkehr abgehängt wird?

Und noch etwas kommt der Bahn zugute: Sie ist ein Sammelbecken für Seitenwechsler aus der Politik. Es gibt wenige Unternehmen in Deutschland mit einer so starken, bestens vernetzten Lobby. Fraglich, ob es dabei immer mit rechten Dingen zugeht.

Die mächtige Lobby – wie sich die Bahn Politiker gefügig machte

Politiker haben es nicht leicht. Da schuften sie jeden Tag zwölf Stunden, müssen abends auf langweiligen Stehempfängen abhängen, werden vom Volk verachtet und von Managern ausgelacht – weil sie im Vergleich zur Industrieelite zwar viel arbeiten, aber relativ wenig verdienen. Da ist es naheliegend, dass manch ein Minister für die Zeit nach der politischen Karriere den Wechsel in bestens bezahlte Aufsichtsratsposten oder den Abschluss lukrativer Beraterverträge plant. Und auch Unternehmen bieten sich gern als Hafen für gekenterte Politikkarrieren an, dies umso mehr, wenn sich der Volksvertreter vorher ein wenig erkenntlich gezeigt hat.

Bei der Bahn haben auffallend viele Verkehrspolitiker nach dem Ende ihrer Karriere einen neuen Job gefunden. Und in manchen Fällen geschah der Wechsel nach einer besonders bahnfreundlichen Entscheidung oder der Vergabe eines millionenschweren Auftrags an die DB AG. Da liegt der Verdacht nahe, dass die Bahn bei so manchem politischem Entscheidungsträger mit der Aussicht auf einen gut dotierten Vertrag Einfluss nimmt.

Da wäre zum Beispiel Otto Wiesheu. Der CSU-Politiker war lange Jahre Verkehrsminister in Bayern, während der Koalitionsverhandlungen nach der Wahl 2005 war er Verhandlungsführer zum Thema Verkehr. Auf sein Betreiben hin wurde im Koalitionsvertrag ein ganz entscheidendes kleines Wort gestrichen. Ursprünglich hieß es dort, dass die Bundesregierung das »Ob« und das »Wie« eines Bahn-Börsengangs prüfen solle. Auf Betreiben Wiesheus wurde das »Ob« gestrichen – am Börsengang der Bahn sollte also kein Zweifel mehr bestehen. Auch für eine Erhöhung der Netzinvestitionen des Bundes um eine Milliarde hatte sich Wiesheu stark gemacht. Und die lukrative Nahverkehrsstrecke München–Ingolstadt–Nürnberg wurde unter seiner Federführung ohne Ausschreibung direkt an die DB AG vergeben, wohl ohne die Angebote anderer Betreiber überhaupt zu prüfen. Darüber sprechen will Wiesheu heute nicht mehr.

Nur wenige Tage nach Ende der Koalitionsverhandlungen trat Wiesheu als Verkehrsminister zurück und wurde Mitglied im Bahnvorstand.

Wiesheu beteuerte zwar treuherzig, ganz und gar unabhängig gehandelt zu haben, gab aber auf einer Pressekonferenz in München zu, dass ihm Mehdorn den Posten schon vor der Bundestagswahl angeboten hatte.[1] Wiesheus Vorstandskarriere endete wie bereits beschrieben mit seiner Verwicklung in die Datenaffäre – die DB AG berät er aber weiterhin.

Auch Wiesheus Kollege Hartmut Meyer, ehemals SPD-Verkehrsminister in Brandenburg, hat sich möglicherweise von der Bahn beeinflussen lassen. Einige Monate nach seinem freiwilligen Abschied aus dem Amt im Jahr 2003 bekam er einen gut bezahlten Beratervertrag bei der DB AG – ob es wohl auch damit zu tun hat, dass er als eine seiner letzten Amtshandlungen einen milliardenschweren Nahverkehrsvertrag mit zehnjähriger Laufzeit für Berlin und Brandenburg ohne Ausschreibung an die Bahn vergeben hat? »Wir würden den Vertrag heute so nicht abschließen«, sagte Hans-Werner Franz vom Verkehrsverbund Berlin-Brandenburg dem TV-Magazin *Frontal 21* im September 2007. Er ist sich sicher: Hätte man die Strecke ordnungsgemäß ausgeschrieben, so hätte das Land jährlich 15 bis 30 Millionen Euro sparen können.

Immerhin: In diesem Fall ermittelte die Staatsanwaltschaft Neuruppin wegen des Anfangsverdachts der Korruption. Die

Ermittlungen wurden zwar wieder eingestellt, doch im Herbst 2009 forderte die EU-Kommission eine Neuberechnung der aus ihrer Sicht unzulässigen Beihilfen des Bundes an die Deutsche Bahn.

Auch der ehemalige Verkehrsminister von Sachsen-Anhalt, Jürgen Heyer (SPD), vergab 2002 einen langfristigen Monopolvertrag für den Regionalverkehr an die Deutsche Bahn, ohne öffentliche Ausschreibung. Dies bringe »Planungssicherheit auf beiden Seiten«, hatte er sein Vorgehen damals begründet, doch offenbar ging es ihm vor allem um die Sicherheit seiner eigenen Pläne: Wenig später wechselte Heyer die Seiten und wurde Aufsichtsratsvorsitzender der Reederei Scandlines, die damals zur Hälfte der DB AG gehörte. Auch Heyers Staatssekretärin und einer seiner Abteilungsleiter wechselten kurz nach ihm zur Bahn. Für Uwe Dolata vom Bund der Kriminalbeamten ist dies »ein klarer Fall von Ämterpatronage – und die ist der Halbbruder der Korruption«.

Doch nicht nur während ihrer aktiven Zeit als Politiker, auch danach sind die Überläufer für die Bahn von großem Nutzen: Ihre Kontakte in den Bundestag, ins Kabinett und in die entsprechenden Ausschüsse sind für den Konzern unbezahlbar. Das zeigt auch das geheime Protokoll einer außerordentlichen Sitzung von Konzernbevollmächtigten und Beauftragten des Vorstands.

Mit dabei an jenem 24. März 2006: Otto Wiesheu, der ehemalige bayerische Verkehrsminister; Franz-Josef Kniola, vormals Innen- und Verkehrsminister von Nordrhein-Westfalen; Ex-Verkehrsminister Reinhart Klimmt; der ehemalige Bremer Bürgermeister Klaus Wedemeier; Georg von Waldenfels, früher bayerischer Finanzminister; Ulrich Wendt, Ex-Oberbürgermeister von Baden-Baden; sowie Hans Dieter Wolkwitz, Ex-Abteilungsleiter im thüringischen Verkehrsministerium.

Protokoll

Datum: 24.03.2006, 10:35 bis 14:00 Uhr
Ort: Potsdamer Platz 2, 10785 Berlin
Bearbeitung: Hoffmann, MSL   Telefon: 999-61554

Thema: außerordentliche Sitzung mit den Konzernbevollmächtigten
und den Beauftragten des Vorstandes

Verteiler	Teilnehmer
	M, Herr Dr. Wiesheu
	Herr Daubertshäuser
	ML Thüringen, Herr Brehm
	MK, Herr Debuschewitz
	ML Bayern, Herr Josel
	ML Nordrhein-Westfalen, Herr Latsch
	ML Berlin und MB, Herr Leuschel
	ML Sachsen, Herr Lücking
	ML Niedersachsen/Bremen, Herr Meyer
	ML Sachsen-Anhalt, Herr Paul
	ML Hamburg/Schleswig-Holstein, Frau Plambeck
	ML Rheinland-Pfalz/Saarland, Herr Schinner
	ML Baden-Württemberg, Herr Dr. Schnell
	ML Brandenburg/Mecklenburg-Vorpommern, Herr Dr. Trettin
	ML Hessen, Herr Dr. Vornhusen
	Herr Kilmmt
	Herr Kniola
	Herr Kohn
	Herr Meyer
	Herr Dr. von Waldenfels
	Herr Dr. Wedemeier
	Herr Wendt
	Herr Dr. Wieczorek
	Herr Dr. Wolkwitz
	KE, Herr Klingberg
	MS, Herr Illing
	MZ, Herr Puls
	Büro M, Herr Busch
	MEW, Herr Miram
	MSL, Herr Klewe
	MSL, Herr Hoffmann
	MSB, Herr Timpe
	Gäste
	GS, Herr Dr. Hedderich
	PPR, Herr Köhler
	Entschuldigt
	G, Herr Dr. Mehdorn
	K, Herr Klein-Bölting
	GG, Graf von der Schulenburg
	ME, Herr Fried
	GSO, Herr Ritter
	MSL, Herr Müller
	Herr Hünerkoch

Auszug aus der Teilnehmerliste einer außerordentlichen Sitzung mit den
Konzernbevollmächtigten und den Beauftragen des Vorstands.

Die Herren beraten darüber, wie man den Plänen der Bahn, Unternehmen und Netz gemeinsam an die Börse zu bringen, in den entscheidenden Gremien mehr Gehör verschaffen könnte. Wiesheu bittet die Kollegen gleich zu Beginn der Sitzung, insbesondere mit den Ländern »eine ausgewogene Diskussion unter Zuhilfenahme der heutigen Sitzungsinhalte zu führen«, schließlich entscheide der Bundesrat mit über die Privatisierungsvarianten der DB AG. Klimmt macht noch einmal auf die Rolle des Haushaltsausschusses des Bundestags bei der anstehenden Entscheidung zum Börsengang aufmerksam, und auch Kniola weist auf die Bedeutung der »Kamingespräche« im Rahmen der Verkehrsministerkonferenz hin. Otto Wiesheu befeuert seine Mannen mit guten Argumenten, die in den zuständigen Gremien für bahn- und vor allem börsengangfreundliche Stimmung sorgen sollen: Er beschwört den drohenden Abzug von Bundesmitteln aus den Ländern, sollte gegen den Willen der Bahn eine Trennung von Netz und Unternehmen erfolgen; außerdem weist er auf das finanzielle Risiko hin, das der Bund mit einer Übernahme der Infrastruktur eingehe, sowie auf die unnötige Bürokratie, die ein solcher Plan mit sich ziehen würde.

Ein Mitarbeiter spricht noch die Gefahr an, dass bei den geplanten regionalen Presseterminen vorwiegend regionale Infrastrukturthemen im Vordergrund stehen könnten – unangenehm für die Bahn, die vor allem die regionale Infrastruktur mehr und mehr verkommen lässt. Doch ein anderer Kollege kann beruhigen: Die Erfahrung mit solchen Terminen habe gezeigt, dass sie sich »im Sinne der Bahn steuern« ließen.

Eine schlagkräftige Lobbyistentruppe also, die alles daransetzt, ihren Einfluss auf die Politik geltend zu machen. Nicht umsonst ist die Abteilung »Politische Beziehungen« bei der Bahn eine der wichtigsten. Für den SPD-Politiker Thilo Sarrazin, der einige Jahre im Vorstand der Bahn war, bevor er in die Politik wechselte, ein Skandal: »Ich finde das fragwürdig: Wenn ein privates Unternehmen Lobbyarbeit macht, ist das legitim. Wenn ein staatseigener Konzern mit staatlichen Geldern Leute bezahlt, die bei den gewählten Volksvertretern Lobbyarbeit machen, dann ist das schon anrüchig.« Letztlich zahlen also Deutschlands Steuerzahler dafür, dass ein einzelner Konzern seine politischen Interessen durchsetzt.

Für LobbyControl, die Initiative für Transparenz und Demokratie, Grund genug, von der Politik ein verpflichtendes Lobbyistenregister zu fordern, in dem alle Lobbyisten ihre Kunden und ihre Finanzierung offenlegen müssen. Vor allem fordert der Verband eine Karenzzeit für ehemalige Regierungsmitglieder, die ein rasches Seitenwechseln nach dem Ende der Politikerkarriere verhindern soll. Mindestens drei Jahre sollen demnach etwa Minister, Staatssekretäre und Referatsleiter warten, bevor sie sich von einem Konzern bezahlen lassen, der zuvor von ihren politischen Entscheidungen betroffen war.

Fraglich, ob Lobby Control mit dieser Forderung Gehör findet. Warum sollten Politiker abschaffen, was ihnen den Abgang aus der Politik derart versüßt?

Wie die Bahn die Politik erpresste

Im Verhältnis zwischen Bahn und Politik stellt sich häufig die Frage, wer hier eigentlich wen kontrolliert. Zwar gehört die DB AG nach wie vor dem Staat, doch das heißt nicht, dass sie auch nach dessen Regeln spielt. Die Bahn als einer der größten Arbeitgeber des Landes und Herrin über das Schienennetz hat ein sicheres Totschlagargument in der Tasche, wenn es darum geht, die Politik in ihrem Sinne zu beeinflussen: Investitionen und

Arbeitsplätze. Sie kann unliebsame Landesregierungen mit dem Abzug von Arbeitsplätzen, mit der Stilllegung von Gleisen und Bahnhöfen oder mit der Verlagerung von Investitionen bestrafen und umgekehrt über andere Regionen das Füllhorn der Infrastrukturinvestition ausschütten.

Natürlich entscheidet die Bahn nicht allein darüber, wo sie investiert und wo nicht, doch sie hat entscheidenden Einfluss auf die zuständigen Instanzen in der Regierung, sagt auch Bahnexperte Gottfried Ilgmann: »Nur der DB AG wird die Kompetenz zugemessen, ein Bahn-Großprojekt zu qualifizieren. Es kann schön- oder schlechtgerechnet werden, es kann in der Prioritätenliste herauf- oder herabgestuft werden, es kann verzögert oder beschleunigt werden, günstig oder in der Luxusausführung realisiert werden.«[2]

Zu spüren bekam das unter anderen Heide Simonis, die ehemalige Ministerpräsidentin von Schleswig-Holstein. Als das Land lukrative Nahverkehrsverbindungen ausschrieb und die DB Regio im Wettbewerb zu unterliegen drohte, kündigte der damalige Bahnchef Johannes Ludewig an, in diesem Fall Kiel vom ICE-Verkehr abzuhängen. Simonis knickte ein, die Bahn bekam den Zuschlag.

Auch Bundeskanzlerin Angela Merkel musste sich in der Vergangenheit vom Bahnmanagement einige unverhohlene Drohungen anhören. In einem Brief an die »sehr geehrte Frau Bundeskanzlerin« vom 23. Oktober 2006 äußert Hartmut Mehdorn seinen Ärger darüber, dass sich »der politische Diskussionsprozess [...] von dem Ziel, dem Unternehmen DB AG den Weg in eine erfolgreiche Zukunft zu bereiten, entkoppelt« habe. Mit »besonderer Sorge« beobachte er die Meinungsfindung in der Unionsfraktion. Die hatte sich nämlich frecherweise tatsächlich eine eigene Meinung über den gemeinsamen Börsengang von Unternehmen und Infrastruktur gebildet und diesem in einem

Positionspapier eine Alternative gegenübergestellt: Das »kleine Eigentumsmodell«, in dem das Netz im Eigentum des Bundes bleibt, der Bahn jedoch Verfügungsgewalt unter der Kontrolle einer Regulierungsbehörde zugestanden wird.

Für Mehdorn geradezu empörend. Er schreibt: »Ich bin sehr überrascht, dass nach einer jahrelangen Fachdiskussion ein derartiges Papier vorgelegt wird. Inhalt und Implikation [...] sollten nicht ernsthaft von einem verantwortungsbewussten Eigentümer vertreten werden.« Auf Deutsch: Die Kanzlerin sei wohl nicht ganz bei Trost, wenn sie diesem Vorschlag einiger dahergelaufener Abgeordneter Bedeutung beimesse. Falls doch, kündigt der Bahnchef gleich noch einige unangenehme Konsequenzen an: »In Infrastrukturprojekten würde dann künftig auf Investitionsbeiträge der DB AG verzichtet. Beispiel: Für das Projekt Stuttgart 21 hieße dies, Bund und Land müssten die 1,4 bis 2 Milliarden Euro zusätzlich bereitstellen, die heute von der DB AG aus Eigenmitteln erwartet werden.« Noch schlimmer: Man könnte mit so einem Modell das Bahnmanagement gegen sich aufbringen. »Eine erfolgreiche Privatisierung in dieser Struktur ist ausgeschlossen. Ich brauche Ihnen, glaube ich, auch nicht zu erläutern, welche Auswirkungen dies nach jahrelanger harter Sanierung und Neuausrichtung auf Dynamik und Motivation von Führungskräften und Beschäftigten haben würde.« Und weiter: »Wir haben in den vergangenen Jahren die Führungsmannschaft des DB-Konzerns weiter professionalisiert. Die außergewöhnlich positive Ergebnisentwicklung wäre ohne dieses Managementteam ausgeblieben. Diese Kollegen empfinden eine Börsennotierung des Unternehmens als Normalität. Wenn diese mittelfristig nicht kommt, müssen wir mit einem Verlust an Leistungsträgern im Management rechnen.«

Gott bewahre! Welch grauenhafte Vorstellung! Ob die Kanzlerin in jener Nacht gut schlafen konnte? Hartmut Mehdorn jedenfalls, das hartgesottene Raubein unter Deutschlands Managern, kann seine Enttäuschung über die politische Klasse kaum verbergen. »Ich habe inzwischen große Zweifel, ob am Ende des politischen Prozesses überhaupt eine umsetzbare Privatisierungsentscheidung stehen wird.« Es ist schon ein Kreuz mit der Demokratie.

Weniger emotional, dafür drastischer, wird der Ton des Bahnmanagements in Verhandlungen mit dem damaligen Bundesverkehrsminister Tiefensee. Einen Gesetzesentwurf aus dessen Haus zur Bahnprivatisierung aus dem Jahr 2006 versah die Bahn mit diversen Anmerkungen – und da, wo sie ihr Missfallen besonders deutlich machen wollte, mit kleinen Bömbchen.

Einige Punkte im neuen Gesetz stießen der Bahn besonders auf:

- dass die DB AG keine Einwirkungsmöglichkeit auf die Verwendung von Steuermitteln bei Infrastrukturprojekten bekommen soll,
- dass dem Eisenbahnbundesamt verschärfte Kontrollmöglichkeiten und Prüfrechte zugestanden werden,
- dass die Bundesnetzagentur schärfer über fairen und vor allem effizienten Wettbewerb auf der Schiene wachen soll.

Überaus verständliche Forderungen des Gesetzgebers, schließlich geht es um den Umgang mit Volksvermögen, um eine Infrastruktur, die mit Steuermitteln gebaut und erhalten wird. Doch die Anmerkungen der DB lesen sich drastisch: »Bürokratischer Overkill«, »So mag der Staat sein Verhältnis zu mehrfach vorbestraften Straftätern regeln«, »Wo ist die ökonomische Ratio?« und so weiter.

Mehdorn äußert sich in seinem Anschreiben an Tiefensee »besonders betroffen [...] über zahlreiche Verschärfungen in

Kurzkommentierung Entwurf Privatisierungsgesetz

b) das zulässige Höchstalter ausgewählter Sachanlageklassen,

c) weitere technische Qualitätsparameter im Hinblick auf die zu erzielende Netzqualität,

6. Festlegung der näheren Einzelheiten zum Inhalt des Netzzustandsberichtes.

(2) Soweit eine Einigung über die erste Leistungs- und Finanzierungsvereinbarung zwischen dem Bund und den Eisenbahninfrastrukturunternehmen des Bundes bis zum (sechs Monate nach in Kraft treten des Gesetzes) oder vor Ablauf der Geltungsdauer einer geschlossenen Leistungs- und Finanzierungsvereinbarung über deren Fortsetzung nicht zustande kommt, kann das Bundesministerium für Verkehr, Bau und Stadtentwicklung die Regelungen gemäß Absatz 1 Satz 2 durch Verwaltungsakt festlegen. Maßstab für diese Festlegung bildet das Interesse des Bundes an der Erhaltung eines leistungsfähigen Schienennetzes, wobei die wirtschaftlichen Interessen der Eisenbahninfrastrukturunternehmen des Bundes hinreichend zu berücksichtigen sind.

(3) Bis zum Abschluss einer Leistungs- und Finanzierungsvereinbarung zwischen

Das ist gegen jedes kaufmännische Prinzip.

Wo wird dies abschließend geregelt?

Generell gilt: Der Betrag von „bis zu 2,5 Mrd. Euro" reicht nicht aus, um beliebige Qualitätskriterien in höchster Ausprägung zu erfüllen.

Regelung ist dem Kapitalmarkt nicht vermittelbar:
– Der Bund kann im Fall der Nichteinigung über eine LuFV per Verwaltungsakt den Mitteleinsatz der DB AG für Instandhaltung einseitig diktieren.
– Die (nachteiligen) wirtschaftlichen Konsequenzen trägt die DB AG.
– Einschränkung der Rechtsschutzmöglichkeiten der DB AG (Abs. 4: keine aufschiebende Wirkung von Rechtsbehelfen; nur eine Instanz im Rechtsstreit).

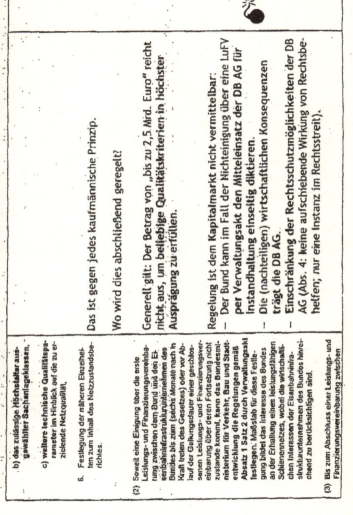

DB-Papier zu den Verhandlungen zum Börsengang mit dem Bundesverkehrsminister – manche Passagen wurden durch Bömbchen markiert.

259

Themenfeldern, die bisher in der politischen Diskussion keine Rolle gespielt haben«. Die DB AG sei so nicht privatisierungsfähig.

Auch hier kann sich Mehdorn zum Teil durchsetzen, der Gesetzesentwurf wird an vielen Stellen deutlich bahnfreundlicher formuliert.

Überhaupt, Tiefensee: Der SPD-Verkehrsminister der großen Koalition galt vielen nur als Quoten-Ossi im Kabinett, »Pfütze« oder »Flachwasser« wurde er heimlich genannt, weil ihm nichts so recht zu gelingen schien. Niemand hätte gedacht, dass der Verkehrsminister den starken Mann bei der Bahn im Amt überleben würde, bis ihn die Wahl im September 2009 aus dem Amt kippte. Ob es seinem Nachfolger Peter Ramsauer von der CSU da besser ergehen wird, ist fraglich – als Verkehrsexperte ist er jedenfalls noch nicht in Erscheinung getreten, und wie weit seine Fähigkeiten zum Netzwerken und zum Schmieden politischer Intrigen reichen, bleibt abzuwarten.

Mehdorn, der Bahn-Napoleon, ist mit ebenjenem Talent dagegen reich gesegnet. Besonders mit Altkanzler Gerhard Schröder und den FROGs, den »Friends of Gerd«, stand er stets in engem Kontakt. Zu spüren bekam das zum Beispiel Kurt Bodewig, einer von Tiefensees Vorgängern im Amt des Verkehrsministers, der sich öffentlich gegen Mehdorns Privatisierungspläne stellte. Der SPD-Politiker Thilo Sarrazin, zu dieser Zeit Mitglied im Bahnvorstand, erzählt, was nach Bodewigs Nein zur Bahnprivatisierung geschah: »Daraufhin ist Mehdorn drei Tage später zum Bundeskanzler marschiert und hat gesagt: Er oder ich. Dann hat Schröder gesagt: Jawohl Hartmut, es läuft so, wie du es willst. Und dann war Bodewig als Verkehrsminister abgemeldet, hat das Amt noch anderthalb Jahre mühsam vor sich hin verwaltet. Er war aber eigentlich in seiner Aufgabe kastriert.« Nach der Bundestagswahl 2002 kehrte Bodewig nicht mehr in sein Amt zurück.

Doch auch bei der Bahn kann man durchaus großzügig sein. Einer der FROGs ist der ehemalige SPD-Außenminister und heutige SPD-Fraktionsvorsitzende Frank-Walter Steinmeier, der im Sommer 2009 wirklich jede gute Nachricht für seinen Wahlkampf gebrauchen konnte. Und da man als Kanzler ein Bundestagsmandat und dazu einen Wahlkreis haben muss, suchte die SPD für Steinmeier einen kleinen Wahlkreis auf dem platten Brandenburger Land aus – ein Fleckchen Erde, mit dem er nie zuvor etwas zu tun hatte, wo aber seine Chancen auf einen Wahlsieg ziemlich hoch waren. Und just im August 2009 beschenkte der neue Bahnchef Rüdiger Grube die Stadt Kirchmöser in Steinmeiers Wahlkreis mit der Ankündigung, dort ein »DB Eco Rail Center« zu bauen, ein Forschungszentrum, in dem ökologische Schienentechnologien entwickelt werden sollen. Steinmeier wird als Mentor des Projekts vorgestellt. Für die Region bedeutet das Prestige und Arbeitsplätze. Steinmeier mag damit die Hoffnung auf ein paar zusätzliche Wählerstimmen verbunden haben. Und der neue Bahnchef kennt nun einen Spitzenpolitiker, der ihm noch einen Gefallen schuldet.

Sollen wir mit oder ohne Schienennetz an die Börse gehen?!
Welches Schienennetz denn?!
KS

DIE BAHN UND DIE ZUKUNFT

Wohin geht die Reise der DB AG?

Wenn die Wirtschaftskrise etwas Gutes hatte, dann ist es wohl die vorläufige Vereitelung des Börsengangs der Deutschen Bahn AG. Es ist schon ein wenig absurd: Da streitet man jahrelang in Ausschüssen, auf Parteitagen und in Expertengremien über verschiedene Privatisierungsmodelle, da werden Consultingfirmen mit teuren Gutachten beauftragt, Gewerkschafter auf einen unternehmerfreundlichen Privatisierungskurs eingeschworen, Umfragen ignoriert, wonach drei Viertel der Bürger gegen einen Börsengang der Bahn sind – und dann sind es schlicht ein paar Konjunkturdaten, die die Bundesregierung im Oktober 2008 veranlassen, den scheinbar durch nichts mehr zu stoppenden Börsengang zu verschieben.

Doch für wie lange? Welche Konsequenzen wird der Einstieg der DB AG auf dem Kapitalmarkt bringen? Welche Pläne hat die DB selbst für ihre Zukunft? Und wo bleibt eigentlich die politische Vision, die die Deutsche Bahn so dringend nötig hat?

Der Börsengang kommt – auch wenn ihn eigentlich niemand will

Nein, der Börsengang sei momentan nicht die oberste Priorität, so Bahnchef Grube auf seiner ersten Bilanzpressekonferenz im August 2009. Frühestens 2013 könne man wieder daran denken. Doch auch die Hoffnungen von Privatisierungsgegnern zerstörte der Bahnchef sogleich wieder: Auf lange Sicht werde die Bahn in jedem Fall an die Börse gehen, alles andere sei »pure Wertvernichtung«. Und auch im Koalitionsvertrag der schwarz-gelben Bundesregierung ist die schrittweise Privatisierung der Bahn weiterhin festgeschrieben. Das Hauptargument von Bahnmanagement und Verkehrsministerium bleibt dasselbe: Die DB AG muss als Global Player weiter expandieren, dazu braucht sie Geld, und deshalb muss die Bahn an die Börse. Doch von wie viel Geld ist hier eigentlich die Rede?

Als 1994 mit Inkrafttreten der Bahnreform die alte Bundesbahn in eine Aktiengesellschaft verwandelt wurde, war einer der Gründe dafür die Hoffnung, ein betriebswirtschaftlich geführtes Unternehmen werde dem Bund künftig eine Menge Geld sparen. Das Gegenteil ist eingetreten. 15,3 Milliarden Euro Schulden hat die DB AG seitdem angehäuft, sie hat jedes Jahr rund 10 Milliarden Euro[1] vom Bund für Ausbau und Erhalt der Infrastruktur und die Bestellung von Nahverkehrsleistungen kassiert, hat viel Geld in teure Investitionen im Ausland gesteckt und das Verbindungsangebot und das Schienennetz immer weiter zurückgefahren. So gesehen wäre es tatsächlich an der Zeit, dass die Bahn ein wenig frisches Kapital zugesteckt bekäme, das ausnahmsweise mal nicht aus dem Staatssäckel stammt. Doch was der Börsengang in Wahrheit mit sich bringen wird, sind eine beispiellose Verschleuderung von Volksvermögen und die

Preisgabe einer Institution, die für das Allgemeinwohl ebenso wichtig ist wie Schulen, Straßen oder die Polizei.

Seriöse Schätzungen gehen davon aus, dass allein die Eisenbahnsparte der DB AG einen Wert von 100 bis 150 Milliarden Euro hat. Dazu gehören Gleise mit einer Gesamtlänge von mehr als 62 000 Kilometern, 5000 Lokomotiven, 11 000 Triebwagen, mehr als 160 000 Waggons und bahneigene Elektrizitätskraftwerke. Außerdem mehr als 5000 Bahnhöfe, Immobilien und Grund in besten Innenstadtlagen, deren Wert unschätzbar ist. Grund übrigens, der der Eisenbahn im 19. und 20. Jahrhundert von der öffentlichen Hand geschenkt wurde – mit der Auflage, darauf zum Wohle der Allgemeinheit Schienenverkehr zu betreiben.

Wäre es der DB AG, wie ursprünglich geplant, im Herbst 2008 gelungen, 24,9 Prozent ihrer Eisenbahnsparte an Investoren zu verhökern, dann hätte sie optimistischen Schätzungen zufolge zwischen vier und acht Milliarden Euro von privaten Investoren eingestrichen. Eine lächerliche Summe, ein Schnäppchen für Spekulanten, dazu eines mit Vollkaskoversicherung, denn der Steuerzahler hätte weitergeblecht und für satte Dividenden gesorgt: Für mindestens 15 Jahre hätte sich der Bund verpflichtet, Ausbau und Instandhaltung der Infrastruktur weiterzufinanzieren. Dafür wäre der Bund formal Eigentümer der Infrastruktur geblieben, hätte der Bahn allerdings freie Hand bei Bewirtschaftung und Bilanzierung des Netzes gelassen. Sprich: Die Bahn hätte nach dem Verkauf mit dem Schienennetz weiterhin machen können, was sie wollte, finanziert worden wäre es wie gehabt vom Steuerzahler, der dafür wenigstens das gute Gefühl hätte haben dürfen, weiterhin Eigentümer zu sein.

Was aber passiert, wenn private Investoren Bahnanteile erwerben? Welche Folgen hat es, wenn Spekulanten mit hohen Renditeerwartungen plötzlich ein Mitspracherecht in der Führung eines ehemaligen Staatsunternehmens bekommen? Das kann man in anderen Ländern schön beobachten: England zum Beispiel bezahlte die Totalprivatisierung der British Rail und ihrer Eisenbahninfrastruktur 1994 mit mehreren spektakulären Unfällen – etwa dem Zusammenstoß eines Nahverkehrszugs mit einem Schnellzug nahe des Londoner Bahnhofs Paddington im Oktober 1999, bei dem 31 Menschen starben. Beinahe sämtliche Unfälle waren auf die marode Infrastruktur zurückzuführen. Das jahrelange Auspressen der Unternehmen hatte den Aktionären satte Gewinne gebracht – auf Kosten von Arbeitsbedingungen, Infrastruktur und Sicherheit. Die privatisierte Netzgesellschaft ging pleite, der Staat musste einspringen und das Netz mit mehreren Milliarden Pfund wieder auf Vordermann bringen – und darüber hinaus den Netzaktionären noch eine saftige Abfindung zahlen.

Neuseeland hatte seine Eisenbahn in den neunziger Jahren für rund 202 Millionen Euro an private Investoren verkauft. 2008 musste der Staat das mittlerweile völlig marode und heruntergewirtschaftete Eisenbahnsystem für rund 335 Millionen Dollar wieder zurückkaufen, um zu retten, was noch zu retten war.

Auch in Japan wurde die ehemalige Staatsbahn Japan National Railways Ende der achtziger Jahre komplett privatisiert. Die Unternehmen setzten ihre Mitarbeiter unter hohen Produktivitätsdruck, bei Verspätungen wurden Lokführer mit besonderen »Erziehungsmaßnahmen« bestraft – wie Unkraut jäten oder Handbücher abschreiben. Im April 2005 starben bei Osaka 107 Menschen, weil der junge Lokführer ihres Zuges zu schnell in eine Kurve gefahren war – er hatte unter allen Umständen eine Verspätung aufholen wollen. Darüber hinaus erlebte Japan seit der Privatisierung eine erhebliche Ausdünnung des Streckennetzes – regelmäßiger Eisenbahnverkehr besteht weitgehend nur noch zwischen größeren Städten.

Aber muss das in Deutschland wirklich ähnlich laufen? Vermutlich ja, und das, obwohl die Bahninfrastruktur vorerst nicht mitprivatisiert werden soll, wie die schwarz-gelbe Bundesregierung in ihrem Koalitionsvertrag festgeschrieben hat. Denn der Einfluss, den private Investoren auf die Führung des Unternehmens bekommen, hat in jedem Fall Auswirkungen auf die Infrastruktur. Das besagt ganz trocken und nüchtern ein streng geheimes Gutachten der Investmentbank Morgan Stanley, das die DB selbst in Auftrag gegeben hat. Dort heißt es: »Der Kapitalmarkt [wird] verlangen, dass die Strategie darauf abzielt sicherzustellen, dass Betriebslänge und Netzzuschnitt so gewählt werden, dass sie auf Basis operativer Fortschritte eine Optimierung der finanziellen Leistungsfähigkeit des Konzerns ermöglichen [und] dass die Instandhaltung der Infrastruktur in einem Kompromiss genauso vorgenommen wird, dass einerseits der Zustand der Infrastruktur auf betriebs- und sicherheitstechnisch ›ausreichendem‹ Niveau gehalten wird sowie Eigenmittelabflüsse möglichst gering gehalten werden.« Im Klartext heißt das: Private Investoren, die auf kurzfristige Gewinne bauen, haben kein Interesse daran, Geld in langfristige Infrastrukturprojekte zu investieren. Es reicht ihnen vollkommen, wenn die Infrastruktur in technisch »ausreichendem« Zustand ist. Außerdem ist es privaten Investoren egal, wie Pendler von Cottbus nach Apolda oder Urlauber von Buxtehude in den Schwarzwald kommen. In ihrem Interesse ist ein Schienennetz, das ausschließlich auf profitable Strecken reduziert wird.

Nun kann man anführen, dass der Bund ja weiter Mehrheitseigner der DB AG bleibt. Selbst wenn in Zukunft weitere Teile des Unternehmens verkauft würden (was bei dem bisschen Cash, das ein Verkauf in die DB-Taschen spülen würde, mehr als wahrscheinlich ist), bliebe am Ende doch mindestens noch eine Sperrminorität übrig. Doch auch hier erklärt das Morgan-

Stanley-Gutachten schnörkellos: »Der Kapitalmarkt […] stellt die Interessen aller Anteilseigner in den Vordergrund, unabhängig von den Mehrheitsverhältnissen auf der Hauptversammlung. Insofern wird der Kapitalmarkt es beispielsweise nicht hinnehmen, wenn der Bund seine Interessen hinsichtlich der Leistungs- und Finanzierungsvereinbarung zur Infrastruktur entgegen den Interessen anderer Aktionäre über seine Mehrheitsaktionärsstellung durchsetzt bzw. einmal getroffene Zusagen […] aus politischen oder haushalterischen Gründen ändert oder widerruft.«

Fairerweise muss man sagen, dass Investoren nicht so handeln, weil sie schlechte Menschen sind. Sie sind der Maximierung ihrer Gewinne verpflichtet und nicht dem Allgemeinwohl. Das Gleiche gilt übrigens für den Bahnchef: Auch er ist der Maximierung der Unternehmensgewinne verpflichtet, er muss handeln wie ein Kaufmann. Und weil die DB längst ein auf Logistik ausgerichteter Global Player ist, für den das Allgemeinwohl – nämlich ein gutes, weit verzweigtes Schienennetz mit solidem Eisenbahnverkehr in Deutschland – nur noch eine Nebenrolle spielt, ist er aus Unternehmersicht geradezu gezwungen, seinem Konzern zu immer mehr Wachstum zu verhelfen. Weil der Bund aber nicht unbegrenzt bereit sein kann, Steuergelder für Investitionen in chinesische oder amerikanische Logistikmärkte zur Verfügung zu stellen, bleibt der DB AG fast keine andere Wahl, als an die Börse zu gehen.

Welche Visionen hat die Politik?

Heißt das also, dass ein Börsengang der DB AG letztlich unausweichlich ist? Ganz klar: Nein. Denn noch gibt es eine Instanz, die dem Allgemeinwohl – und nur dem Allgemeinwohl – verpflichtet ist: den Staat. Und der ist nach wie vor hundertprozentiger Eigentümer der Deutschen Bahn. Er muss nicht zum Wohle des Unternehmens handeln, sondern zum Wohle seiner Bürger. Und die sollten umfassenden Zugang zu Mobilität haben, egal, ob sie in Berlin oder in Sindelfingen leben, im Rollstuhl sitzen oder einen Fahrradurlaub planen.

In Zeiten von Klimawandel und steigenden Benzinpreisen, in Zeiten, in denen der Arbeitsmarkt hohe Flexibilität verlangt und Arbeitsämter ihren Kunden immer längere Anfahrtswege zumuten, in Zeiten, in denen der zunehmende LKW-Verkehr unsere Straßen verstopft, hat der Staat mit der Deutschen Bahn ein echtes Pfund in den Händen, mit dem sich verdammt gut wuchern und viel bewegen ließe. Warum tut er es nicht? Warum steht im schwarz-gelben Koalitionsvertrag, man wolle die »positive Entwicklung der Deutschen Bahn begleiten« – anstatt sie aktiv zu gestalten? Warum will die Bundesregierung nach wie vor einen Börsengang durchpeitschen, den die meisten Bürger nicht wollen? Wieso begehren so wenige Parlamentarier auf? Etwa, weil sie sich mehr an die Parteilinie gebunden fühlen als an ihre Wähler? Warum gelingt es ein paar Lobbyisten beinahe, eine derartige Verschleuderung von Volksvermögen durchzusetzen? Warum blieben all die vorgetragenen Argumente gegen den Börsengang, geäußert von versierten und namhaften Experten, ungehört?

Ein bisschen mehr bürgernahe Prioritätensetzung dürfen wir von unseren Volksvertretern schon verlangen. Vielleicht ja sogar so etwas wie eine politische Vision, wie es mit der Bahn in Zukunft weitergehen soll. Dazu gehört auch, der Bahn nicht weiter unsinnige und teure Prestigeprojekte aufzubürden, die Lokalpolitikern bei der Grundsteinlegung zwar einen schönen Pressefototermin bescheren, den Bürgern aber kaum etwas bringen. Dazu gehören auch ein Ende der Ungleichbehandlung von Bahn- und Flugverkehr und eine sofortige Einmottung der schwarz-gelben Pläne, ausgerechnet Fernbuslinien als Konkurrenten zu IC und ICE zu fördern. Und wollte man es noch ein wenig radikaler machen, gehört dazu auch eine komplette Herauslösung der Eisenbahninfrastruktur aus dem Unternehmen DB AG. Schienennetz und Bahnhöfe unter vollständiger staatlicher Kontrolle hätten immense Vorteile: Lokalpolitiker müssten sich bei der Vergabe von Nahverkehrsaufträgen nicht mehr von der Bahn erpressen lassen und die Einstellung von Fernverkehrsverbindungen nicht mehr gezwungenermaßen hinnehmen. Der Bund könnte selbst bestimmen, ob er lieber in Hochgeschwindigkeitstrassen oder in ein flächendeckendes, dafür vielleicht nicht ganz so schnelles Netzangebot investiert. Er könnte über die Trassenvergabe für richtigen Wettbewerb auf der Schiene sorgen, und er könnte Bahnhöfe wieder zu dem machen, was sie sein sollten: Visitenkarten der Städte, Eintrittstore zum Schienennetz. Wir zahlen mit unseren Steuergeldern doch ohnehin für die Infrastruktur. Sie gehört uns. Warum dürfen wir sie dann nicht auch kontrollieren und für die nächsten Generationen erhalten?

Eine formale Herauslösung der Infrastruktur aus dem DB-Konzern wird es unter einer schwarz-gelben Bundesregierung wohl kaum geben. Doch tatsächlich ist es schon ein kleiner Fortschritt, dass die Koalition Netz, Bahnhöfe und Energieversorgung vorerst von den Privatisierungsplänen ausnimmt. Doch auch hier funktionierte der kurze Draht zwischen Bahnvorstand und Kanzleramt: Eigentlich wollte die Bundesregierung durchsetzen, Bundesmittel für die Bahninfrastruktur auch direkt an die DB-Infrastrukturgesellschaften zu überweisen und nicht etwa an die DB-Holding. Auch Gewinne, die die Bahn mit ihrer Infrastruktursparte erzielt, sollten direkt in die Infrastruktur zurückfließen und nicht an die Holding abgeführt werden – die damit mal wieder auf internationale Shoppingtour gehen und beispielsweise Eisenbahnprojekte in der Mongolei finanzieren könnte. Doch diesen Passus wusste die Bahnspitze offenbar zu verhindern: Im fertigen Koalitionsvertrag ist nur noch von dem Vorhaben die Rede, dieses Modell »zu prüfen«.

Mehdorns Erbe – Grubes Aufgaben

Das mit dem Erben ist manchmal so eine Sache. Da freut man sich auf Omas Häuschen und entdeckt erst beim Einzug die maroden Dachbalken, die zänkischen Nachbarn, die Schimmel-flecken im Keller und die Autobahn, die gerade direkt vor dem Gartenzaun gebaut wird. So in etwa könnte es Rüdiger Grube gegangen sein, als er sich nach dem Abgang Hartmut Mehdorns in seinen neuen Arbeitskosmos einarbeitete. Zwar stand Grube möglicherweise schon lange als Nachfolger Mehdorns fest – doch aus der geplanten Übergangsdoppelspitze ist dank des Datenskandals nun nichts geworden. Grube musste gleich ins kalte Wasser springen.

Auf seinem rauschenden Abschiedsfest im Berliner Technik-museum hatte Mehdorn sich noch einmal selbst gelobt für den Global Player, den er aus der verschnarchten Beamtenbahn ge-macht hatte. Grube dagegen musste sich gleich in den ersten Tagen nach seinem Amtsantritt durch einen riesigen Schuttberg wühlen: die brechenden ICE-Achsen, das S-Bahn-Chaos in Ber-lin, den unsäglichen Datenskandal und die Aufregung um die verdeckten PR-Aktivitäten – um nur einige Beispiele zu nen-nen. Dazu musste er auf seiner ersten Bilanzpressekonferenz im August 2009 Zahlen präsentieren, die alles andere als rosig sind: In den ersten sechs Monaten des Jahres 2009 brachen die Ge-winne des Konzerns um vierzig Prozent ein. Die Güterverkehrssparte machte Verluste von 121 Millionen Euro, denn mehr noch als die Konkurrenz ist die DB-Gütersparte von der Stahl-, Auto- und Chemieindustrie abhängig. Tausende Mitarbeiter werden wohl entlassen, und die Kurzarbeit soll von 7500 auf 10 000 Arbeitsplätze ausgedehnt werden. Der Shoppingrausch im internationalen Logistikmarkt ist erst einmal gestoppt – viele der von Mehdorn teuer eingekauften Unternehmen drücken angesichts des einbrechenden Logistikmarktes mächtig auf die Bilanz.

Und dann gibt es noch ein paar Zahlen, die der neue Bahnchef lieber unter dem Deckel hält. Sie stehen in der geheimen Mittelfristplanung der Bahn, einem Papier, das eigentlich nur Aufsichtsräte und Vorstände zu Gesicht bekommen. Darin heißt es, dass Grube auf Jahre hinaus keine guten Zahlen wird präsentieren können: Projekte wie Stuttgart 21 belasten die Bilanz für die nächsten Jahre – allein für das Stuttgarter Bahnhofs-Großprojekt wird die Bahn bis 2013 jährlich 338 Millionen Euro berappen müssen. Das Ausquetschen der Infrastruktur für den Börsengang rächt sich nun bitter, es brennt an allen Ecken: Der Austausch von 1200 ICE-Achsen und die Verkürzung der Wartungsintervalle hauen mit 350 Millionen Euro mächtig ins Budget. Und allein der Schaden, der durch das Sicherheitschaos bei der Berliner S-Bahn entstanden ist, wird von Experten auf mehrere hundert Millionen geschätzt – zusätzlich zu den 25 Millionen Euro, die das Land Berlin in diesem Jahr wegen der Zugausfälle weniger überweist. Für die DB Regio rechnet die Bahn bis 2013 nur noch mit einer siebzigprozentigen Gewinnquote bei öffentlichen Ausschreibungen und mit Gewinneinbrüchen von fast einem Drittel.

Um gegenzusteuern, sieht die Bahn laut Mittelfristplanung deutliche Kostensenkungen beim Personal vor – was bedeuten wird, dass der Konzern vermehrt mit tarifungebundenen Billigtöchtern in die Ausschreibungen gehen wird, was wiederum die Gewerkschaften erzürnen dürfte. Auch ob die sonst so sicheren Gewinne der Netzsparte weitersprudeln werden, ist fraglich: Die DB befürchtet, dass die Bundesnetzagentur weiteren Erhöhungen der Trassen- und Stationspreise einen Strich durch die Rechnung machen könnte. Wenn wenigstens die Auslastung der ICEs erhöht werden könnte – die DB plant mit einer Steigerung von derzeit vierundvierzig Prozent auf neunundvierzig Prozent bis im Jahr 2013. Wie das bei weiter steigenden Preisen gelingen soll, ist allerdings fraglich. Schon jetzt ist vor allem die erste Klasse wegen des Kostendrucks vieler Firmen deutlich schlechter gebucht. Serviceleistungen wie kostenloser Internetzugang oder die Möglichkeit, Fahrräder mitzunehmen, lassen weiter auf sich warten – da dürfte auch die verstärkte Kooperation mit Lidl, Tchibo und anderen Handelsketten beim Billigticket-Verkauf nicht viel helfen. Und mit der Ausdünnung des Streckennetzes, mit dem schleichenden Tod des immer noch preiswerteren Intercity und mit der unverändert schlechten Vertaktung der Züge an den Knotenbahnhöfen werden sich sicherlich nicht mehr Fahrgäste gewinnen lassen.

Trotzdem behält die Bahn auch unter Rüdiger Grube den Börsengang fest im Blick. Insider bestätigen uns, dass das Unternehmen schon im Jahr 2011 kapitalmarktfähig werden will. Und bereits in diesem Jahr will die DB eine Rendite auf das eingesetzte Kapital (genannt ROCE) von vierzehn Prozent und eine operative Umsatzrendite von sieben Prozent erzielen. Nur unter dieser Voraussetzung kann sie in drei Jahren tatsächlich an die Börse gehen. Bei der schwierigen Wirtschaftslage wird dies wohl nur mit einem radikalen Sparkurs zu erreichen sein, radikaler, als er unter Mehdorn je sein musste.

Wie Rüdiger Grube das seiner Belegschaft verkaufen wird? Bislang sammelte er ja vor allem Sympathien durch seine freundliche, besonnene Art. Doch seine scheinbare Säuberungsaktion im Vorstand nach der Datenaffäre und seine Beteuerungen, bei der Bahn werde fortan ein anderer Geist herrschen, sehen nur auf den ersten Blick wie eine Abkehr vom System Mehdorn aus. Mit der Datenaffäre befasste Vorstände beziehen weiterhin ihre Vorstandsgehälter und stehen der Bahn beratend zur Verfügung. Finanzvorstand Diethelm Sack, der wohl jeden Trick des Bilanzierungsrechts kennt und als Mehdorns rechte Hand galt, blieb auf Betreiben Grubes bis Anfang 2010 im Amt. Alexander Hedderich, der laut Aussagen von IT-Mitarbeitern im Bericht der Sonderermittler vom Datenmissbrauch bei der Bahn wusste, erste Namenslisten mit zu überprüfenden Mitarbeitern erstellte und zudem mitverantwortlich war für das Chaos bei der Berliner S-Bahn, wurde zum Chef der DB Schenker befördert. Die Bahn betont, Grube sehe keine Verfehlungen Hedderichs, dieser genieße das Vertrauen des Vorstands. Auch die Vorgänge um verdeckte PR-Maßnahmen der Bahn sind entgegen den Zusagen Grubes noch bei Weitem nicht offengelegt.

Und Mehdorn? Zieht weiter im Hintergrund seine Strippen. Er berät die DB AG und insbesondere seinen Vertrauten Rüdiger Grube, mit dem er regelmäßig in Kontakt ist. Erst 2009 fuhr er gemeinsam mit seinem Nachfolger nach Moskau, um Verhandlungen mit der russischen Staatsbahn über eine Beteiligung zu führen.

Gern hätten wir mit Hartmut Mehdorn ein Gespräch geführt zu den vielen Fragen, die bei der Recherche für dieses Buch aufgeworfen wurden. Man erreicht den ehemaligen Bahnchef nach wie vor über das Sekretariat seines Nachfolgers. Auf unsere Interviewanfrage erhielten wir von Hartmut Mehdorn folgende E-Mail:

Vielen Dank für Ihre e-Mail mit der Sie mich zu einem Buch-Interview einladen.

Wie Sie ja wissen, war ich zehn Jahre sehr intensiv für die Bahn verantwortlich, und habe in dieser Zeit viele Publikationen erlebt, die außer Effekthascherei kein ehrliches Bemühen um sachliche Inhalte hatten.

Die Bahn ist, sowohl von ihrer Technologie, ihrer hohen Komplexität (36 000 Züge pro Tag), ihrer großen Kunden-Berührung (ca. 5 Millionen pro Tag), einem merkwürdigen Verhältnis mit der Politik und sogenannten Verkehrsexperten, die zwar ohne Verantwortung zu tragen sich ständig mit der Bahn profilieren, sowie der allgemeinen großen Liebe der Deutschen zur Autoindustrie und den Autos, ein besonders Unternehmen, dessen Analyse, aus meiner Sicht, nicht einfach ist.

Ich befasse mich sehr intensiv mit der Bahn und der Aufarbeitung Ihrer Lage, insbesondere wie man diese in der Zukunft verbessern kann.

Ich möchte daher von einem Interview derzeit mit Ihnen absehen, biete Ihnen jedoch an, Ihr Manuskript kritisch zu lesen, und wäre dann, wenn ich es inhaltlich im Grundsatz mittragen kann, gerne zu einem Gespräch mit Ihnen bereit.

Zwischenzeitlich möchte ich Sie auf mein Interviewbuch »Diplomat wollte ich nie werden«, erschienen in Hoffmann und Campe Verlag, hinweisen.

Mit freundlichen Grüßen,
Ihr
Hartmut Mehdorn

Natürlich hätten wir auch gern mit Rüdiger Grube gesprochen. Über seine Visionen für die DB AG, über die vielen kleinen und großen Vorwürfe von Mitarbeitern, Fahrgästen, Umweltverbänden, Bürgerinitiativen, Verkehrsexperten, abgehängten Bürgermeistern, über die Lehren und Konsequenzen aus ICE-Unfällen der letzten Jahre, über fragwürdige Sicherheitsstandards, das miese Beschwerdemanagement, den aggressiven Politlobbyismus, die Rolle der Gewerkschaften. Doch Rüdiger Grube gibt uns kein Interview, teilte man uns bei der Bahn mit. Kein Wunder, sagt uns ein Bahn-Insider: Der Mann ist kein Eisenbahner. Er kommt aus der Autoindustrie und hatte anfangs vom komplexen Geflecht der DB AG schlicht keine Ahnung. Wie soll er da kurz nach seinem Amtsantritt schon derartige Fragen beantworten?

Na dann: Gute Fahrt, Deutsche Bahn!

ANHANG

Dank

Dieses Buch wäre ohne die Unterstützung zahlreicher Experten und Informanten nicht zustande gekommen. Die Autoren danken den vielen Fahrgästen, die uns ihre Erfahrungen anvertraut, sowie zahlreichen Mitarbeitern der DB AG, die uns mit wertvollen Informationen aus dem Kosmos des Konzerns versorgt haben.

Danken möchten wir Professor Karl-Dieter Bodack, dem Fahrgastverband Pro Bahn und dem Bündnis Bahn für Alle für ihre Unterstützung, Delf Gravert für die gewissenhafte Dokumentation, Barbara Wenner, die das Projekt mit großem Enthusiasmus begleitet hat und uns immer eine verlässliche Ansprechpartnerin war, sowie Sibylle Auer für das bedachtsame Lektorieren des Manuskripts. Ein besonderer Dank gilt Alena Schröder für ihre umfassende redaktionelle Mitarbeit.

Anmerkungen

DIE BAHN UND IHRE KUNDEN

1 Winfried Hermann, MdB, Brief an das Bundesverkehrsministerium vom 25. 11. 2008.

2 Pro Bahn, Magazin »Der Fahrgast«, 1/2009.

3 www.test.de/themen/auto-verkehr/test/-Deutsche-Bahn/ 1617492/1617492/

4 Ausschuss für Verkehr, Bau und Stadtentwicklung, Bericht über die Tätigkeit des Unterausschusses Eisenbahninfrastruktur für die Zeit vom 28. März 2007 bis zum 1. Juli 2009, Berlin 2009, S. 23.

5 Erich Preuß, Bahn im Umbruch, Tatsachen – Hintergründe – Konsequenzen, Stuttgart 2004, S. 48.

DIE BAHN UND DER SCHÖNE SCHEIN

1 Karl-Dieter Bodack, Stellungnahme für den Verkehrsausschuss des Deutschen Bundestags zur Sitzung am 1. Juli 2009.

2 Antwort der Bundesregierung auf Anfrage der Abgeordneten Anton Hofreiter, Winfried Hermann, Peter Hettlich u. a., Kostenüberschreitungen bei Bauprojekten der Deutsche Bahn AG. Drucksache 16/4783 des Deutschen Bundestags vom 2. 3. 2007.

3 Netz 21, Verbale Aufgeschlossenheit bei überwiegender Verhaltensstarre. Berlin 2009, S. 20.

4 Netz 21, ebd., S. 20.

5 Netz 21, ebd., S. 21.

6 Peter Kaniut, Egbert Form, Die Rolle des EBA bei Groß-projekten der DB AG am Beispiel der NBS Köln–Rhein/Main. In: Eisenbahntechnische Rundschau. 51, Nr. 9, 2002, S. 554–564.

7 Lothar Neuhoff, Zukunftsstrategie Bahn, Frankfurt 2001, S. 6.

8 Netz 21, ebd., S. 21.

9 Netz 21, ebd., S. 22.

10 Vieregg und Rößler GmbH, Einsparpotenziale durch eine Modifikation der Planung, München, Juli 2006. Zitiert nach Karl-Dieter Bodack, Gesetz über die Erhaltung und den Ausbau der Schienenwege der Eisenbahnen des Bundes. Stellungnahme für den Verkehrsausschuss des Deutschen Bundestages zur Sitzung am 1. Juli 2009.

11 Bericht über die Tätigkeit des Unterausschusses Eisenbahn-infrastruktur für die Zeit vom 28. März 2007 bis zum 1. Juli 2009, Berlin, Juli 2009, S. 19.

12 Bericht über die Tätigkeit des Unterausschusses Eisenbahn-infrastruktur für die Zeit vom 28. März 2007 bis zum 1. Juli 2009, Berlin, Juli 2009, S. 23.

13 Wortprotokoll, S. 37, zitiert nach Netzwerk Privatbah-nen, Wettbewerber-Report Eisenbahn 2008/2009, Berlin 2009.

14 Netzwerk Privatbahnen, Wettbewerber-Report Eisenbahn 2008/2009, Berlin 2009, S. 109.

15 Wolfgang Hesse, Deutsche Spinne oder Schweizer Netz? Netz- und Fahrplanentwicklung im Vergleich, Eisenbahn-revue International 2/2006, S. 98 ff.

16 Tim Engartner, Die Privatisierung der Deutschen Bahn. Über die Implementierung marktorientierter Verkehrs-politik, Verlag für Sozialwissenschaften, Wiesbaden 2008, S. 171.

17 Verkehrsverbund Berlin-Brandenburg (VBB), Qualitätsanalyse 2008 – Bahnhöfe im VBB-Gebiet.
18 Focus.de, 5. 7. 2009.
19 *die tageszeitung*, 16. 2. 2008.

DIE BAHN UND IHRE MITARBEITER

1 Winfried Wolf, In den letzten Zügen. Bürgerbahn statt Börsenwahn, VSA-Verlag, Hamburg 2006, S. 49.
2 Transnet/GDBA, Monatsentgelttabelle, Fassung 28. 5. 09.
3 Transnet/GDBA, Sicher unterwegs, Frankfurt a. M. 2008.
4 *Der Spiegel*, 8. 6. 2009, Heft 24, S. 73.

DIE BAHN UND DIE SICHERHEIT

1 EBA, V.3/566 Schadensanalyse Radsatzwelle ICE 3, Stand
2008-09-22, Vorabpräsentation, DB, 2008-09-24, S. 77.
2 ZDF, *Frontal 21*, Sendung vom 22. 7. 2008.
3 Lunapark 21, Nr. 4/Winter 2008/2009, S. 19.
4 *Der Spiegel*, 17. 8. 2008.
5 *Focus*, Heft 23, 2003.
6 www.rf-news.de/archiv/News_Item.2008-10-29.0425,
1. 11. 2009.
7 *Berliner Zeitung*, 22. 11. 2008.
8 www.bahn-fuer-alle.de/pages/ice-achsbruch.php

DIE BAHN UND IHRE GEGNER

1 Netzwerk Privatbahnen, Wettbewerberreport 2008/2009,
Berlin 2009, S. 20.
2 ebd., S. 16.
3 ebd., S. 124.
4 ebd., S. 75.
5 ebd., S. 93.
6 ebd., S. 93.

7 ebd., S. 76 ff.
8 ebd., S. 54.
9 ebd., S. 61.

DIE BAHN UND DIE UMWELT

1 www.bund.net/index.php?id=1219, 1. 11. 2009.
2 Bundesrechnungshof, Bericht an den Haushaltsausschuss des Deutschen Bundestages zur Lärmsanierung an den Schienenwegen der Eisenbahnen des Bundes, Bonn 2007.
3 Vieregg und Rössler GmbH, ICE-Neubaustrecke Ebensfeld–Erfurt: neue Trassenvariante südlich Rödental im Vergleich mit der bisher geplanten Trasse. Kurzfassung, München 2007.
4 Deutscher Bundestag, Anlage 6/27. 01. 09, Bundestags-Drucksache.

DIE BAHN UND DIE POLITIK

1 www.spiegel.de/wirtschaft/0,1518,384764,00.html, 1. 11. 2009.
2 Gottfried Ilgmann, Vergabe von Nahverkehrsaufträgen durch die Bundesländer: Wirtschaftliche Bedeutung für den DB-Konzern und dessen Praxis der Auftragserzwingung gegenüber den Verkehrsministern der Länder, Berlin 2003.

DIE BAHN UND DIE ZUKUNFT

1 Thilo Sarrazin, Belegt der Jahresabschluss 2006 die Börsenfähigkeit der Bahn?, Thesenpapier zum Börsengang, 23. 4. 2007.

Literaturverzeichnis

Altmann, Gila; Monheim, Heiner; Schmidt, Albert; Strowitzki, Bernhard; Wolf, Winfried: Einmal Chaos und zurück – Wege aus der Verkehrsmisere, Frankfurt am Main 1998

Bodack, Karl-Dieter: InterRegio – Die abenteuerliche Geschichte eines beliebten Zugsystems, Freiburg 2005

Drapatz, Christoph: Die Zukunft der Deutschen Bahn – Alternative Wettbewerbs- und Privatisierungsszenarien zur Eisenbahnreform, Baden-Baden 2008

Engartner, Tim: Die Privatisierung der Deutschen Bahn – Über die Implementierung marktorientierter Verkehrspolitik, Wiesbaden 2008

Julitz, Lothar: Bestandsaufnahme Deutsche Bahn – Das Abenteuer Privatisierung, Frankfurt am Main 1998

Künzli, Lis: Bahnhöfe – Ein literarischer Führer, Frankfurt am Main 2007

Mehdorn, Hartmut: Diplomat wollte ich nie werden, Hamburg 2007

Mair, Birgit: Überlebensberichte von Josef Jakubowicz – Eine biographische Analyse, Nürnberg 2006

Monheim, Heiner; Nagorni, Klaus (Hrsg.): Die Zukunft der Bahn – Zwischen Bürgernähe und Börsengang, Karlsruhe 2004

Monheim, Heiner; Strowitzki, Bernhard; Vockel, Joachim: Die S-Bahn kommt!, Köln 2002

Monheim, Heiner; Zöpel, Christoph: Raum für Zukunft – Zur Innovationsfähigkeit von Stadtentwicklungs- und Verkehrspolitik, Essen 2008

Preuß, Erich: Eisenbahnunfälle bei der Deutschen Bahn – Ursachen – Hintergründe – Konsequenzen, Stuttgart 2008

Preuß, Erich: Bahn im Umbruch, Tatsachen – Hintergründe – Konsequenzen, Stuttgart 2004

Rügemer, Werner: Privatisierung in Deutschland. Eine Bilanz, Münster 2006

Schell, Manfred: Die Lok zieht die Bahn, Berlin 2009

Wacket, Markus: Mehdorn, die Bahn und die Börse. Wie der Bürger auf der Strecke bleibt, München 2008

Weizsäcker, Ernst Ulrich von; Young, Oran R.; Finger, Matthias: Grenzen der Privatisierung – Wann ist des Guten zu viel? Bericht an den Club of Rome, Stuttgart 2007

Wolf, Winfried: Mit Hochgeschwindigkeit auf's falsche Gleis – Bahnprivatisierung in Deutschland und international, Frankfurt am Main 2007

Wolf, Winfried: In den letzten Zügen. Bürgerbahn statt Börsenwahn, Hamburg 2006

Wolf, Winfried: Verkehr. Umwelt. Klima – Die Globalisierung des Tempowahns, Wien 2007

Personenregister

Aussen, Hertha 93

Bähr, Josef 140 ff., 152, 154 f., 158 f.
Balzer, Arno 224 f.
Baum, Gerhart 145, 157
Bayer, Thomas 18, 37
Beckedahl, Markus 219
Bensel, Norbert 159, 161
Beushausen, Bernd 75 f.
Bodack, Karl-Dieter 64, 68, 85, 104, 187 f., 279
Bodewig, Kurt 260
Böttger, Christian 103, 217
Buchert, Rainer 142

Däubler-Gmelin, Herta 133, 154, 157
Dettling, Daniel 221
Dolata, Uwe 252
Duttiné, Armin 168

Eligmann, Barbara 223
Engel, Rainer 30, 71
Evers-Meyer, Karin 54

Feld, Günter 175
Fichtner, Harald 76 f.
Franz, Hans-Werner 39, 69, 251
Fuß, Markus 168

Gläser, Daniel 140, 158 f.
Großmann, Achim 108
Grube, Rüdiger 12, 23, 42, 56, 62, 76, 96 f., 119, 133, 159 ff., 170, 193, 221, 223, 235, 261, 264, 271–276
Grubisic, Vatroslav 174, 177 f., 183 ff.

Hansen, Norbert 163, 165–170
Hedderich, Alexander 140, 158, 160, 193 f., 274
Hermann, Winfried 17
Herms, Sabine 29 f.
Herrenknecht, Martin 100
Hesse, Wolfgang 70, 82
Heyer, Jürgen 252
Hünerkoch, Dieter 224 f.

Ilgmann, Gottfried 65,
212–217, 256
Illing, Jürgen 143 f., 160

Jakubowicz, Josef 95
Joussen, Edgar 142, 151 f.

Kefer, Volker 69
Kernchen, Hans Joachim
203
Kickstein, Andreas 122 ff.
Kirchner, Alexander 170
Kleber, Andreas 187
Klein-Bölting, Ralf 221
Klimmt, Reinhart 252 ff.
Kniola, Franz-Josef 252 ff.
Knobloch, Charlotte 96 ff.
Krauß, Lothar 72
Kühlwetter, Hans-Jürgen
175 f., 189 f.

Lierow, Hartmut 187
Ludewig, Johannes 256
Ludwig, Dieter 78 ff.
Luhmann, Hans-Joachim
243

Martini, Arthur-Iren 105
Mehdorn, Hartmut 12, 17,
23, 42, 56, 63, 70, 83, 93,
101 ff., 133, 135, 139–144,
153–159, 163, 165 ff., 173,

179 f., 187, 212 f., 217,
219 f., 224 f., 226, 235,
243 f., 251, 256–260,
271–275, 278
Meiser, Hans 223
Merkel, Angela 256 f.
Metzger, Paul 79
Meyer, Hartmut 251
Monheim, Prof. Heiner 70,
179
Müller, Werner 154

Naumann, Karl-Peter 71

Oelschlägel, Thomas 184
Oettinger, Günther 98,
100

Preuß, Erich 44
Puls, Jens 139, 140, 154 f.,
160
Puls, Regina 140

Ramsauer, Peter 260
Rausch, Karl Friedrich 184
Reiner, Manfred 92
Resch, Jürgen 245 f.
Reuß, Stefan 24

Sack, Diethelm 274
Sarrazin, Thilo 104, 108,
217, 254 f., 260

Schaupensteiner, Wolf-
gang 140 f., 151 ff., 157,
160
Schielein, Heinz 242
Schneider, Günther 21
Schreiber, Lutz 209
Schröder, Gerhard 166,
260
Schuster, Wolfgang 100
Simonis, Heide 256
Späth, Lothar 100
Steinmeier, Frank-Walter
261
Stier, Walter 94
Stocker, Gangolf 100
Suckale, Margret 140, 159,
160

Tiefensee, Wolfgang 108,
170, 240, 258 ff.
Tischmann, Heidi 38

Waldenfels, Georg von 143 f.,
252
Wedemeier, Klaus 252
Wendt, Ulrich 252
Wiesheu, Otto 139, 154,
161, 250 f., 252, 254
Wolf, Winfried 187
Wolkwitz, Hans Dieter 252

Zabel, Martin 94
Zahn, Albrecht 94
Zimmermann, Hans-Georg
201

Sachregister

Achsen 11, 12, 43, 121,
173–192, 194, 207, 271 f.
–, Unfälle 174 ff., 191 f.
Allendorf Media GmbH 221,
223
Allianz pro Schiene 91, 239 f.
Argen GmbH 136 f., 142,
153

BahnCard (*siehe auch* Tarifsystem) 19, 35 ff., 49, 80,
95, 120, 277
Bahnhöfe, Zustand der 10,
18, 24, 53, 55, 57, 76,
88 ff., 101, 103, 195,
277
–, – – Berlin 10, 61, 87 f.,
277
–, – – Stuttgart 10, 88, 98 ff.,
257, 272
BahnTower 109, 157
Baum, Reiter & Collegen
133, 154 ff.
Baustellen (*siehe auch* Streckensperrung) 11, 109,
130 f., 201 f., 204, 229

BDI (Bundesverband der
Deutschen Industrie)
217 ff.
»Bedienzuschlag« 17, 19
Behinderung, Fahrgäste mit
27 ff., 53–58, 269
berlinoplis 221 ff.
Bespitzelung *siehe* Datenaffäre
»Betonkrebs« 86 f.
Bild-Zeitung 168 f., 200, 223
Bochumer Verein Verkehrs-
technik GmbH (BVV)
176
BordRestaurant/BordBistro
49 f., 83 f., 114 f.
Börsengang, geplanter 12 f.,
19, 62, 72, 108, 119,
167 ff., 170, 173, 179, 195,
203, 212 f., 217–223, 247,
250, 254–261, 263–268,
269 ff., 272 f., 278
–, – DB-Kommentar zum
Gesetzesentwurf 258 ff.
–, – Privatisierung ausländi-
scher Bahnunternehmen
266

Brühl, Zugunglück 204
Buchung, Ticket
–, – Automat *siehe* Ticket-
automat
–, – Internet *siehe* Online-
Ticket
–, – Schalter *siehe* Reise-
zentrum
Bundesnetzagentur 233 ff.,
258, 273
Bundesregierung 13, 30 f., 53,
66, 83, 91, 203, 235, 239,
250, 263 f., 267, 269 f.

Callcenter *siehe* Service-
Hotline

Datenaffäre 12 f., 107,
133–161, 217, 219 f., 251,
271, 274, 278
–, Aufklärung 151–157
DB Energie GmbH 230
DB Fernverkehr AG 230
DB Heidekrautbahn GmbH
231 f.
DB Netz AG 39, 69, 73, 105,
201, 227–232
DB Regio AG 230 f., 256,
272
DB Schenker Rail 160, 194,
229, 230, 244, 274
Demoskopie *siehe* Umfragen

Deportation, Juden 92–98
–, Entschädigung 95
Deutsche Bundesbahn (DB-
Vorgängerin) 11, 61, 94,
104, 264, 271
Deutsche Reichsbahn (DDR)
11, 87, 104
Deutsche Reichsbahn (Natio-
nalsozialismus) 92–98
»Deutschlandtakt« (Projekt)
81

Eisenbahnbundesamt (EBA)
66, 175–180, 184, 190 ff.,
200 ff., 205, 228, 258,
277 f.
EC (Eurocity) 71
EPPA (European Public
Policy Advisers) 221 f.
Ersten Klasse, Reisen in der
20 ff., 46, 49, 118, 273,
277 f.
Eschede, Zugunglück 65,
174–189, 197

Fahrgäste *siehe* Kunden
Fahrgastverband PRO BAHN
siehe PRO BAHN
Fahrkartenautomat *siehe*
Ticketautomat
Fahrkartenschalter *siehe* Reise-
zentrum

Fahrpreiserhöhung 17, 27, 71, 84, 273, 277

Feinstaub 237, 244 f.

Fernverkehr, Fahrgastzahlen im 11, 12, 41, 63, 68, 72, 81, 85

Fernverkehrsanbindung, Grafik zur Entwicklung der 73

Focus (Politmagazin) 91

Frontal 21 (Politmagazin, ZDF) 164, 175, 221, 251

Fulda, Zugunglück 196 ff.

GDL (Gewerkschaft der Lokführer) 99, 147, 155 f., 163, 169, 203, 209, 221, 222

Gefahrguttransport 189 ff., 241

Gewerkschaft *siehe* GDL sowie TRANSNET

Global Player *siehe* Logistikunternehmen

Güterverkehr 11 ff., 61, 65, 67 ff., 74 f., 77, 91, 94, 101 f., 160, 186, 189 ff., 194, 201, 204, 225–230, 238 ff., 244, 271 f., 278

Hauptbahnhof Berlin 10, 61, 87 f., 277

– Stuttgart 10, 88, 98 ff., 257, 272

Hochgeschwindigkeitsstrecken 61–70, 80 ff., 86 f., 174, 186, 199, 237, 246, 270

– Frankfurt–Köln 65 f., 70, 174

– Hamburg–Berlin 86 f.

– Hannover–Hamburg/Bremen 67 f.

– Hannover–Würzburg 65

– Nürnberg–Erfurt 66 f.

– Nürnberg–München 64, 81

Hotline *siehe* Service-Hotline

IC (Intercity) 33, 41, 55, 65, 71, 75, 84 f., 205, 270

ICE (Intercity-Express)

– ICE 1 175, 183

– ICE 2 181

– ICE 3 111, 176–184

– ICE-T 177, 181, 183 f.

– ICE-TD 177, 184

–, Sicherheit 11 f., 43, 173–189, 206 ff., 271, 272, 276

ICx, Projekt 71 f.

Infrastruktur *siehe* Schienennetz

Inkassounternehmen 15,
35 ff.
Instandhaltung, Züge 12,
177, 180 ff., 188, 193,
206 f., 265, 272
Internet-Buchung *siehe*
Online-Ticket
IR (Interregio) 70, 83 ff.

Judentransporte *siehe* Deportation

Karlsruhe, Bahnnetz 78 ff.
Kinder
–, Reisen mit -n 31 f., 47,
50 f., 53, 83, 120, 209
–, »schwarzfahrende« 26 f.
Köln, Zugentgleisung 174 ff.,
179, 181, 184, 186 f., 191
Konkurrenz *siehe* Wettbewerb
Korruption, Bekämpfung der
133–142, 151, 152, 154,
160, 251 f.
KPMG (Unternehmensberater) 133, 141, 154, 156 ff.
Kunden, DB-
–, ältere 21 f.
–, behinderte 27 ff., 53–58,
269
– Eltern mit Kleinkindern
31 f., 47, 50 f., 53, 209
– Gruppen 22 f., 31 ff., 52

– Kinder 26 f., 120, 209
– Pendler 15, 45 f., 61, 87,
89, 99, 101, 267
– Radfahrer 51 ff., 269
Kundenbeschwerden, Umgang mit 18, 25, 27, 30 f.,
33, 34–41, 153

Lärmschutz 237 ff.
Lobbyarbeit/Lobbyisten (*siehe
auch* EPPA, berlinpolis *sowie* Allendorf Media)
161, 211, 217, 221 ff., 235,
249, 250–255, 269, 276
Lobby Control 221, 223, 255
Logistikunternehmen, DB
als internationales 11, 15,
42, 61 f., 101 ff., 110, 170,
223, 227, 240, 247, 264,
268, 271 f.
Lokführer 12, 41 f., 52, 80,
99, 109 ff., 121, 123 ff.,
134, 140, 147, 163, 165,
169, 173, 180, 194 ff.,
202–209, 221 f., 231, 266
– Streik 142, 149, 157 f.,
223, 224

Manager Magazin 226 f.
Meinungsumfragen *siehe*
Umfragen
Mitarbeiter der DB AG

–, Gewalt gegen 19, 107, 120, 122, 125 ff., 195, 209

–, Schulung 16, 18 ff., 27, 127

–, Überforderung 18 f., 32, 107–129

–, Überwachung *siehe* Daten-affäre

Mobifair 130 ff.

Morgan Stanley 159, 267 f., 278

Nahverkehr, Fahrgastzahlen im 63, 102 f.

Nationalsozialismus 92–98

Neigetechnik 43, 184, 277

Network Deutschland GmbH 136 ff., 151 ff.

Netzwerk Privatbahnen 102, 105, 203, 225, 227 ff., 233

Nordhessischer Verkehrsver-bund (NVV) 29 f.

Ökobilanz (*siehe auch* Um-weltverbände) 237–247, 261, 269, 275

–, Klimaschutzbericht der DB AG 245 ff.

Online-Ticket 16, 21, 24 ff., 31

Pendler 15, 45 f., 61, 87, 89, 99, 101, 267

Platzreservierungen 19, 31 ff., 52, 51, 84, 277

Preiserhöhung *siehe* Fahrpreis-erhöhung

Privatbahnen *siehe* Wettbe-werb

Privatisierung *siehe* Börsen-gang

Procom Invest GmbH 89

Pro Bahn (Fahrgastverband) 18, 25, 29, 30, 34, 37, 71, 279

Pünktlichkeit 15, 51 f., 80, 83, 193, 203–208, 277

– Statistik 39, 203–208

Reisecenter *siehe* Reise-zentrum

Reisegutscheine (*siehe auch* Kundenbeschwerden) 30, 32 f.

Reisezentrum 10, 16–21, 24 ff., 29, 35, 53, 90, 196, 233, 277

S-Bahn 83, 128 f., 175, 191–196, 209, 231 f., 271 f., 274, 277 f.

– Berliner »S-Bahn-Chaos« 192 ff., 271 f., 274

Schaffner *siehe* Zugbegleiter
Schienennetz, Zustand 10,
12, 63, 87, 129, 203,
237 f., 267
Schlichtungsstelle, Verkehrsclub Deutschland 34, 38
Schwarzfahrer 28, 128, 208
–, unfreiwillige 26 ff., 128
Schweiz, Bahnverkehr 41, 63,
80 ff., 85
Screening-Verfahren 134 f.,
153, 159, 267
Service-Hotline 16, 25, 28,
47 f., 54
Servicepoint *siehe* Reisezentrum
Shinkansen (japan. Hoch-
geschwindigkeitszug) 85,
186
Sicherheit *siehe* Instandhaltung
SNCF (frz. Eisenbahnges.)
85, 186
SpiegelSpiegel-Online 143 f.,
157, 157, 219, 222
Steuergelder, Finanzierung
durch 10 ff., 15, 58, 62 ff.,
70, 74, 77, 85, 88 ff., 98,
101, 103 f., 132, 134, 203,
211 ff., 226, 237 f., 241,
245, 247, 255, 258, 265,
268, 270

Stiftung Warentest 39
Streckensperrung 42, 45,
86 f., 229
Streik *siehe* Lokführer
»Stuttgart 21« *siehe* Haupt-
bahnhof Stuttgart

Taktfahrplan, integraler (*siehe
auch* Schweiz) 82 f.
Tarifsystem 12, 16, 18, 25,
26, 47, 232
–, Dauer-Spezial 17, 25
–, Länder-Tickets 17, 22 f.
–, Schönes-Wochenende-
Ticket 17
Ticketautomat 16, 18–24,
26 f., 57 f., 71, 88
Ticketschalter *siehe* Reise-
zentrum
TRANSNET (Gewerkschaft)
125, 127, 163–171

Umfragen 15, 62, 98 f., 222,
238, 263
Umweltbelastung *siehe* Öko-
bilanz
Umweltverbände 99, 238,
275
Unfälle
–, Brühl 204
–, Eschede 67, 174–189, 197
–, Fulda 196 ff.

–, Köln 174 ff., 179, 181, 184, 186 f., 191
–, Selbstmorde 112 f., 116 ff., 122 f., 201
–, Statistik 201 f., 278

Vandalismus 195, 208
Veolia Verkehr GmbH 231 f.
Verkehrsausschuss 108, 152, 154 ff., 167 f., 213
– Anhörung zur Datenaffäre 152, 154 ff.
Verkehrsclub Deutschland (VCD) 38, 63, 99
Verkehrsverbund Berlin-Brandenburg (VBB) 39, 69, 89 ff., 193, 251
Verspätungen *siehe* Pünktlichkeit
Viareggio, Zugunglück 189 f.
Vieregg-Rößler GmbH 68, 241
VSG Verkehrstechnik GmbH

siehe Bochumer Verein Verkehrstechnik GmbH

Wartung *siehe* Instandhaltung
Wettbewerb 11, 42, 105, 208, 211 f., 225–235, 258, 270
Wirtschaftskrise 102, 226, 244, 263

»Zug der Erinnerung« 93–98
Zugbegleiter 10, 12, 18, 26 ff., 32, 45, 58, 111, 122, 125 ff., 134, 174, 177, 208 f.
Züge (*siehe auch* EC, IC, ICE, ICx *sowie* IR)
–, Sauberkeit 32, 43, 109, 111 f., 121, 206
–, Sicherheit *siehe* Instandhaltung
–, Überfüllung 31 ff., 51 ff., 97, 118, 121, 192
–, Vandalismus 195, 208

Für Hinweise und Anregungen zum Thema Deutsche Bahn sind die Autoren jederzeit dankbar. Die Mail-Adresse lautet: esser-randerath@web.de

»Einen freien Markt gibt es nicht. Die Globalisierung macht uns nicht so reich, wie wir sein könnten. Nimm das Schlechteste von einem Menschen an, und Du wirst das Schlechteste bekommen.«

Mit seiner provokanten Streitschrift entlarvt Ha-Joon Chang die heiligen Kühe des Kapitalismus. In dreiundzwanzig Thesen und Gegenthesen analysiert er die Grundzüge der Marktwirtschaft des 21. Jahrhunderts, sagt, was sie ist und was sie nicht ist, was sie kann und was sie nicht kann. Dabei verbindet er ökonomischen Sachverstand mit gesellschaftlichem Scharfblick und Menschenkenntnis. Knapp, präzise und streitbar bietet Ha-Joon Chang das Rüstzeug, die herrschenden Illusionen einer kapitalistischen Ökonomie zu durchschauen, damit ihre Möglichkeiten realistisch einzuschätzen und zum Wohle aller zu nutzen.

»Interessant und diskussionswürdig. Chang belässt es nicht bei einer Aufklärungskampagne, sondern fordert nichts weniger als eine umfassende Neuordnung der Welt.«
Süddeutsche Zeitung

C. Bertelsmann Verlag
384 Seiten, kartoniert · ISBN: 978-3-570-10060-8

Das ultimative Geschenk für alle Verkehrsteilnehmer

192 Seiten
ISBN 978-3-442-15646-7

Der alltägliche Wahnsinn des mobilen Lebens,
humorvoll, scharfsinnig und sensationell unterhaltsam
auf den Punkt gebracht!

Überall, wo es Bücher gibt und   unter www.goldmann-verlag.de

Die ganze Welt des Taschenbuchs unter
www.goldmann-verlag.de

Literatur deutschsprachiger und
internationaler Autoren,
Unterhaltung, **Kriminalromane**, **Thriller**,
Historische Romane und **Fantasy-Literatur**

Aktuelle **Sachbücher** und **Ratgeber**

Bücher zu **Politik**, **Gesellschaft**,
Naturwissenschaft und **Umwelt**

Alles aus den Bereichen **Body**, **Mind + Spirit**
und **Psychologie**

Überall, wo es Bücher gibt und unter www.goldmann-verlag.de

Goldmann Verlag • Neumarkter Straße 28 • 81673 München